Buch

Dieses Buch bietet Ihnen einen umfassenden Überblick über die weitgefächerten Möglichkeiten und die vielfältigen Anwendungsgebiete der Fremd- und Selbsthypnose. Der Autor, selbst praktisch tätiger Hypnotherapeut von Rang, legt hier ein durch die Fülle seiner Erfahrung einzigartiges Handbuch für die Praxis mit 20 Abbildungen vor.

Die hier beschriebenen Hypnosetechniken wurden vom Verfasser, der in seinen Seminaren zahlreiche Mediziner in der Anwendung der Hypnose ausbildete, bisher nur an Ärzte und Heilpraktiker weitergegeben; in Buchform stehen sie nunmehr jedermann offen. Denn es sind keine besonderen Fähigkeiten erforderlich, um diese erstaunlichen Techniken selbst anzuwenden, und den leichtverständlichen Anleitungen samt allen konkret wiedergegebenen Suggestionsformeln kann jeder interessierte Leser mühelos folgen.

Autor

Kurt Tepperwein, Heilpraktiker und Hypnotherapeut, ist Leiter des Internationalen Arbeitskreises für Hypnoseforschung und Präsident der Akademie für interdisziplinäre Medizin. Er bildet in Sonderseminaren Ärzte und Heilpraktiker in der Anwendung der medizinischen Hypnose aus. Seit neuerem hält er auch Seminare für Selbsthypnose ab, die jedermann zugänglich sind.

Von Kurt Tepperwein
ist außerdem als Goldmann-Taschenbuch erschienen:

Geistheilung durch sich selbst (11738)

Kurt Tepperwein

Die hohe Schule der Hypnose

Praktische Lebenshilfe für jedermann

GOLDMANN VERLAG

Made in Germany · 8/85 · 1. Auflage
Genehmigte Taschenbuchausgabe

Umschlaggestaltung: Design Team München
Druck: Pressedruck Augsburg
Verlagsnummer: 10962
ES · Herstellung: Sebastian Strohmaier
ISBN 3-442-10962-0

Es wird die Zeit kommen, wo es als Schande gilt, krank zu sein, wo man Krankheiten als Wirkung verkehrter Gedanken erkennen wird.

Wilhelm von Humboldt

Inhaltsverzeichnis

9. IHRE PRAXIS IN FREMD- UND SELBSTHYPNOSE

10. HYPNOSETESTS

11. SELBSTHYPNOSE

Vorwort

von Universitätsprofessor Dr. med. habil. Helmut Jansen

Mit dem vorliegenden Buch liegt nun – nach *Geistheilung durch sich selbst (Psychokybernetik und Hypnomeditation)* – das zweite Werk von Kurt Tepperwein über Hypnose vor, und weitere Werke werden hoffentlich noch folgen. Mit der *Hohen Schule der Hypnose* gibt der Autor, der auch Leiter des »Internationalen Arbeitskreises für Hypnoseforschung« ist, nicht nur dem Praktiker und dem Laien in einer klaren und leichtverständlichen Art eine brauchbare Anleitung, sondern er nimmt seinen interessierten Leser bei der Hand und weist ihn Schritt für Schritt in die Geheimnisse und Techniken der Hypnose ein.

Nach einem intensiven Studium der anleitenden Bücher *Geistheilung durch sich selbst* und der *Hohen Schule der Hypnose* bedarf es eigentlich kaum noch einer praktischen Unterweisung, um in Ihrer Praxis am Patienten und an Ihnen selbst die Hypnose heilbringend und helfend richtig anzuwenden.

Fremdhypnose und Selbsthypnose können ein Weg zur Selbstverwirklichung sein. Wenn sie jedoch in der Hypnose nur eine Möglichkeit sehen, Macht über Ihre Mitmenschen zu erlangen, dann haben Sie das wahre Wesen der Hypnose noch nicht erkannt.

Der wahrhaft reife Mensch findet in der Selbsthypnose einen idealen Weg zu sich selbst und kann so seine positiven Eigenschaften verstärken und unerwünschte Eigenschaften beseitigen. Darüber hinaus kann er mit der Fremdhypnose seinen Mitmenschen helfen, ihre eigene Kraft zu erkennen und diese besser zu nutzen.

Der erste Schritt zur Weisheit ist jedoch die Erkenntnis der eigenen Möglichkeiten. Prüfen Sie sich objektiv; doch was auch immer das Ergebnis Ihrer Selbstanalyse sein mag, sehen Sie es als Zwischenbilanz auf dem Weg zur Vollkommenheit, denn Ihr wahres Ich ist absolut vollkommen.

Rio de Janeiro, im März 1977

Prof. Dr. med. habil. Helmut Jansen
Dekan der medizinischen Fakultät
der Universität Santa Ursula
in Rio de Janeiro/Brasilien

1. Ein Abriß der Geschichte der Hypnose

Uralte Praktiken der Hypnose

Die Hypnose ist so alt wie die Menschheit. Die erhaltenen Keilschriften aus den Ländern am Euphrat und Tigris zeigen uns, daß das älteste bekannte Kulturvolk der Erde, die Sumerer, bereits im vierten Jahrtausend vor Christus die Hypnose kannte und in der gleichen Weise anzuwenden verstand, wie dies noch heute geschieht.

Sumer

In der berühmten Priesterschule von Erech wurde seit undenklichen Zeiten ein geschriebenes Werk aufbewahrt, das, immer wieder abgeschrieben, heute noch zum Teil erhalten ist. Dieses Werk enthält unwiderlegliche Beweise dafür, daß schon in jenen Zeiten besonders ausgebildete Priesterärzte Kranke durch hypnotische Suggestionen im Schlaf heilten. Auch waren damals schon drei Stufen des hypnotischen Zustands bekannt: die leichte, mittlere und tiefe Hypnose, ähnlich wie wir heute noch die gleichen Grade der Hypnose unterscheiden.

Indien

Auch in der ältesten Sanskriturkunde der Inder, in Manus Gesetzbuch, werden bereits ähnliche Einteilungen der Hypnose beschrieben. Hier ist die Rede von Wachschlaf, Traumschlaf und Wonneschlaf. Bei vielen fortgeschrittenen Yogatechniken spielt die Selbsthypnose auch heute noch eine große Rolle.

Ägypten

Im alten Ägypten wurde Hypnose ebenfalls schon als therapeutisches Mittel verwendet. Auf einem dreitausend Jahre alten Papyrus, dem sogenannten Papyrus Ebers, sind die Methoden beschrieben, mit deren Hilfe die Heiler damals die Hypnose anwandten. Die angewandten Verfahren sind den heutigen sehr ähnlich. Die ägyptischen Priester waren gleichzeitig auch die Ärzte des Volkes.

Sie leiteten die Hypnose ein, indem sie den Kranken glänzende Metallscheiben vor die Augen hielten, um die Augen zu ermüden und so den hypnotischen Schlaf herbeizuführen. Hier haben wir es mit den Anfängen der auch heute noch gebräuchlichen Fixationsmethode zu tun. Auch das Handauflegen, verbunden mit entsprechenden Suggestionen, war bereits bekannt. So heißt es in einer alten ägyptischen Urkunde: » . . . lege die Hände auf ihn, um den Schmerz der Arme zu beruhigen, und sage, daß der Schmerz verschwinden wird.«

Es gab damals Tempel, in denen Kranke schlafen durften, die bei den Göttern Heilung suchten. Berühmt waren der Tempel Serapis in Kanope und die Tempel der Isis.

Griechenland

Auch bei den Griechen war die Hypnose als Tempelschlaf bekannt. Die Kranken, die die Tempel aufsuchten, mußten zunächst einige Zeit eine bestimmte Diät einhalten. Die Vorbereitungen für die eigentliche Behandlung wurden fortgesetzt mit wohlriechenden Bädern und rituellen Waschungen.

Danach erzählte ein Priester den Kranken von den bereits erfolgten Heilungen, um sie auf das bevorstehende Ereignis umzustimmen und die Erwartungsspannung zu erhöhen. Dann erst durften sich die Kranken im Tempel zum Schlaf niederlegen.

Während des Schlafes flüsterten Priester jedem Kranken bestimmte Suggestionen ins Ohr, damit diese unter dem Eindruck der Tempelatmosphäre ihre Selbstheilungskräfte aktivierten. Vorher mußten sie geloben, alles, was ihnen die Götter im Schlaf kundtun würden, auch zu befolgen.

Den Tempelträumen wurde besondere Bedeutung und Heilkraft zugeschrieben. Beim Erwachen deuteten dann die Priester den Kranken die Träume und ermahnten sie noch einmal eindringlich, dem Rat der Götter zu folgen.

Es gab jedoch schon damals wie heute Kranke, die nicht einschlafen und somit auch nicht hypnotisiert werden konnten. Für diese standen medialbegabte Priester zur Verfügung, die in Trance den Kontakt zu den Göttern herstellten.

In dem berühmten Tempel zu Delphi, der dem Apollon geweiht war, saß eine Priesterin auf einem goldenen Dreifuß über einem Spalt im Gestein, aus dem Dämpfe emporstiegen. Hierdurch geriet sie in Trance und teilte dann auf Befragen den Rat der Götter mit.

In anderen Tempeln wurde die Trance durch das rituelle Verbrennen von gewissen Kräutern erreicht.

Im Laufe der Jahrtausende bedienten sich so sumerische, ägyptische und griechische Priesterärzte, wie auch persische Magier und hinduistische Yogis der Hypnose.

Rom

Den Römern waren ebenfalls Medien bekannt, die Kranken und Ratsuchenden den Kontakt zu den Göttern vermittelten. Sogar Philosophen nutzten die suggestive Kraft der Hypnose. So berichtet der römische Dichter Porphyrius aus dem zweiten Jahrhundert n. Chr. von einem wissenschaftlichen Streit, den die beiden Philosophen Plotinus und Olympius miteinander austrugen. Die Schüler der beiden Philosophen stritten miteinander, wer von beiden die größeren Kenntnisse habe. Schließlich forderte Plotinus den Olympius »auf magische Künste« heraus. Dieser Wettstreit sollte in Gegenwart der Schüler beider Rivalen ausgetragen werden. Plotinus trat nahe an Olympius heran, blickte ihm mehrere Minuten durchdringend in die Augen und rief laut, so daß es alle Umstehenden hören konnten: »Seht, nun zieht sich des Olympius Leib wie ein Geldbeutel zusammen.« Olympius fühlte blitzartig den Schmerz und bekannte, daß Plotinus stärkere Geisteskräfte besitze als er.

Hypnose und Christentum

Die Anwendung der Hypnose in der Form des Tempelschlafs hielt sich bis zur Mitte des 6. Jahrhunderts. Dann übernahmen mehr und mehr christliche Mönche das Erbe der Tempelpriester und vollbrachten Wunderheilungen mit Gebeten, Weihwasser und Reliquien von Märtyrern sowie durch Handauflegen. Daran beteiligten sich Päpste und Könige. Im *Neuen Testament* ist zu lesen: »Auf die Kranken werden sie die Hände legen, so wird es besser mit ihnen werden . . .«.

Im 11. Jahrhundert finden wir die erste Überlieferung der Selbsthypnose bei den Mitgliedern eines Mönchsordens, den Hesychasten auf dem Berg Athos. Diese pflegten eine Art Selbsthypnose dadurch herbeizuführen, daß sie den Blick beider Augen auf den eigenen Nabel richteten. Sie wurden daher Omphalopsychiker oder Nabelbeschauer genannt.

Paracelsus

Theophrastus Bombastus von Hohenheim (1493–1541) genannt PARACELSUS lehrte, daß das entscheidende Agens aller

Heilungen der »innere Arzt« sei. Er berichtete, daß Mönche in Kärnten Kranke dadurch heilten, daß sie diese in glänzende Kristallkugeln blicken ließen. Die Kranken seien danach gewöhnlich in einen tiefen Schlaf gesunken. In diesem Schlaf gaben die Mönche den Kranken dann die entsprechenden Suggestionen zur Genesung, die dann auch meist eintrat.

Inquisition

Erst die Inquisition ließ diese Form der Heilkunst in Vergessenheit geraten; denn jeder, der sie auszuüben verstand, geriet in Gefahr, als Teufelsbeschwörer verbrannt zu werden.

Vom Magnetismus zur wissenschaftlichen Hypnose

Athanasius Kircher

Im Jahre 1646 berichtete der Jesuitenpater ATHANASIUS KIRCHER (1606–1680) aus Rom in seinem Buch *Experimentum Mirabile* von der »Verzauberung« eines Hahnes. Dies war die erste wissenschaftlich behandelte klassische Erscheinung der sogenannten Tierhypnose und kann als Vorläufer des Mesmerschen »Magnetismus animalis« angesehen werden.

Maximilian Hell

Ein anderer Jesuitenpater und bekannter Astronom, Professor MAXIMILIAN HELL (1720–1792), führte bereits zahlreiche »magnetische Kuren« durch. Er fertigte Magnete in der Form der erkrankten Organe an und befestigte diese auf den schmerzhaften Körperteilen. Die Ergebnisse waren überraschend. Er heilte so 60 bis 70 Prozent der Kranken. Auch das Allgemeinbefinden besserte sich durch diese Kuren.

Franz Anton Mesmer

Dadurch wurde FRANZ ANTON MESMER (1734–1815) zu der Erkenntnis angeregt, »daß es zum Hervorrufen dieser Erscheinungen eigentlich gar keines Himmel-, Mineral- oder Eisenmagnetismus bedarf«. Es genüge die Wirkung des von ihm selbst ausgehenden »Fluidums« zur »Magnetisierung« der Kranken. Er nannte es »Magnetismus animalis«, also tierischen Magmetismus.

Mit ihm begann die moderne Geschichte der Hypnose. Er übertrug dieses »Fluidum« durch Streichbewegungen von oben nach unten auf die Kranken, mit den nach ihm benannten »Mesmerschen Strichen«. Im Jahr 1775 schickte Mesmer an alle bedeutenden Akademien ein Rundschreiben, in dem er in 27 Lehrsätzen seine Theorie erklärte.

Durch seine aufsehenerregenden Heilerfolge, vor allem durch die Heilung einer seit ihrem vierten Lebensjahr erblindeten Pianistin, machte er sich in der Ärzteschaft einflußreiche Feinde, so daß er von Wien nach Paris floh, wo er viele Freunde und begeisterte Anhänger fand. Sogar Marie-Antoinette und andere Mitglieder des französischen Hofes waren seine Patienten. Mesmer legte in seiner Behandlung keinerlei Gewicht auf die Einschläferung. Er hielt die Erzeugung der sogenannten Heilkrisen für viel wirksamer.

Die Patienten saßen bei seinen Kuren um ein mit »magnetisiertem Wasser« gefülltes Bassin herum, aus dem zahlreiche Eisenstäbe herausragten. Die Patienten mußten diese Eisenstäbe in den Händen halten. Auf diesem Wege sollte der magnetische Strom von einem zum anderen gelangen.

Sicherlich tat die aus der Erwartungsspannung erzeugte Autosuggestion das ihre dazu, um die erwartete Heilkrise zu erzeugen. Sobald ein Patient in eine solche Krise fiel, wurde dieses Beispiel zum Auslöser der Krise bei anderen.

Auf Anordnung des Königs wurde 1784 von der französischen Akademie der Wissenschaften eine Kommission gebildet, die die Lehre Mesmers überprüfen sollte. Die Kommission bestand aus den Ärzten Gullotin, Jorie und Sallin D'Arcet sowie den Delegierten der Akademie der Wissenschaften Bailly, de Bory, Franklin und Lavoisier. Von dieser Kommission wurde die Lehre Mesmers verworfen und die von ihm behauptete »tierisch-magnetische Fluidum-Theorie« als unwissenschaftlich disqualifiziert. Die Heilergebnisse des Mesmerismus wurden der Einbildungskraft zugeschrieben.

Vergeblich argumentierten Mesmers Anhänger, daß die Kommission die wichtige Frage überhaupt nicht geprüft habe, wieso die Heilkrise bei Tieren ähnliche Erscheinungen hervorbringen könne wie beim Menschen.

Den französichen Ärzten wurde nicht nur verboten, sich mit dem »Mesmerismus« zu befassen, sondern es wurde ihnen auch unter Androhung der Kassierung ihres Diploms untersagt, sich mit anderen in Diskussionen über dieses Thema einzulassen.

Andere regierende Häuser, wie der König von Bayern, der König von Dänemark sowie der Zar von Rußland, beauftragten die Ärzte ihres Landes, sich mit der theoretischen und praktischen Überprüfung der Lehre Mesmers zu befassen.

So gab Mesmer, obwohl von falschen Voraussetzungen ausgehend, doch den Anstoß, daß die Hypnose international wissenschaftlich geprüft wurde. Somit war Mesmer der Vorkämpfer der modernen Psychotherapie.

Abbé Faria

Den Anstoß zur heutigen Suggestionslehre gab der portugiesische ABBÉ FARIA (1755–1819), der sich, 1813 aus der portugiesischen Kolonie Goa kommend, in Paris niederließ. Er hatte in Indien hypnotische Erscheinungen studiert und war zu der Überzeugung gekommen, daß zur Erzeugung des hypnotischen Schlafs keinerlei Fluidum seitens des Hypnotiseurs erforderlich sei, wie Mesmer glaubte, sondern daß die Suggestion die entscheidende Wirkung auslöse.

Sein öffentliches Auftreten erregte ebenso großes Aufsehen wie sein 1819 erschienenes Werk *De la cause du sommeil lucide en étude sur la nature de l'homme.* In diesem Werk bezeichnete er den Hypnotiseur als »Concentrateur«, den Hypnotisierten als »Concentré« und den hypnotischen Schlaf als »Concentration« oder als »Sommeil lucide«.

Seine Hypnosemethode bestand darin, daß er einfach an den Kranken herantrat, ihn scharf anblickte und ihm plötzlich zurief: »Dormez!« (Schlafen Sie!). Fast 50 Prozent der Versuchspersonen fielen dabei schon in Hypnose. Wir haben hier den Vorläufer der Schreckhypnose, die J. M. Charcot später in der »Salpetrière« anwandte.

James Braid

Einen entscheidenden Schritt zur Weiterentwicklung der Hypnose tat der englische Augenarzt JAMES BRAID (1795–1860) aus Manchester im Jahre 1841. Er sah dort Experimente des Schweizer Magnetiseurs LAFONTAINE. Da ihm die gezeigten Phänomene unglaubhaft erschienen, beschäftigte er sich selbst gründlich damit, in der Absicht, Lafontaine zu entlarven.

Er benutzte seine Frau, seinen Freund Walker und seinen Diener als Versuchspersonen. Zu seiner eigenen Überraschung gelang es ihm, alle drei in einen hypnotischen Schlaf zu versetzen, indem er ihnen den glänzenden Knopf seiner Lanzettbüchse in Höhe der Nasenwurzel vor Augen hielt, nachdem ihm durch seine Tätigkeit als Augenchirurg bekannt war, daß die anhaltende Fixation eines glänzenden Gegenstandes Müdigkeit hervorruft.

Er nannte diesen künstlichen Schlaf »Hypnose«, nach dem griechischen Wort *hypnos* = Schlaf. Er entwickelte auf Grund seiner eigenen Theorie ein ziemlich einfaches Verfahren, Menschen und Tiere in Hypnose zu versetzen.

Er brachte im Abstand von etwa 20 Zentimeter vor den Augen der Versuchsperson, etwa in Höhe der Nasenwurzel, einen glänzenden Gegenstand an, wie z. B. ein Glasprisma. Er erreichte durch einfaches Fixieren ohne jede sonstige verbale Beeinflussung in den meisten Fällen nach wenigen Minuten den Beginn der Hypnose bei der Versuchsperson. Im Jahre 1842/43 erschien dann sein Hauptwerk: *Neurohypnology or the rational of nervous sleep considered in relation with animal magnetism.* Aber auch er erntete bei seinen Arztkollegen nur Spott.

A. A. Liébeault

Der Pariser Arzt A. A. LIÉBEAULT unterzog die Braidschen Experimente einer Nachprüfung und fand sie bestätigt. Bereits 1866 veröffentlichte er hierüber ein Werk mit dem (hier deutschen) Titel *Der künstliche Schlaf und ähnliche Zustände.* Auch dieses Werk fand nicht gleich die Beachtung, die es verdient hätte.

Hypolyte Bernheim

Erst nach vielen Jahren wurde Professor HYPOLYTE BERNHEIM (1843–1919) von der Universität Nancy auf die Bedeutung der Lehre Liébeaults aufmerksam. Er befaßte sich viele Jahre intensiv damit und schrieb 1886 sein Werk über die Suggestion und ihre Anwendung und führte diese neue Behandlungsmethode in der medizinischen Klinik in Nancy ein.

Die Schule von Nancy

Gemeinsam mit Liébeault schuf er die »Schule von Nancy« und damit den Beginn der wissenschaftlichen Anwendung der Hypnose.

Sigmund Freud

Ein Schüler der Schule von Nancy war SIGMUND FREUD, der Begründer der Psychoanalyse. Zur gleichen Zeit arbeiteten berühmte Ärzte wie AUGUST FOREL an der Erforschung und Nutzung der Hypnose, ferner die ersten Nachfolger der Schule von Nancy EMILE COUÉ und CH. BAUDOUIN.

Emile Coué

EMILE COUÉ (1857–1926) entwickelte die Lehre von der Autosuggestion. Er erkannte, daß die Hypnose im Grunde eigentlich immer eine Selbsthypnose ist. Der Hypnotiseur erzeugt in der Versuchsperson lediglich eine mehr oder weniger starke

Vorstellung der beabsichtigten Wirkung, die diese dann durch Selbsthypnose verwirklicht. Er prägte den Lehrsatz: »Nicht der Wille ist der Antrieb unseres Handelns, sondern die Vorstellungskraft.«

Er folgerte daraus, daß jeder Mensch sich selbst hypnotisieren könne, und erklärte seinen Patienten, daß eine Heilung ihrer Krankheiten durch Selbstsuggestion zu erreichen sei. Wörtlich sagte er: »Lernen Sie, sich selbst zu heilen, Sie können es; ich selbst habe nie jemanden geheilt. In Ihnen liegt die Möglichkeit. Rufen Sie Ihren Geist zu Hilfe, lassen Sie ihn Ihrem körperlichen und seelischen Wohl dienlich sein. Er wird da sein. Er wird Sie heilen, Sie werden stark und glücklich sein.«

Er veranlaßte seine Patienten, sich morgens und abends je zwanzigmal den Satz einzureden: »Mir geht es von Tag zu Tag in jeder Hinsicht immer besser und besser.«

Jean Martin Charcot

JEAN MARTIN CHARCOT (1825–1893) war Oberarzt an der Heilanstalt »La Salpetrière« in Paris und Professor der pathologischen Anatomie. Er genoß als Neurologe internationalen Ruf. Seine Arbeiten über die Nervenkrankheiten waren epochemachend.

Pariser Schule

Charcot stand in starkem Gegensatz zur »Schule von Nancy«. Die von ihm vertretene Richtung der Hypnose wurde »Pariser Schule« genannt. Der Gegensatz in den Ansichten dürfte darauf zurückzuführen sein, daß die Schule von Nancy mit normalen Menschen experimentierte, während die Patienten Charcots Geisteskranke waren.

So kam er zu der Ansicht, daß die Hypnose nur eine künstliche Hysterie sei. Er bediente sich verschiedener Hypnosetechniken, vor allem aber nutzte er den Schreck zur Einleitung der Hypnose. So verwandte er explodierende Schießbaumwolle und das plötzlich aufflammende »Drummond-Kalklicht«, auch ließ er plötzlich einen lauten Gong schlagen. Die erschreckten Geisteskranken fielen in Gruppen in einen hypnotischen Zustand. Er machte den unwiderlegbaren Ausspruch: »Es ist der Glaube, der heilt.«

I. P. Pawlow

Die Erforschung einer anderen Seite der Hypnose ist das Verdienst des russischen Forschers I. P. PAWLOW (1849–1936). Er experimentierte mit Tieren. Mit seinem berühmten Hundeexperiment brachte er Licht in die körperlich-seelischen Vorgänge und bewies, daß Hypnose und Suggestion ganz normale Lebensvorgänge sind. Damit befreite er die Hypnose endlich von dem Ruf des Mysteriösen.

Dieses Experiment wurde wie folgt ausgeführt: Er setzte einem Hund eine reichliche Portion Fleisch vor und stellte fest, daß sein Versuchstier mit einer verstärkten Speichelabsonderung reagierte. Gleichzeitig ließ er einen bestimmten Glockenton erklingen und wiederholte diesen Vorgang immer wieder. Nach einiger Zeit genügte schon dieser Ton, um die verstärkte Speichelabsonderung bei dem Versuchstier auszulösen, obwohl kein Fleisch in Sicht war.

Nach einer Reihe weiterer Versuche faßte er seine Erkenntnisse wie folgt zusammen: »Jeder dauernde oder systematisch sich wiederholende Reiz, der durch entsprechende Nervenbahnen einen bestimmten Punkt der Hirnrinde erreicht, führt früher oder später zu einer zwangsartigen Schläfrigkeit, dann zu Schlaf bzw. zur Hypnose.«

Pawlow unterschied dabei scharf zwischen den ererbten »unbedingten Reflexen« und den im Laufe des Lebens erworbenen »bedingten Reflexen«. Mit Hilfe der Pawlowschen Lehre von den bedingten Reflexen gelang es, die Bereiche des menschlichen Unterbewußtseins, vor allem die automatisierten Mechanismen der höheren und höchsten Nerventätigkeit experimentell zu erforschen.

I. H. Schultz

In unserer Zeit verdient vor allem ein Forscher unser Interesse, I. H. SCHULTZ. Er entwickelte ein besonderes Verfahren der Selbsthypnose, das »Autogene Training«. Das aus dem Griechischen kommende Wort »autogen« heißt »selbsterzeugend«. Erstes Ziel dieses Trainings ist eine konzentrative Selbstentspannung, also eine Entspannung durch Konzentration und Selbstbeeinflussung.

Die hauptsächliche Wirkung besteht in erhöhter Konzentration, Gelassenheit, Selbsterziehung und einer deutlichen Leistungssteigerung. Mit fortschreitendem Training gelingt dann auch mehr und mehr eine geistige Beeinflussung von funktionellen und organischen Beschwerden, da viele Beschwerden durch Verkrampfung und innere Unruhe entstehen.

Professor Schultz legte sechs Grundübungen fest:

1. Die Schwereübung (Muskelentspannung)

2. Die Wärmeübung (Gefäßentspannung)
3. Die Herzübung (Herzberuhigung)
4. Die Atemübung (Atemberuhigung)
5. Die Sonnengeflechtübung (Regulierung der Bauchorgane)
6. Die konzentrative Kopfübung (Stirnkühle)

Auch die Haltungen, in denen das Autogene Training ausgeführt werden soll, wurden genau umrissen, und zwar

1. Im Liegen
2. In Lehnstuhlhaltung
3. In der sogenannten Droschkenkutscherhaltung.

In der Oberstufe des Autogenen Trainings kommt dann noch das Erleben eines geistigen Bildes dazu, in dem die vom Unterbewußtsein empfundene Situation symbolhaft zum Ausdruck kommt.

L. M. LeCron

Für weiteste Verbreitung der Hypnose sorgte in unserer Zeit LESLIE M. LECRON. Dieser amerikanische Hypnosefachmann lehrte in seinen Kursen Tausenden von Ärzten und Psychologen die Techniken der medizinischen Hypnose. Mit seinen Werken, insbesondere *Selbsthypnose* und *Fremdhypnose*, *Selbsthypnose* (beide sind in deutscher Sprache im Ariston Verlag erschienen), machte er Hunderttausende von Lesern mit einfachen, aber wirksamen Hypnosemethoden vertraut. Mit seinen Büchern hat er wesentlich zum Abbau landläufiger Vorurteile gegen die Hypnose beigetragen.

Einleitung

Was ist Hypnose?

In Tanganjika stellte ein weißer Arzt bei einem Neger 40 Grad Fieber und eine akute Blinddarmentzündung fest. Hier konnte – nach seiner Erfahrung – nur eine sofortige Operation helfen. Aber der Patient lehnte diese entsetzt ab. Er ließ sich vom Medizinmann seines Stammes behandeln. Dieser zerrieb einige Kräuter, murmelte dabei unverständlich einige Worte und band dann die Kräuter mit Bast um den Leib des Kranken, der ihn – wie hypnotisiert – anstarrte. Dabei legte der Medizinmann seine rechte Hand auf den Nabel des Patienten und sagte: »Deine Schmerzen verschwinden jetzt, wie dein Fieber.«

Am nächsten Tag war der Mann wieder völlig gesund. Diese hypnotische Suggestivbehandlung auf afrikanische Art war erfolgreich. Was ist nun eigentlich Hypnose und was ist Suggestion?

Man muß zugeben, daß eine genaue Definition noch immer schwierig ist, obwohl man ihre Phänomene inzwischen gut kennt. Die wahre Natur der Hypnose im Sinne einer gültigen Theorie ist auch heute noch unbekannt. Man hat jedoch festgestellt, daß es zwischen dem Wachzustand und dem Schlaf so etwas wie ein »halbes Bewußtsein« gibt.

Eine Definition

In diesem Zustand sind die körperlichen Funktionen herabgesetzt, während die geistigen aktiviert sind. Die British Medical Association definiert die Hypnose wie folgt: »Die Hypnose ist ein vorübergehender Zustand veränderter Aufmerksamkeit beim Patienten, ein Zustand, in dem verschiedene Phänomene spontan oder als Reaktion auf verbale und andere Reize auftreten können.

Diese Phänomene umfassen eine Veränderung des Bewußtseins und des Gedächtnisses, gesteigerte Empfänglichkeit für Suggestionen, Antworten und Gedanken beim Patienten, die ihm in seinem gewohnten Geisteszustand nicht vertraut sind. Unter anderem können im hypnotischen Zustand Phänomene wie Anästhesie, Paralyse, Muskelstarre und vasomotorische Veränderungen hervorgerufen und unterdrückt werden.« (Zitiert nach *Hypnose* von Dr. L. Chertok, Ariston Verlag.)

Fremdhypnose, Selbsthypnose

Im Vorgang der Fremdhypnose (Heterohypnose) wird eine von außen kommende Vorstellung (Suggestion) an den Menschen herangetragen und von ihm angenommen. Bei der Selbsthypnose (Autohypnose) wird eine Vorstellung von ein und demselben Menschen erzeugt und angenommen. Ohne Annahme, ohne Billigung der Vorstellung ist eine Wirkung ausgeschlossen. Deshalb ist, wie viele Autoren betonen (so auch L. M. LeCron), im Grunde jede Hypnose Selbsthypnose bzw. Autosuggestion. Die Vorstellung kann durch häufige Wiederholung zu einem bedingten Reflex und damit zum Teil seiner eigenen Persönlichkeit werden. Wichtig für eine dauerhafte Wirkung ist also die Wiederholung.

Das Punktreflex-Gesetz

Nach dem »Pawlowschen Punktreflex-Gesetz« führt jeder intensive andauernde oder monoton sich wiederholende Reiz, der durch entsprechende Nervenbahnen einen bestimmten Punkt der Hirnrinde erreicht, früher oder später zu einer zwangsartigen Schläfrigkeit, vorausgesetzt, daß seine Wirkung nicht durch einen anderen, intensiveren Reiz gestört wird.

Deshalb sollte man die Hypnose möglichst in einem etwas abgedunkelten, ruhigen Raum durchführen, damit andere Reize möglichst abgeschaltet sind. Wird nun ein hypnogener Reiz durch mehrfach wiederholte Anwendung so eingespielt, kann die Wirkung später jederzeit blitzschnell wiederholt werden.

Blitzhypnose

Es kommt dann zu der sogenannten »Blitzhypnose«. Tatsächlich bewirkt aber nicht der Hypnotiseur die Hypnose, sondern der Hypnotisierte versetzt sich selbst in Hypnose, nachdem der Hypnotiseur in ihm die Vorstellung von dem Einsetzen der Hypnose erzeugt hat. Die Hypnose tritt dann ein, weil der Hypnotisierte sie erwartet.

Absolute Voraussetzung für die Hypnose ist nicht nur die Zustimmung der Versuchsperson, sondern sie muß vor allem zutiefst davon überzeugt sein, daß der Hypnotiseur nur ihr Bestes will. Diese vertrauensvolle Erwartung der Versuchsperson, daß der Hypnotiseur zu ihrem Wohl handelt, bestimmt die Wirksamkeit der Hypnose. Bevor man eine Hypnose einleitet, sollte man also in einem vorbereitenden Gespräch einen Kontakt zur Versuchsperson herstellen, der eine Atmosphäre des Veständnisses und der Sympathie schafft.

Wirkungen

Die Hypnose hat tiefgreifende Wirkungen auf den gesamten Organismus. So lassen sich in der Hypnose die Atmung und Pulsfrequenz verlangsamen oder beschleunigen. Außerdem können unter anderem folgende Funktionen beeinflußt werden: die Magensaftsekretion, die Schweißabsonderung, Husten, Erbrechen, Gähnen, Niesen, sexuelle Funktionen, die Menstruation, der Grundumsatz, die Pupillenweite, die Urinabsonderung und der Stuhlgang.

Außerdem können in der Hypnose negative und positive Sinnestäuschungen erzeugt werden.

Negative Sinnes-täuschung

Bei einer negativen Sinnestäuschung können z.B. bestimmte vorhandene Gegenstände nicht wahrgenommen werden, wenn eine entsprechende Suggestion gegeben wird.

Gibt man einer Versuchsperson die Suggestion, sie befinde sich in einem leeren Zimmer und sie solle einmal quer durch dieses Zimmer gehen, so wird sie den in der Mitte des Zimmers stehenden Tisch nicht wahrnehmen und gegen den für sie nicht vorhandenen Tisch laufen. So gab ich einmal einer Person die Suggestion, sie befinde sich allein im Zimmer.

Tatsächlich war ich zusammen mit einem Freund im Raum. Wir verhielten uns eine Weile ganz ruhig. Als wir dann begannen, Kissen durch die Luft zu werfen, erregte sich die Versuchsperson so sehr, daß wir den Versuch abbrechen mußten.

Nachdem sie sich einigermaßen beruhigt hatte, erzählte sie, daß sie so erschrocken sei, weil auf einmal ohne erkennbare Ursache Kissen durch die Luft geflogen seien – und niemand da gewesen sei, der sie geworfen haben könnte.

Prof. Dr. von Krafft-Ebing berichtet von einem ähnlichen Versuch. Er hatte seiner Versuchsperson die Suggestion gegeben, daß ein gewisser Dr. H. für einige Tage verreist sei. Als nun dieser Dr. H. einige Augenblicke später mit einer brennenden Zigarette durch das Zimmer ging, starrte die Versuchsperson entsetzt auf die glimmende Zigarette, die mit einer Rauchwolke allein durch das Zimmer ging. Sie glaubte an einen Zaubertrick.

So kann man auch völlige Blindheit suggerieren, indem man etwa folgende Suggestionen gibt:

»Es wird nun langsam immer dunkler um Sie her, immer dunkler. Alles verschwimmt in einem undurchsichtigen Nebel. Sie können kaum noch etwas erkennen. Es wird immer dunkler – immer dunkler. Nun ist es ganz dunkel geworden – Sie stehen in völliger Dunkelheit und können überhaupt nichts mehr erkennen.«

Die Versuchsperson verhält sich genau wie ein Blinder. Daß keine Simulation im Spiel ist, kann man leicht testen, indem man den »Blinden« einen Gegenstand in den Weg stellt, an dem sie sich schmerzhaft stoßen. Zuvor muß man natürlich die Suggestion geben, daß dieser Zustand der Blindheit nur einige Augenblicke anhält, damit keine Angst oder Panik aufkommen kann.

Positive Sinnestäuschung

Mit dem gleichen Erfolg kann man natürlich auch positive Sinnestäuschungen suggerieren. Bekannt geworden ist das Experiment mit einem Kartenspiel. Wird der Versuchsperson in Hypnose die Suggestion gegeben, daß eine bestimmte Karte auf der Rückseite mit einem dicken schwarzen Punkt gekennzeichnet sei, dann wird sie in der Regel diese Karte stets wiedererkennen und auch sicher aus einer Reihe anderer Karten herausziehen können, obwohl natürlich in Wirklichkeit gar kein Kennzeichen an der Karte angebracht wurde.

Eingeengte Bewußtseinslage

Spricht man von Hypnose, dann denkt man zumeist an einen Schlafzustand, den sogenannten hypnotischen Schlaf. Äußerlich gleicht der hypnotische Zustand auch meist einem leichten Schlaf, aber tatsächlich bestehen große Unterschiede. Die Hypnose ist ein Zustand eingeengter Bewußtseinslage, aber innerhalb dieses begrenzten Bewußtseinskegels können alle Schattierungen zwischen Schläfrigkeit und Überwachheit vorkommen.

Nach der Vorstellung von Pawlow werden stets nur einzelne Hirnteile gehemmt bzw. ausgeschaltet, nie aber alle. Durch Vermittlung des kapillaren Gefäßsystems werden die höheren Hirnzentren in ihrer Funkton verringert, so daß die Tiefenperson ein Übergewicht bekommt. Zwar besteht wegen der gesenkten Bewußtseinsschwelle eine gewisse Verwandtschaft zum Schlaf, aber nie eine vollkommene Analogie, es sei denn, daß die Hypnose in Schlaf übergeht.

In der Hypnose wechseln ständig Hemmungen und Erregungen in den verschiedenen Bereichen des Gehirns, wobei die Hemmungen gegenüber dem Wachzustand überwiegen, während im Wachen die Erregungen überwiegen. Nach Pawlow beruhen innere Hemmung, Schlaf und Hypnose auf dem gleichen physiologischen Vorgang; denn auch während des Schlafs schläft kein einziges Gebiet der Hirnrinde vollkommen. Der Zustand des Schlafes unterscheidet sich vom hypnotischen Schlaf durch folgende Kriterien:

Unterschied zwischen Hypnose und Schlaf

In der Hypnose besteht:

1. erhöhte Aufmerksamkeit auf eine gegebene Suggestion;
2. der Patient hört jedes Wort und Geräusch;
3. er ist geringgradig kritisch;
4. sein Bewußtsein ist eingeengt, aber wach;
5. die zeitliche und örtliche Orientierung ist vorhanden;
6. das Erinnerungsvermögen besteht weiter, wenn nicht ausdrücklich eine Aufhebung suggeriert wurde;
7. der Hypnotisierte ist ansprechbar.

Im Schlaf dagegen besteht:

1. keine Aufmerksamkeit;
2. die Reizaufnahme ist praktisch blockiert;
3. es besteht keine kritische Stellungnahme;
4. das Bewußtsein ist blockiert;
5. es besteht keine Orientierung;
6. das Erinnerungsvermögen ist blockiert;
7. der Schläfer ist nicht ansprechbar.

In der Hypnose ist das Bewußtsein im wesentlichen auf den Hypnotiseur gerichtet. Diesen Kontakt nennt man »Rapport«. Während also die Umweltreize in den Hintergrund treten, tritt das, was der Hypnotiseur sagt, in den Vordergrund des Bewußtseins und wird daher besonders intensiv aufgenommen. Bei diesem Kontakt ist die Kritikfähigkeit zwar deutlich verringert, aber trotzdem vorhanden.

Das zeigt sich deutlich, wenn der Versuchsperson eine Suggestion gegeben wird, die außerhalb ihrer Persönlichkeitsstruktur liegt, z. B. die Suggestion, sich zu entkleiden oder auf einen anderen zu schießen. In diesem Fall bricht die Hypnose sofort zusammen, und die Versuchsperson ist hellwach.

Fakten zur Hypnose

Halten wir also noch einmal fest:

1. Hypnose hat nichts mit Magie oder übernatürlichen Vorgängen zu tun.
2. Hypnose ist nicht gleichbedeutend mit künstlicher Einschläferung. Sie variiert stark in ihren Symptomen und ist von der Persönlichkeit des Hypnotiseurs und von den verwendeten Methoden abhängig.
3. Hypnose ist nicht gleichbedeutend mit Suggestion, obwohl sie die Suggestibilität deutlich erhöht.
4. Mit Hilfe der Hypnose kann man nicht nur funktionelle Krankheiten beeinflussen, sondern auch schwere organische Störungen, und zwar im positiven wie im negativen Sinne.
5. Der erreichte Grad der Hypnose sowie der hypnosuggestiven Beeinflussung hängt im hohen Grad von der gesamten nervlichen Situation des Hypnotisierten ab, und zwar insbesondere von seiner Psychoaktivität oder Psychopassivität.
6. In der Hypnose können fast beliebige Sinnestäuschungen suggeriert werden, und zwar positive ebenso wie negative.
7. Hypnose und Schlaf sind nicht identisch; die Hypnose ist jedoch, ebenso wie der Schlaf, Bestandteil jeden menschlichen und tierischen Lebens.
8. Jeder, der schlafen kann, kann auch hypnotisiert werden, lediglich die Tiefe und die Symptome der Hypnose sind individuell verschieden.
9. Die Hypnose ist kein Allheilmittel, aber in der Hand des erfahrenen Hypnotherapeuten eine wunderbare Möglichkeit, anderen zu helfen.

Was ist Suggestion?

Definition

Das Wesen der Suggestion besteht darin, daß in der eigenen Person oder in einem anderen Menschen auf irgendeine Weise in dessen Unterbewußtsein eine bestimmte Vorstellung erzeugt wird. Dadurch erreicht man eine Beeinflussung seiner Gefühle, seines Urteils und seiner Willensentschlüsse.

Je deutlicher und je stärker diese Vorstellung erzeugt wird, desto leichter wird sie sich beim anderen durchsetzen und desto länger wird die Wirkung anhalten.

Fremdsuggestion, Autosuggestion

Wird diese Suggestion bei einem anderen erzeugt, sprechen wir von Fremdsuggestion. Erzeugen wir diese Vorstellung bei uns selbst, sprechen wir von Autosuggestion.

Auch eine Fremdsuggestion muß jedoch, um wirksam werden zu können, in unsere Vorstellung aufgenommen und damit in Autosuggestion umgesetzt werden. Jede Suggestion, auch die von außen gegebene Fremdsuggestion ist also letztlich eine Autosuggestion.

Vollzug im Unterbewußtsein

Halten wir also fest: Eine Suggestion vollzieht sich niemals im Bewußtsein. Sie kann nur wirksam werden, wenn wir sie durch Autosuggestion in eine bildhafte Vorstellung umwandeln. Auch sämtliche Hypnoseerscheinungen sind die Folge von Suggestionen bzw. Autosuggestionen.

Ein Wissenschaftler suggerierte mehreren Versuchspersonen, daß sie einen Liter Flüssigkeit trinken. Obwohl sie tatsächlich nicht einen einzigen Tropfen getrunken hatten, gaben sie daraufhin fast einen Liter Urin mehr ab als normal. Dieser Versuch beweist, wie tief eine in der Hypnose gegebene Suggestion in die körperlichen Vorgänge einzugreifen vermag.

Der Gedanke ist der Anfang aller Dinge. Hieraus entsteht dann die bildhafte Vorstellung. Dann erst kann die Ausführung folgen. Alle Suggestionswirkungen, von der Hypnose bis zur Wachsuggestion, Autosuggestion oder Fremdsuggestion sind lediglich Auswirkungen unseres eigenen Glaubens.

Das ist auch in der Hypnose der Fall. Auch hier werden Suggestionen, eigene oder fremde, entweder angenommen oder abgelehnt, d. h. sie werden geglaubt oder nicht geglaubt.

Hierbei kommt es ausschließlich auf die Einstellung des Hypnotisierten an und damit auf die Überzeugungskraft des Hypnotiseurs. Der Hypnotiseur muß sich also zunächst zu der Überzeugung erziehen, an die Verwirklichung dessen zu glauben, was er suggeriert. Er muß genau wissen, was er will, und diesen Willen in eine möglichst plastische, bildhafte Vorstellung kleiden.

Suggestive Menschen

Es gibt Menschen, die sehr stark suggestiv wirken, die andere leicht überzeugen können. Es sind Persönlichkeiten, die von ihren eigenen Fähigkeiten überzeugt sind und daher auch andere überzeugen können. Ein Mensch, der nicht an sich selbst glaubt, kann unmöglich erwarten, daß andere an ihn glauben.

Professor Ch. Baudouin sagt: »Suggestion ist die unterbewußte Verwirklichung einer Idee.«

Der bekannte Psychologe Fritz Lambert meint: »Alles, was uns seelisch beeinflußt, ist Suggestion, denn in dem Augenblick, in dem wir einer seelischen Beeinflussung unterliegen, wird ein entsprechender Glaube ausgelöst.«

Bewußte und unbewußte Suggestionen

Unser ganzes Leben wird bestimmt durch bewußte und unbewußte Suggestionen. Wäre das nicht so, müßte jede Werbung überflüssig sein. Wir werden aber nicht nur ständig von außen beeinflußt, sondern wir beeinflussen uns ständig auch selbst. Diese Autosuggestion oder Selbstbeeinflussung ist jedoch von größter Bedeutung für unser Leben. Denn mit jedem unserer Gedanken prägen wir unsere Persönlichkeit und bestimmen damit auch unser Schicksal.

Aus diesem Grund sollten wir niemals einen negativen Gedanken entwickeln und schon gar nicht etwas Negatives sagen.

Ersetzen Sie daher jeden sich einschleichenden negativen Gedanken sofort durch einen positiven, ehe er Schaden anrichten kann.

Solange wir unsere Gedanken nicht unter Kontrolle haben und wir uns der ungeheuren Kraft unserer Gedanken nicht bewußt sind, solange sind wir dieser Gewalt hilflos ausgeliefert. Wir haben es in der Hand, mit unseren Gedanken, die wir beliebig steuern können, diese Kraft nach unseren Wünschen einzusetzen. Diese Erkenntnis kann für unser Leben ungemein wertvoll werden. Bewußte Suggestion zu betreiben, heißt sich zu erziehen, an die Verwirklichung dessen zu glauben, was man erreichen will.

Der vernünftige Mensch wird jedoch völlig Unmögliches gar nicht erst zu glauben versuchen.

Wer die Gesetze der Suggestion kennt und beherrscht, kann sich nicht nur vor Schaden bewahren, sondern wird auch bewußt Erfolge erzielen.

Nur suggerieren, was vorstellbar ist

Wichtig ist, daß Sie bei der Formulierung einer Suggestion immer von dem Vorstellungsvermögen der Person ausgehen, die Sie beeinflussen wollen. Denn eine Suggestion kann nur wirksam werden, wenn sie in einen verständlichen bildhaften Eindruck umgesezt wird.

Das Vorstellungsbild

Die Sprache unseres Unterbewußtseins ist nicht das Wort, sondern das Bild. Die Lautstärke wird bestimmt durch die begleitende Emotion. Nur was wir uns vorstellen können, kann sich auswirken.

Stellen wir uns z. B. beim Atmen bildhaft vor, daß wir mit jedem tiefen Atemzug frische Kraft in uns aufnehmen. Stellen wir uns weiter vor, daß sich diese Kraft im ganzen Körper verteilt und uns ganz erfüllt. Beim Ausatmen haben wir die Vorstellung, daß mit der Atemluft alles Schlechte, Verbrauchte, ausgeschieden wird. Schon nach zehn tiefen Atemzügen werden wir feststellen, wie prompt die gegebene Suggestion zu wirken beginnt.

Man vergesse jedoch nicht, daß Suggestion unabhängig von der Logik sein kann. Es gibt viele Suggestionen, die außerordentlich wirksam und dennoch völlig unlogisch sind. Nicht die Logik einer Suggestion bringt den Erfolg, sondern die Perfektion der bildhaften Vorstellung. Da jeder Mensch die Fähigkeit hat zu glauben, sind auch alle Menschen suggestibel.

Das sicherste Mittel, um die Wirkung einer Suggestion zu steigern, ist die Wiederholung. Eine Suggestion sollte auch stets klar und unmißverständlich formuliert sein, weil sie meist ziemlich wörtlich befolgt wird. Man wähle nie mehr als drei verschiedene Suggestionen pro Sitzung, aber man wiederhole diese mehrfach.

Lernen, Erfolg zu haben

Erfolg zu haben kann man lernen. Mit der bildhaften Vorstellung vom Erfolg beginnt bereits der Erfolg. Doch auch Mißerfolge sind erlernbare Reaktionen. Wer sich mit seinen Mängeln identifiziert und sich sagt, das kann ich nun mal nicht, das liegt mir nicht, so bin ich nun mal, der ist nicht nur wirklich so, er bleibt auch so.

Man kann bei einer hypnotisierten Versuchsperson durch Suggestion entsprechend gefühlsbetonter Erlebnisse stark beschleunigten Puls, erhöhten Blutdruck, starken Schweißausbruch und Weinen hervorrufen und eine Sekunde später ohne Übergang lautes Lachen und heitere Stimmung. Durch Suggestion sind aber auch unwillkürliche Bewegungen beeinflußbar, wie tiefere Atmung, verbesserter Stuhlgang, schmerzloser Verlauf einer Geburt sowie Aufhebung der Schlaflosigkeit.

Wie man die Wirkung der Suggestion steigert

Die Wirkung der Suggestion ist von mehreren Faktoren abhängig.

1. Individuelle Art des Behandelnden:
   Die Persönlichkeit des Behandelnden übt einen starken Einfluß auf den Behandelten aus. Dieser Einfluß entsteht nicht nur durch das gesprochene Wort, obwohl natürlich sehr wichtig ist, was gesagt wird und wie es gesagt wird. Auch die Haltung des Behandelnden, seine Kleidung, seine Gesten und vor allem natürlich seine innere Sicherheit steigern oder schwächen die Wirkung der gegebenen Suggestion.
2. Individuelle Art des Behandelten:
   Die Formulierung einer Suggestion muß immer von dem Vorstellungsvermögen desjenigen ausgehen, der beeinflußt werden soll. Was den einen stark suggestiv beeinflußt, macht auf den anderen unter Umständen nicht den geringsten Eindruck.
3. Inhalt der Suggestion:
   Sobald der Inhalt einer Suggestion im Widerspruch zur Persönlichkeit des Behandelten steht, wird die Realisierung abgelehnt. Nicht nur die Form der Suggestion, sondern vor allem auch den Inhalt muß also auf das Wesen des Behandelten abgestimmt werden.

Direkte und indirekte Suggestionen

Suggestionen können direkt oder indirekt sein. Eine direkte Suggestion wird oft vom Bewußtsein verworfen. Eine indirekte Suggestion entgeht leichter der bewußten Zensur des zu Kritik neigenden Verstandes und wird daher sicherer akzeptiert und befolgt.

Bei der indirekten Form der Suggestion weiß der Behandelte nicht, daß eine Suggestion erfolgt. Eine besorgte Mutter kann so ihrem unruhigen Kind ein »Schlafmittel« geben, das nur aus einem harmlosen Bonbon besteht. Das Kind glaubt an die Wirkung des Schlafmittels. Somit wird die Wirkung auch eintreten. Wenn man sich nach einem anstrengenden Tag die Suggestion geben würde: »Ich zähle gleich bis Drei, dann bin ich wieder ganz frisch«, könnte diese Suggestion wahrscheinlich nicht wirksam werden, weil das Bewußtsein des Ermüdeten daran nicht zu glauben vermag.

Die bedingte Suggestion

Gebe ich mir aber in der gleichen Situation die Suggestion: »Ich gehe jetzt kalt duschen. Danach bin ich wieder frisch und munter!«, dann kann man davon ausgehen, daß sich die Suggestion in dieser Form verwirklichen wird.

Wie weit die Wirkung einer solchen bedingten Suggestion gehen kann, berichtet Dr. Erwin Liek in seinem Buch *Das Wunder in der Heilkunde* von sich selbst.

»Im Alter von neun oder zehn Jahren litt ich an zahlreichen Warzen an den Händen. Gelegentlich eines Ferienbesuches auf dem Lande machte die Magd mit mir eine Warzenkur, indem sie dicht über jeder Warze einen Knoten in einen Bindfaden machte. Der Faden wurde dann unter der Drippe vergraben, also an der Stelle, wo der Regen vom Dach den Boden erreicht.

Wenn der Faden verfault ist, sagte die Magd, dann werden auch die Warzen weg sein! Nach sechs Wochen hatte ich ohne weiteres Zutun meine Warzen verloren.«

Diese »Wenn-dann-Suggestion« ist ungeheuer wirksam. So z. B.: »Wenn ich heute abend ins Theater gehe, dann bekomme ich sicher wieder meine Migräne!« Meistens verwenden wir – leider – diese Suggestion in der negativen Form; aber wir können auch eine positive Wirkung erreichen, indem wir uns z. B. suggerieren: »Wenn ich diese vom Arzt verschriebenen Medikamente regelmäßig einnehme, werde ich bald gesund!«

Der größte Feind ist der Zweifel

Der größte Feind jeder erfolgreichen Suggestion ist der Zweifel. Wir möchten gern glauben, kommen aber nicht weiter, weil Angst und Zweifel uns daran hindern.

Solange wir zwischen positiven und negativen Gedanken schwanken, können wir nicht weiterkommen. Denken Sie an Edison, der 3000 Versuche machte, um eine brauchbare elektrische Lampe zu konstruieren. 3000 negative Erfolge, 3000 Enttäuschungen, und doch siegte bei ihm immer wieder die positive Suggestion: »Ich schaffe es doch noch.« Und er hat es dann auch geschafft.

Wer noch nicht gelernt hat, an sich selbst zu glauben, an dem prallen alle noch so einprägsamen Suggestionen wirkungslos ab, weil sein Innerstes davon unberührt bleibt.

Der Glaube an sich selbst

Sobald er aber an sich glaubt, spürt er die ungeheure Kraft der Suggestion von mal zu mal deutlicher, so daß kein Zweifel mehr in ihm aufkommen kann. Glauben wir an Ärger und Mißerfolge, so werden wir auch solche erleben. Wenn wir aber die Kraft in uns erkennen und uns ihrer bedienen, ohne ihre Wirkung durch Zweifel zu hemmen, wird sie unser Leben verändern.

Einige Experimente

Wie schnell sich eine Suggestion verwirklichen kann, zeigen die Experimente, über die Dr. Franz Völgyesi in seinen Büchern *Menschen- und Tierhypnose* sowie *Die Seele ist alles* (beide Orell Füssli) berichtet. Er hatte einige Patienten im Städtischen Krankenhaus, wo er tätig war, zur Untersuchung ihrer Magengeschwüre eine Sonde schlucken lassen.

Nachdem die Untersuchung abgeschlossen war, versetzte er die Patienten in Hypnose, ohne die Sonde herauszunehmen. Dann wurde ihnen die Aufnahme verschiedener Speisen suggeriert und die Magensekretion im Labor untersucht. Es zeigte sich, daß die Magensekretion sich blitzschnell quantitativ und qualitativ derjenigen Nahrung entsprechend änderte, die jeweils suggeriert wurde. Auf Grund der Suggestion, daß er einen Löffel Öl geschluckt habe, war sofort bei einem Patienten eine große Menge Gallen- und Bauchspeicheldrüsensekret festzustellen. Nach der Suggestion, daß er nun sein Lieblingsgericht verspeise, hatte der Arzt alle Hände voll zu tun, um immer neue Mengen von Magensaft aus der Sonde aufzufangen.

Als der Hypnose-Arzt beim Anblick des strömenden Magensaftes einmal während der Experimente scherzend sagte: »Wie schön wäre es, wenn Sie jetzt wirklich ihr Leibgericht essen würden!«, wurde die Produktion des eben noch strömenden Magensaftes plötzlich gestoppt. Der Magen des Kranken hatte, als ob er wegen der Täuschung beleidigt sei, seine Sekretionsfunktion blitzschnell eingestellt. Aber auf Grund der Suggestion weiterer Delikatessen begann der Magen folgsam und unverzüglich wieder zu arbeiten.

Der früher sehr bekannte Hypnotiseur R. Winterry berichtet, daß er seinen zahlreichen freiwilligen Versuchspersonen in die Haut oder sogar in die Handfläche stach, ohne daß eine Reaktion erfolgte.

Einmal suggerierte er einer Versuchsperson völlige Unempfindlichkeit eines Auges. Ein anwesender Arzt stach ihr mit einer Nadel in die sonst so empfindliche Bindehaut. Bei diesem schmerzhaften Eingriff zuckte sie nicht einmal mit den Augenlidern.

L. Benedek suggerierte einer Frau in Hypnose, daß ihr heißes Wasser über einen Arm geschüttet werde, woraufhin die Hauttemperatur sofort um drei Grad stieg.

Das Wesen der Suggestion

Die Suggestion beinhaltet zweierlei:

1. Erzeugung der Vorstellung bei einer Person, daß eine Veränderung körperlicher oder seelischer Art sich bei ihr eingestellt habe oder einstellen werde.
2. Beschränkung der Vorstellungstätigkeit auf einen speziellen Bewußtseinsinhalt durch Abschwächung oder Aufhebung der entgegengesetzten Vorstellung.

Die Suggestion ist der Kernpunkt jeder hypnotischen Behandlung. Man muß ihr größte Sorgfalt und Aufmerksamkeit widmen. Wenn man die Suggestionen mit Sorgfalt und Einfühlungsvermögen anbringt, wird man imstande sein, beginnende Krankheiten im Keim zu ersticken und sie auf natürliche Weise auszuheilen. Man vermag möglicherweise zu helfen, wo andere Heilweisen erfolglos blieben.

Ist Hypnose gefährlich?

Immer wieder einmal liest man von behaupteten Gefahren der Hypnose. Ich habe bisher einige tausend Hypnosebehandlungen durchgeführt, ohne daß sich jemals eine gefährliche Situation ergeben hätte. In den Anfängen meiner Tätigkeit ist mir allerdings zweimal eine – wenn wir es so nennen wollen – Panne passiert, die ich nicht verschweigen möchte.

Panne bei der Altersregression

Einmal hatte ich eine neugierige Journalistin in das Alter von drei Jahren zurückversetzt.

Mein Sohn war damals auch gerade drei Jahre alt, und so brachte ich die beiden zusammen. Obwohl ich nichts gesagt hatte, erfaßte mein kleiner Sohn sofort, daß die Tante zwar sehr groß, aber doch ein kleines Kind war. Er nahm sie mit in sein Kinderzimmer. Ich folgte den beiden und ließ sie miteinander spielen. Sie stritten sich um ein Spielzeug und vertrugen sich wieder, nur einmal mußte ich eingreifen, als die Journalistin unbedingt in das Gitterbettchen meines Sohnes steigen wollte – das unter ihrer Last sicher zusammengebrochen wäre.

Dann entdeckte sie das Fernsehgerät. Mein Sohn erklärte ihr, wie man ein- und ausschaltet und das Programm wechselt. Sie war sichtlich fasziniert; denn in ihrer Jugend gab es noch kein Fernsehen. Immer wieder schaltete sie ein und aus und wechselte das Programm, bis ich das Experiment abbrechen wollte.

Da merkte ich, daß sie auf meine Worte nicht mehr reagierte – der Rapport war abgebrochen.

Anscheinend hatte ich sie zu lange in dieser Zeit gelassen. Sie hatte sich in jene Rolle wieder eingelebt. Immer wieder versuchte ich mit immer neuen Methoden den Kontakt wieder herzustellen, aber vergeblich. Da besann ich mich auf das, was ich für einen solchen Fall gelernt hatte: Ruhe bewahren, die Hypnose noch mehr vertiefen.

Da sie auf meine Worte nicht reagierte, hielt ich ihr einige Sekunden die Augen zu und gab die entsprechenden Suggestionen zur Vertiefung. Als ich meine Hand wegnahm, blieben ihre Augen zu. Ich suggerierte ihr, daß ich die Hypnose abbrechen wolle. Langsam führte ich sie wieder Jahr für Jahr auf ihr heutiges Alter zurück und schloß mit den Worten: » . . .Gleich werde ich bis Drei zählen, dann öffnen Sie die Augen und fühlen sich ganz frisch und wohl. Sie sind dann 23 Jahre, und alles ist wieder genau so wie vor dem Experiment. Bei Drei öffnen Sie die Augen und fühlen sich wohl: 1 – 2 – 3. Kaum hatte ich die Zahl drei genannt, öffnete sie ihre Augen. Alles war wieder in Ordnung.

Selbsthypnose mit Sperre

Ein anderes Mal hatte ich einem Patienten die Suggestion gegeben, er könne sich ein einziges Mal in meiner Anwesenheit selbst hypnotisieren. Alles, was er sich dann sage, sei genau so wirksam, als habe ich es gesagt. Er werde es wie immer strikt befolgen. Da ich dabei war, schien es mir ein harmloses Experiment zu sein, um das er mich mehrfach gebeten hatte.

Ich sagte ihm, er könne seinem Unterbewußtsein nun einen Auftrag geben. Er sollte mir aber sagen, welchen Auftrag er sich geben möchte. Er fing jedoch sofort an und gab sich folgende Suggestion: »Ich zähle jetzt bis Drei und schlafe ein. Nichts kann mich wecken.«

Ehe ich etwas sagen konnte, war es schon geschehen. In seiner Unkenntnis hatte er einen Fehler begangen. Er hatte sich mit dem letzten Teil seiner Suggestion selbst, aber auch mir die Möglichkeit genommen, die Hypnose wieder aufzuheben.

Aufhebung der Sperre

Ich verstärkte jedoch seine Schlafsuggestion noch mehr und führte ihn langsam mit folgenden Worten wieder heraus: »Sie schlafen tief und fest – ganz tief und fest, und niemand wird Sie wecken. Sie spüren, daß Sie genug geschlafen haben, und merken, wie Sie allmählich erwachen. Ganz von selbst erwachen Sie. Nun sind Sie hellwach und öffnen die Augen!« Kaum gesagt, öffnete er die Augen.

Ich erklärte ihm seinen Fehler. Dadurch daß ich seine Suggestion gelten ließ und ihm nur einredete, daß er selbst gleich erwachen werde, konnte sein Unterbewußtsein den Befehl ausführen, ohne mit seiner eigenen Suggestion in Widerstreit zu geraten.

Er wollte nun wissen, ob er den Versuch nicht noch einmal wiederholen könne, ohne natürlich den gleichen Fehler noch einmal zu machen. Ich sagte ihm, daß dies nicht gehe, da ich seinem Unterbewußtsein ja vorher die Suggestion gegeben habe, daß er sich *einmal* selbst hypnotisieren könne, daß ein zweiter Versuch also erfolglos bleiben müsse. Doch das wollte er nicht glauben. Als er es wieder und wieder versuchte, geschah nichts, wie ich es ihm gesagt hatte, denn das Unterbewußtsein befolgte exakt die von mir gegebene Suggestion.

Sie sehen, wenn man richtig vorgeht, sind auch solche Pannen völlig ungefährlich. Man sollte aber möglichst keine Suggestion geben, die gegen zuvor gegebene gerichtet sind, da sonst zwei Suggestionen gegeneinanderstehen. Es ist besser, die gegebene Suggestion aufzugreifen, suggestiv sogar zu verstärken, um inneren Widerstand abzubauen und die Versuchsperson dann allmählich wieder aus der Hypnose herauszuführen.

Weitere Beispiele

Dr. Franz Völgyesi berichtet von einer ähnlichen Panne, die ihm einmal passiert ist.

Eine Mutter suchte ihn mit ihrer Tochter auf, die Menstruationsstörungen hatte. Dr. Völgyesi hypnotisierte sie und gab ihr die Suggestion, daß ihre Menstruation an einem bestimmten Tag um zwölf Uhr mittags eintreten solle. Die Mutter hatte darauf bestanden, der Hypnose beizuwohnen. An dem vom Arzt bestimmten Tag trat die Monatsblutung der Tochter pünktlich ein – aber dasselbe geschah auch bei der Mutter. Der hypnotische Befehl hatte also auch bei der Mutter gewirkt, obwohl sie nur Zeugin der Behandlung war.

Wenn man überhaupt von einer Gefahr sprechen kann, dann sehe ich sie vor allem darin, daß gegebene Suggestionen unzureichend oder unvollständig aufgehoben werden. Ein beliebtes Experiment besteht darin, einer Versuchsperson ein Glas Wasser zu trinken zu geben mit der Suggestion, daß es Cognac sei. Die Versuchsperson wird entsprechend reagieren und berauscht sein.

Eine ausreichende Gegensuggestion hebt diese Reaktion wieder auf. Wird diese Gegensuggestion jedoch nicht sachgemäß durchgeführt, dann kann dies dahin führen, daß die Versuchsperson auch in Zukunft einen Rausch bekommt, sobald sie ein Glas Wasser trinkt.

Autoritäten haben das Wort

Hypnotherapeuten von Rang halten eine Gefahr durch Anwendung der Hypnose für ausgeschlossen.

Dr. Liébeault aus Nancy, der Vater der Hypnose als Therapie, schreibt: »Nach vieljähriger Anwendung der hypnotischen Suggestivbehandlung möchte ich behaupten, daß diese – wenn man sich ihrer bedienen kann – bei weitem die medizinische Behandlung übertrifft. Sie ist ungefährlich, im Gegensatz zur Behandlung mit Medikamenten, und wirkt schnell und angenehm.«

Prof. Dr. Brüggelmann aus Paderborn beantwortet die Frage wie folgt: »Die Frage, ob sachverständige Hypnose überhaupt Schaden anrichten kann, ist mit einem bestimmten Nein zu beantworten.«

Dr. Moll sagt hierzu: »Die Kardinalfrage muß sein, inwieweit bei zweckmäßiger hypnotischer Suggestion Gefahren für die Gesundheit bestehen. Und diese Frage muß mit einem absoluten Nein beantwortet werden.«

Dr. Ringier in Zürich: »Ich kann nur wiederholen, was ich schon früher gesagt habe, nämlich, daß ich niemals, nicht in einem einzigen Fall, einem schädlichen Einfluß auf Grund von Hypnose begegnet bin.«

Direktor Dr. Scholz in Bremen: »Über schädliche Folgen, die in der Praxis gar nicht auftreten und nur von Gegnern theoretisch konstruiert werden, habe ich nie zu klagen gehabt.«

Prof. Dr. Möbius: »Es gibt ja Ärzte, die vor der Hypnose warnen, aber das sind gerade diejenigen, die nicht aus eigener Erfahrung, sondern auf Grund theoretischer Bedenken Gegner der hypnotischen Suggestion geworden sind.«

Dr. Otto Wetterstrand: »Ich prophezeie dem Hypnotismus eine große Zukunft, und ich kann mich ganz den Worten anschließen, die Professor Bernheim in seiner epochemachenden

Arbeit über die Suggestion äußert, nämlich, daß die suggestive Therapie eine der wertvollsten Eroberungen zeitgenössischer Medizin ist.«

Auch ich kann nur sagen, die einzige mögliche Gefahr wäre die Unkenntnis des Praktikers.

Techniken zur Befragung Ihres Unterbewußtseins

Carpenter-Effekt und das ideomotorische Gesetz

Im Jahre 1874 entdeckte der englische Arzt W. B. Carpenter, daß die Vorstellung einer Bewegung diese bereits in verkleinertem Maße auslöst. Er veröffentlichte seine Erkenntnisse im gleichen Jahr unter der Bezeichnung *Das ideomotorische Gesetz*. Diese Erscheinung, die wir bei unseren Pendelversuchen nutzen, wird heute allgemein »Carpenter-Effekt« genannt. Trifft die Vorstellung einer Bewegung auf das Wachbewußtsein, bewirkt sie nur eine abgeschwächte, verkleinerte Bewegung. In der Hypnose jedoch kann sich eine durch Suggestion gegebene bildhafte Vorstellung ohne diese Hemmung durch das Bewußtsein voll auswirken.

Wichtig ist, daß es sich um eine bildhafte Vorstellung handelt und daß diese Vorstellung von möglichst starken Emotionen begleitet ist. Die Vorstellung eines Wortes genügt nicht, um diesen Carpenter-Effekt auszulösen.

Pendelversuche

Wir können uns leicht von der Wirksamkeit dieses Effekts überzeugen, indem wir einige Pendelexperimente durchführen:

Zeichnen Sie zunächst ein Kreuz auf ein weißes Blatt Papier. Nun stellen Sie sich einen einfachen Pendel* her, indem Sie z. B. einen Ring an einem Zwirnfaden aufhängen. Der Faden sollte etwa 50 Zentimeter lang sein. Die Größe und das Gewicht oder das Material des Ringes spielen bei diesen einfachen Experimenten noch keine Rolle.

Die Vorgangsweise

Nehmen Sie nun den Pendel zur Hand und wickeln Sie den Faden um Ihren Zeigefinger, bis noch etwa 20 Zentimeter Faden vom Zeigefinger bis zum Ring bleiben. Dann halten Sie den Pendel genau über den Schnittpunkt des Kreuzes, das Sie zuvor gezeichnet haben. Sie können dabei den Arm freischwebend halten oder den Ellenbogen aufstützen. Bemühen Sie sich jedoch, Ihre Hand ganz ruhig zu halten und keine bewußte Bewegung des

*Seit Goethes *Wahlverwandtschaften* (2. Teil, 11. Kap.) heißt es *der* siderische Pendel, hingegen *das* mathematische oder physikalische Pendel.

Pendels auszuführen. Konzentrieren Sie sich nun auf die bildhafte Vorstellung, daß der Pendel von links nach rechts schwingt; aber schauen Sie dabei auf den Pendel. Wenn Sie sich dieser bildhaften Vorstellung ganz intensiv hingeben, wird es gar nicht lange dauern, bis der Pendel tatsächlich in der vorgestellten Richtung zu schwingen beginnt.

Halten Sie den Pendel nun an und erfüllen Sie sich mit der bildhaften Vorstellung, daß der Pendel nun auf Sie zu und von Ihnen weg schwingt. Wiederum wird es nicht lange dauern, bis Ihre Vorstellung Wirklichkeit geworden ist. Mit dem gleichen Erfolg können Sie den Pendel linksherum oder rechtsherum im Kreis schwingen lassen, immer wird er willig Ihrer Vorstellung folgen. Damit haben Sie einen Beweis für eine wichtige Tatsache:

Das erste Gesetz

Jede bildhafte Vorstellung, die uns erfüllt, hat das Bestreben, sich zu verwirklichen.

Sie kann sich aber nur verwirklichen, wenn keine andere bildhafte Vorstellung dagegen steht und sich die beiden Wirkungen aufheben. Ist dies nicht der Fall, weil wir unsere Gedanken diszipliniert in eine Richtung lenken, dann wird sich jede unserer Vorstellungen mit absoluter Sicherheit erfüllen. Wir müssen natürlich die Verwirklichung unserer bildhaften Vorstellung auch ganz sicher erwarten und nicht durch Zweifel hemmen, also fest an die Verwirklichung glauben. Dann erkennen wir eine weitere Tatsache:

Das zweite Gesetz

Wenn der Wille und der Glaube einander feindlich gegenüberstehen, unterliegt immer und ausnahmslos der Wille. Das erkennen wir beim Pendeln ganz leicht, weil wir ja die Hand ganz still halten *wollen*, aber da wir *glauben*, daß der Pendel die gedachte Bewegung ausführen wird, geschieht es auch.

Das gilt auch für unser Leben. Unser Leben wird nicht von unserem Willen gesteuert, sondern durch unsere bildhaften Vorstellungen, die wir mit unseren Gedanken nach Belieben erzeugen können. Wir haben damit einen klaren Beweis für die Tatsache, daß wir unser Leben nach Belieben gestalten können, indem wir die gewünschten bildhaften Vorstellungen erzeugen und uns damit ganz intensiv erfüllen.

Wenn wir die Tragweite dieser Tatsache erkannt haben, sind wir nicht mehr Sklaven, sondern Herren unseres Schicksals. Mancher von Ihnen hat schon seinen ganzen Willen bemüht, um ein bestimmtes Ziel zu erreichen und hat es trotzdem nicht erreicht. Ein anderer erreicht die Verwirklichung seiner Ziele anscheinend ohne große Anstrengung, weil er das Geheimnis kennt und den inneren Antrieb aktiviert, indem er die entsprechenden bildhaften Vorstellungen in sich erzeugt und sich damit ganz intensiv erfüllt, bis keine entgegengesetzte Vorstellung mehr in ihm aufkommen kann. Hier drängt sich uns eine dritte Erkenntnis auf:

Das dritte Gesetz

Es ist das Gesetz von der das Gegenteil bewirkenden Anstrengung.

Jede willensmäßige Anstrengung ohne bildhafte Vorstellung bleibt nicht nur erfolglos, sie bewirkt oft sogar das Gegenteil von dem, was wir erreichen wollen. Es ist also durchaus nicht gleichgültig, was wir denken. Unser Denken ist für unser Schicksal von ausschlaggebender Bedeutung. Deshalb sollte eines unserer wichtigsten Ziele sein, unsere Gedanken zu kontrollieren, damit wir sie nach Belieben steuern können und damit unser Schicksal selbst bestimmen.

Die Festlegung der Bedeutung

Für unsere Pendelexperimente müssen wir nun noch eine weitere Voraussetzung schaffen, wir müssen festlegen, welche Pendelbewegung »Ja« und welche »Nein« bedeuten soll. Eine dritte Bewegung könnte »Ich weiß nicht« bedeuten.

Sie können natürlich die Bedeutung der einzelnen Bewegungen des Pendels selbst bestimmen; besser ist es jedoch, diese Entscheidung dem Unterbewußtsein zu überlassen, damit Sie nicht möglicherweise gleich zu Beginn gegen eine unbewußte Vorstellung verstoßen. Gleichzeitig haben Sie damit einen Beweis für die Urteilsfähigkeit des Unterbewußtseins.

Halten Sie den Pendel also bewegungslos und fragen Sie sich in Gedanken: Welche Bewegung soll »Ja« bedeuten. Beobachten Sie dabei den Pendel. Es wird nicht lange dauern, bis der Pendel in einer Richtung zu schwingen beginnt. Ist dies nicht sofort der Fall, war Ihre Vorstellung noch nicht stark genug. Denken Sie dann noch einige Male intensiv das Wort »Ja«, aber bewegen Sie den Pendel auf keinen Fall absichtlich.

Sobald sich das Unterbewußtsein entschieden hat, legen Sie auf die gleiche Weise auch die Bewegungsrichtung für »Nein« und »Ich weiß nicht« fest. Beginnen wir nun mit einem Experiment.

Das erste Pendel-experiment

Setzen Sie sich an einen Tisch und nehmen Sie den Pendel ganz locker in Ihre rechte Hand. Bringen Sie den Pendel zunächst zum Stillstand, indem Sie ihn mit der linken Hand anhalten. Erfüllen Sie sich nun mit der intensiven bildhaften Vorstellung, daß der Pendel rechtsherum schwingt, also kreisförmig im Uhrzeigersinn. Halten Sie den Pendel dabei noch immer mit der linken Hand fest, damit er noch nicht schwingen kann. Sobald Sie sich ganz mit der bildhaften Vorstellung erfüllt haben, daß der Pendel rechtsherum schwingt, lassen Sie ihn los und sagen gleichzeitig ständig laut: »Der Pendel schwingt linksherum – der Pendel schwingt linksherum – der Pendel schwingt linksherum.« Hieraus entsteht natürlich ein Widerspruch zwischen Ihren Gedanken und Ihrer bildhaften Vorstellung. Das Ergebnis wird jedoch sein, daß Ihre bildhafte Vorstellung siegen wird: der Pendel wird rechtsherum schwingen. Ein Beweis für die Wirksamkeit des zweiten Gesetzes und für die Stärke Ihrer bildhaften Vorstellung.

Das zweite Pendel-experiment

Dieses Experiment führen Sie mit einer oder mehreren Versuchspersonen durch. Zeigen Sie den anderen zunächst, wie leicht der Pendel in Ihrer Hand auf jede Vorstellung reagiert, dann geben Sie den Pendel der Versuchsperson in die Hand, und sagen Sie ihr etwa folgendes:

»Halten Sie den Pendel jetzt ganz ruhig über den Mittelpunkt des gezeichneten Kreuzes. Gelingt es Ihnen nicht sofort, den Pendel ruhig zu halten, dann nehmen Sie die linke Hand, um ihn anzuhalten.

Lassen Sie dann den Pendel los und achten Sie nicht mehr auf Ihre Hand oder Ihren Arm.

Konzentrieren Sie sich ganz auf meine Worte. Sie spüren jetzt ganz deutlich, wie der Pendel von links nach rechts schwingen will – immer stärker wird das Gefühl. Nun beginnt der Pendel bereits langsam zu schwingen.

Diese Schwingung wird immer stärker – immer stärker. Sie sehen jetzt ganz deutlich, wie der Pendel von links nach rechts schwingt. Nun schwingt der Pendel ganz stark von links nach rechts – von links nach rechts.«

Passen Sie Ihre Worte den Reaktionen Ihrer Versuchsperson genau an und wiederholen Sie gegebenenfalls die einzelnen Suggestionen. Sie werden sehen, wie sich *Ihre* bildhafte Vorstellung auf die Versuchsperson überträgt und der Pendel zu schwingen beginnt. Haben Sie mehrere Versuchspersonen, können Sie auf diese Weise leicht diejenigen heraussuchen, die besonders suggestibel sind.

Gleichzeitig können Sie die Suggestibilität einer Versuchsperson erhöhen, wenn Sie dieser nach erfolgreichem Abschluß des Experiments die Suggestion geben: »Sie sehen selbst, alle meine Worte realisieren sich in Ihrem Unterbewußtsein. Sie sind sehr suggestibel. Alles, was ich Ihnen sage, werden Sie ganz strikt befolgen.«

Das dritte Pendel-experiment

Bei diesem Experiment wollen wir das Unterbewußtsein befragen. Dabei kommt es vor allem auf die richtige Formulierung an. Jede Frage muß präzise formuliert und mit »Ja« oder »Nein« zu beantworten sein.

Nehmen Sie den Pendel zur Hand und halten Sie ihn ganz ruhig über den Schnittpunkt des gezeichneten Kreuzes.

Fragen Sie sich zum Beispiel: »Eigne ich mich als Hypnotiseur?«

Wenn das Unterbewußtsein über den Pendel mit »Ja« antwortet, können Sie die Frage präzisieren: »Eigne ich mich besonders gut als Hypnotiseur?« Vielleicht interessiert Sie auch die Antwort auf die Frage: »Eigne ich mich gut dazu, hypnotisiert zu werden?«

Entdecken Sie die fast unbegrenzten Möglichkeiten, die Ihnen diese Befragungstechnik Ihres Unterbewußtseins bietet. Sie lernen sich dadurch besser kennen.

Sie können übrigens auf diesem Weg nicht nur Fragen klären, die Sie betreffen. Ist Ihre Sensibilität stark genug ausgeprägt (man kann diese trainieren), dann vermögen Sie auch Fragen an Ihr Unterbewußtsein zu richten, die andere betreffen, ganz gleich, ob diese anwesend oder weit entfernt sind.

Unbewußte Finger-bewegungen

Eine andere interessante Möglichkeit, den Carpenter-Effekt zu nutzen, ist die Erforschung Ihres Unterbewußtseins, ohne das Hilfsmittel Pendel, durch eine andere einfache Technik.

3Ähnlich wie bei den Pendelexperimenten können Sie bestimmen, daß die unbewußte Bewegung des Zeigefingers »Ja« bedeuten soll, die Bewegung des Mittelfingers dagegen »Nein« usw.

Präzisierung der Bedeutung

Besser ist auch hier, wenn Sie die Entscheidung Ihrem Unterbewußtsein überlassen. Viele Experimentatoren, die mit dem Pendel Schwierigkeiten haben, sprechen viel leichter auf Fingerbewegungen an oder umgekehrt.

Eine Hand ist oft sensibler als die andere. Da Sie alle Fragen mit einer Hand beantworten können, sollten Sie auch dieses Problem vorher klären.

Um die unbewußten Fingerbewegungen hervorzurufen, legen Sie eine Hand ganz locker in den Schoß oder auf den Tisch. Die Finger sind dabei ganz locker ausgestreckt.

Die Antwort des Fingers

Bevor ein Finger antwortet, werden Sie sehr wahrscheinlich ein leichtes Prickeln in dem Finger spüren, dann ein gelegentliches Zucken. Schließlich wird sich der Finger mehr oder weniger gerade strecken.

Vermeiden Sie auch hier jede bewußte Anstrengung. Erwarten Sie auch nicht eine bestimmte Antwort, da diese Erwartung das Ergebnis beeinflussen könnte.

Nutzen Sie diese beiden interessanten Möglichkeiten der Befragung Ihres Unterbewußtseins, wenn Sie eine Entscheidung treffen müssen. Ich habe festgestellt, daß die Antworten des Unterbewußtseins fast immer richtig sind.

Was ist Entspannung?

Yang und Yin

Das gesamte Universum beruht auf dem Gleichgewicht zweier entgegengesetzter Kräfte, der Spannung und der Lösung, dem Yang und Yin der Chinesen. Diese kosmische Harmonie ist auch der Idealzustand des Menschen, als Teil dieser Harmonie. Ohne diese Harmonie kann ein Mensch weder glücklich noch gesund sein. Ist die Harmonie dieser beiden entgegengerichteten Kräfte im Menschen in Unordnung, ist der Mensch gestört. Schon Laotse verkündete diese Lehre vor 2500 Jahren.

Die richtige Entspannung

Da wir alle gesund und glücklich sein möchten, brauchen wir ausreichende und echte Entspannung, um Verkrampfungen und Überspanntheit zu lösen. Echte Entspannung bewirkt die Reduzierung der negativ wirkenden Überspannung auf das individuell verschiedene, aber gesunde Maß. Das Ergebnis ist dann der Spannungsausgleich.

In diesem Zustand ist der Mensch in Harmonie mit sich selbst und den kosmischen Gesetzen. Er ist dann körperlich und geistig in Höchstform und völlig gesund, denn Krankheit ist Disharmonie. Wird diese Disharmomie durch einen echten Spannungsausgleich aufgelöst, entsteht Harmonie. Gleichzeitig löst sich auch die Krankheit auf, da sie ja nur das äußere Zeichen einer bestehenden Disharmonie ist.

Wege zur Entspannung

Viele Wege führen zur Entspannung: Das Autogene Training, die Meditation und, nicht zu vergessen, das Gebet. Einer der wirksamsten Wege ist jedoch die Fremdhypnose sowie – von Ihnen ohne Mithilfe eines Dritten selbst anzuwenden – die Selbsthypnose. Hier kann das Wort, wie ein Maßanzug auf die eigene Situation abgestimmt, voll wirksam werden.

In diesem Buch habe ich mir zur Aufgabe gemacht, Ihnen diese beiden Wege zu erläutern, damit Sie selbst die Lösung Ihrer Schwierigkeiten in die Hand nehmen können.

3. Voraussetzungen der Hypnose und Hypnosetechniken

Die Persönlichkeit des Hypnotiseurs und der Versuchsperson

Unterschiedliche Suggestivkraft

Jeder Mensch hat eine gewisse suggestive Kraft, deren Stärke aber unterschiedlich ausgeprägt ist. Man unterscheidet vor allem psychisch aktive und psychisch passive Naturen.

Der psychisch aktive Mensch beeindruckt seine Mitmenschen durch sein Selbstbewußtsein und die Sicherheit seines Auftretens. Er ist der geborene Vorgesetzte und erwartet, daß auch geschieht, was er sagt. Wer über starke seelische Aktivität verfügt, hat alle Voraussetzungen, ein guter Hypnotiseur zu werden, wenn er sich gründlich in die Techniken der Hypnose einarbeitet und sich nicht nur auf seine Ausstrahlung verläßt.

Der psychisch passive Mensch unterliegt leichter dem Einfluß anderer, als daß er selbst beeinflußt. Mit gründlich erarbeiteter Technik und großer Erfahrung kann aber auch er ein guter Hypnotiseur werden.

Man kann sagen, daß jeder intelligente Mensch, der über Selbstbewußtsein und ein sicheres Auftreten verfügt, lernen kann zu hypnotisieren. Es ist weder eine mystische Begabung noch ein zwingender Blick erforderlich; aber angeborenes Talent, eine ausgeprägte Persönlichkeit und gutes psychologisches Einfühlungsvermögen sind Voraussetzungen, wenn man über den Durchschnitt hinauswachsen will.

Ein guter Hypnotiseur sollte jedenfalls sehr viel Selbstvertrauen haben, denn jemand, der nicht an sich selbst glaubt, kann unmöglich erwarten, daß andere an ihn glauben.

»Ansteckung« mit Begeisterung

Der große Hypnoseforscher A. Forel formuliert das so: »Es ist gar keine Frage, daß der beste Hypnotiseur derjenige ist, der am besten versteht, die Personen, die er hypnotisieren will, von seiner hypnotischen Fähigkeit zu überzeugen, und der sie für die Sache mehr oder weniger zu begeistern vermag. Die Begeisterung ist somit beim Hypnotiseur ein wichtiger Faktor, denn um andere zu überzeugen, muß man meist selbst überzeugt sein oder dramatisches Talent besitzen. Was aber bei beiden Teilen, beim aktiven wie beim passiven, am meisten überzeugt, ist der tatsächliche Erfolg, das Erleben der Tatsache. Auf diesem psychologischen Vorgang beruhen die so viel besprochenen und so mißverständlichen hypnotischen Epidemien, die Massensuggestionen, die Ansteckung des Hypnotismus. Alles, was uns begeistert, gewinnt Macht über uns und besiegt leicht alle Gegenvorstellungen.«

Würden Fernsehen und Zeitungen ständig über Sie berichten und Sie als den größten Hypnotiseur aller Zeiten bezeichnen, der jeden Menschen innerhalb von wenigen Sekunden in Hypnose versetzen kann, der noch nie einen Mißerfolg hatte, so würden sicher die meisten Menschen beim ersten Hypnoseversuch durch Sie wirklich in Hypnose fallen, einfach weil sie es erwarten.

Hier wird die suggestive Wirkung der Massenmedien sichtbar, die durch ständige Wiederholung eine Meinung bilden. Wenn Sie jedoch schüchtern und zurückhaltend vor andere hintreten und leise sagen, Sie hätten zwar noch nie jemanden hypnotisieren können und Ihre bisherigen Versuche seien immer erfolglos geblieben, aber Sie wollten es gern noch ein weiteres Mal versuchen, dann kann man mit Sicherheit sagen, daß unter diesen Voraussetzungen kaum eine Hypnose gelingen kann, weil die Versuchspersonen den Mißerfolg bereits erwarten und sich entsprechend verhalten.

Erwartung des Erfolgs

Hier liegt das eigentliche Geheimnis eines erfolgreichen Hypnotiseurs: Erzeugen Sie in Ihrem Gegenüber die Erwartung des Erfolgs – dann werden Sie Erfolg haben. Auch wird wieder einmal das Prinzip der bildhaften Vorstellung wirksam, daß sich gegen jeden entgegengerichteten Willen in jedem Fall durchsetzt.

Unabdingbare Voraussetzung für jede Hypnose ist es, zunächst das Vertrauen der Versuchsperson zu gewinnen und damit die innere Bereitschaft zu schaffen, sich beeinflussen zu lassen. Vertrauen fördert die positive Erwartungshaltung, die in Verbindung mit der Hoffnung zu dem Glauben und damit zu der bildhaften Vorstellung führt, daß das gewünschte Ergebnis auch eintreten werde.

Viele Patienten kommen zu mir in die Praxis mit einer den Erfolg fast blockierenden Vorprogrammierung und erzählen immer wieder von den vielen bisherigen Versuchen, Hilfe zu finden, die aber alle vergeblich waren. Mutlosigkeit und Resignation klingen aus ihren Worten wie: »Ich war schon in drei Kliniken und bei unzähligen Ärzten; und selbst habe ich auch schon so vieles versucht. Ich bin immer wieder enttäuscht worden. Ich bin verzweifelt. Ich glaube jetzt gar nicht mehr, daß mir überhaupt geholfen werden kann!«

Hier eine Hypnosebehandlung zu beginnen, ohne zuvor den Glauben solcher Menschen an sich selbst wieder aufgebaut zu haben, ist völlig sinnlos.

Qualitäten eines Hypnotiseurs

Welches sind nun die Qualitäten eines Hypnotiseurs, die auch in schwierigen Fällen den Erfolg bringen? Die folgenden:

ausgeprägte Persönlichkeit
gute Beobachtungsgabe
Einfühlungsvermögen
Kontaktfähigkeit
Geistesgegenwart
absolute Sicherheit
wohlklingende Stimme
gepflegtes Äußeres
Geduld

Von der individuell verschiedenen »Mischung« dieser Komponenten hängt letztlich der Erfolg ab. Auch wenn sich die Versuchsperson dieser Dinge im einzelnen nicht bewußt ist, fühlt sie doch intuitiv, ob und in welchem Maße diese Faktoren vorhanden sind, und wird sich entsprechend verhalten. Die Praktik der Hypnose setzt also in hohem Maß die Schulung der eigenen Persönlichkeit voraus.

Informationsgespräch

Bevor wir eine Hypnose beginnen, informieren wir uns in einem ausführlichen einleitenden Gespräch über die Persönlichkeitsstruktur der Versuchsperson. Wir wissen, daß psychisch passive Menschen leicht zu hypnotisieren sind, ebenso vegetativ labile Menschen, die eine Beziehung zu bewußtseinsverändernden Drogen haben (es braucht sich dabei keineswegs um Süchtige zu handelm). Anscheinend entsteht hier eine Parallele durch die Leichtigkeit, mit der Bewußtseinsveränderungen erreicht werden.

Eine weitere Voraussetzung ist die geeignete Umgebung, damit das Experiment ungestört ablaufen kann. Es ist zwar nicht unbedingt erforderlich; aber ich dunkle gern den Raum ab, und zwar in der Hauptsache wegen des psychologischen Effekts. Die Versuchsperson registriert die Vorbereitungen und stellt sich entsprechend stärker auf die folgende Hypnose ein.

Bei ängstlichen Personen sollte man vorher klären, ob ein verdunkelter Raum Furcht erzeugt.

Überhaupt sollte man bei der Überlegung, ob und welche Hilfsmittel zur Einleitung der Hypnose angewandt werden, immer von dem ausgehen, was das Wohlbefinden der Versuchsperson erhöht. Ist ein hypnotisches Hilfsmittel geeignet, die Hypnose leichter oder schneller einzuleiten oder die eingeleitete Hypnose zu vertiefen, ohne der Versuchsperson zu schaden, dann ist die Anwendung gerechtfertigt.

Frühere Hypnosen

Wichtig ist auch zu klären, ob die Versuchsperson schon einmal hypnotisiert worden ist und welche Technik angewandt wurde. Meist ist dadurch eine gewisse Prägung des Patienten entstanden.

Er erwartet, daß die nun folgende Hypnose in der gleichen Weise ablaufen wird. Wenn er dies wünscht, sollte man unbedingt darauf eingehen und die Hypnose in der gleichen Weise einleiten. Viele glauben, daß nur in der Tiefenhypnose wirksame Suggestionen gegeben werden können. Es ist ratsam, diese Meinung vorher zu korrigieren und die Versuchsperson zu überzeugen, daß die Tiefe der Hypnose keinen Einfluß auf die Wirksamkeit der gegebenen Suggestion hat. Einer festen Erwartung der Versuchsperson sollte aber in jedem Fall entsprochen werden. Denn es ist besonders bei der ersten Hypnose wichtig, daß die Versuchsperson in geeigneter Stimmung ist und nichts sie stört.

Musik und Farben

Lassen Sie die Versuchsperson vor der ersten Hypnose einige Zeit in einem ruhigen Raum bei gedämpftem Licht ruhen. Ganz leise Musik kann diese Ruhe noch vertiefen. Auch die im Raum vorherrschende Farbe ist nicht ohne Einfluß, wobei Grün und Blau am günstigsten sind.

Wenn Sie keine Musik verwenden, dann kann das Ticken einer Wanduhr oder eines Metronoms, bei sonstiger Stille, ebenfalls geeignet sein, durch die Monotonie einzuschläfern. Noch beruhigender wirkt nach meinen Erfahrungen Meeresrauschen. Ich habe hierfür das Geräusch des Meeresrauschens auf eine Endloskassette aufgenommen und lasse diese in der Ruhephase vor der eigentlichen Hypnose laufen. In guten Musikgeschäften erhalten Sie Geräuschkassetten, auf denen meist auch Meeresrauschen zu hören ist.

Fasten Fasten ist ebenfalls eine gute Vorbereitung auf die erste Hypnose. Da heute fast jedermann schlanker werden möchte, geben Sie Ihrer Versuchsperson unter Umständen einen willkommenen Anlaß dazu, wenn sie eine Hypnosebehandlung wünscht.

Damit sind wir bei der wichtigsten Voraussetzung für ein Gelingen der Ersthypnose. Die Versuchsperson muß sich mit der festen Absicht, in einen hypnotischen Zustand zu kommen, zur Anwendung einer Methode bereiterklärt haben. Dadurch ist jeder Widerstand ausgeschaltet. Die erwartete Wirkung wird sich sicher einstellen.

Techniken zur Einleitung der Ersthypnose

Es gibt heute unzählige Methoden zur Einleitung der Ersthypnose. Jeder Hypnotiseur wird seine bestimmten Techniken bevorzugen und andere dagegen selten oder nie anwenden. Um es Ihnen zu erleichtern, »Ihre« spezielle Technik zu finden oder eine eigene kombinierte Methode zu entwickeln, stelle ich nachstehend eine Auswahl geeigneter Techniken dar.

Zuvor jedoch ein guter Rat. Sagen Sie Ihrer Versuchsperson nie: »Nun beginne ich mit der Hypnose.« Dadurch erreichen Sie nur eine starke Erwartungsspannung und Verkrampfung. Besser ist zu sagen: »Ich teste zunächst einmal, wie gut Sie sich entspannen können, bevor wir mit der Hypnose beginnen. Lassen Sie beide Arme bitte ganz locker hängen.«

Nun nehmen Sie einen Arm, heben ihn etwas an und lassen ihn dann fallen. Dann testen Sie die Entspannung des anderen Arms.

Loben Sie die Versuchsperson auf jeden Fall und sagen Sie, daß alles schon recht gut gehe.

Dann bitten Sie die Versuchsperson, ganz ruhig und gleichmäßig zu atmen und dabei die Augen zu schließen, damit sie nicht abgelenkt werde. Beginnen Sie nun mit der Einleitung der

Hypnose. Ihre Versuchsperson wird ganz locker und entspannt sein.

Technik Nummer 1

Die Mesmerschen Streichungen

Beginnen Sie mit der alten Technik der sogenannten Mesmerschen Streichungen. Diese Streichungen werden etwa fünf Zentimeter über der Versuchsperson ausgeführt, ohne daß diese berührt wird, und zwar langsam vom Kopf bis zu den Füßen. An den Füßen angelangt, führen Sie Ihre Hände in weitem Bogen wieder zurück zum Kopf und wiederholen Sie diese Übung etwa fünf bis zehn Minuten.

Dies führt bei der Versuchsperson zu einem starken Gefühl der Müdigkeit, so daß in den meisten Fällen die Augen auch ohne entsprechende Suggestion zufallen.

Beginnen Sie mit den Streichungen immer am Kopf und führen Sie die Striche langsam bis zu den Füßen durch, wobei Sie abwechselnd einmal seitlich an den Armen entlangfahren, dann wieder über die Brust bis zu den Füßen streichen. Wichtig ist, daß Sie von den Füßen Ihre Hände in weitem Bogen zum Kopf zurückführen. Sie werden erstaunt sein, wie wirksam diese Methode noch immer ist.

Technik Nummer 2

Fixierung des Zeigefingers

Eine ebenso alte wie bewährte Methode zur Einleitung der Hypnose besteht darin, die Versuchsperson den Zeigefinger Ihrer rechten Hand in etwa 20 Zentimeter Abstand und etwas über Augenhöhe fixieren zu lassen. Auch hierbei ermüden die Augen rasch und fallen zu. Wenn sie zu »flackern« beginnen, kann man das Schließen der Augen beschleunigen, indem man den bestimmten Befehl gibt: »Schließen Sie nun Ihre Augen – Ihre Augen sind nun fest geschlossen – Sie können die Augen nun nicht mehr öffnen.« Auch hierbei werden Sie in den meisten Fällen Erfolg haben.

Technik Nummer 3

Levitationsmethode I

Dabei handelt es sich um die sogenannte Levitationsmethode. Sie besteht darin, daß als Zeichen der beginnenden Hypnose bestimmte Fingerbewegungen angekündigt werden, die »von selbst« auftreten. Die Versuchsperson wird aufgefordert, ständig auf ihre Hand zu sehen.

Durch diese passive selbstbeobachtende Haltung entsteht eine starke Erwartungsspannung, eine Art Erfüllungszwang, so daß die angekündigte Bewegung nicht lange auf sich warten lassen wird. Sagen Sie z. B.: »Der Zeigefinger Ihrer rechten Hand beginnt sich allmählich zu heben. Er wird immer leichter – immer leichter und hebt sich mehr und mehr.«

Sobald der Finger auch nur einmal zuckt, verstärken Sie diese Bewegung durch die Suggestion: »Sie sehen, der Zeigefinger beginnt sich bereits zu bewegen. Die Bewegung wird immer stärker – immer stärker. Sie brauchen gar nichts zu tun – ganz von selbst hebt sich jetzt ihr Finger in die Höhe – immer stärker – immer höher.«

Sobald die angekündigte Bewegung des Zeigefingers eingetreten ist, nehmen Sie dies zum Anlaß der folgenden Suggestion: »Sie sehen, die Hypnose beginnt bereits zu wirken. Nun lassen Sie sich immer tiefer in das angenehme Gefühl der Müdigkeit und Schwere sinken. Sie werden müder – immer müder. Nichts kann Sie stören – Sie sinken tiefer und tiefer – immer tiefer und fühlen sich ganz wohl.«

Es ist wichtig, daß Sie Ihrer Versuchsperson immer wieder suggerieren, daß sie sich ganz wohl fühlt und nichts sie stört.

Technik Nummer 4

Levitationsmethode II

Dies ist eine andere Form der Levitationsmethode. Lassen Sie Ihre Versuchsperson in einem bequemen Sessel Platz nehmen und geben Sie ihr die Suggestion: »Der ganze Arm wird immer leichter. Er beginnt gleich zu schweben. Sobald der Arm die Stirn berührt, ist die Hypnose ganz tief und fest.«

Wiederholen Sie Ihre Suggestionen immer wieder und beobachten Sie die Versuchsperson genau.

Auch hier sollten Sie jede beginnende Bewegung durch entsprechende Suggestionen verstärken, etwa mit den folgenden Worten:

»Sie spüren, wie Ihre Finger immer leichter werden – Ihre Finger werden immer leichter.«

Das wiederholen Sie solange, bis ein Finger zuckt, und Sie fassen dann sofort mit folgender Suggestion nach:

»Sie sehen, Ihr kleiner Finger (oder welcher sich gerade bewegt hat) ist schon ganz leicht und beginnt zu schweben. Gleich schwebt Ihre ganze Hand. Ihre Hand wird immer leichter und leichter und beginnt zu schweben. Ihre Hand schwebt immer höher und höher – immer höher schwebt Ihre Hand. Sobald Ihre Hand Ihre Stirn berührt, ist Ihre Hypnose ganz tief und fest. Immer höher schwebt Ihre Hand und berührt jetzt Ihre Stirn.

Ihre Hand berührt jetzt Ihre Stirn. Ihre Hypnose ist tief und fest. Sie sind jetzt ganz tief und fest in Hypnose, aber Sie hören alles, was ich sage, und werden alles ganz strikt befolgen. Alles, was ich Ihnen jetzt sage, werden Sie ganz strikt befolgen. Sie können und wollen nicht anders und werden alles, was ich Ihnen sage, sofort tun.«

Technik Nummer 5

Armdruck gegen die Wand

Stellen Sie Ihre Versuchsperson seitlich an eine Wand, so daß der Unterarm die Wand ganz leicht berührt. Sagen Sie ihr nun, daß sie den Arm 30 Sekunden mit voller Kraft gegen die Wand drükken soll. Regen Sie sie entsprechend an, damit sie besonders in den letzten zehn Sekunden ganz fest drückt. Sagen Sie dann:

»Der Arm hängt ganz locker. Sie werden jedoch feststellen, daß der Arm sich ganz von selbst zu heben beginnt!«

Das ist eine Nachwirkung der vorhergehenden Anstrengung, die bei jedem Menschen eintritt. Der Versuch »gilt als Beweis« für die Suggestibität einer Versuchsperson.

Technik Nummer 6

Technik des Armhebens

Bitten Sie Ihre Versuchsperson, einen Arm hochzuhalten und die Augen zu schließen. Geben Sie ihr nun folgende Suggestion:

»Sie sinken allmählich immer tiefer in Hypnose – Ihre Hypnose wird tiefer und tiefer – nichts kann stören – Sie sinken tiefer und tiefer in Hypnose. Je tiefer Ihre Hypnose wird, desto tiefer sinkt Ihr Arm.«

In längstens fünf Minuten wird der Arm gesunken sein, denn kaum jemand kann einen Arm länger als fünf Minuten hochhalten. Gleichzeitig entspannen sich die Armmuskeln nach der Anstrengung, was ein wohliges Schweregefühl erzeugt und wiederum den Eintritt der Hypnose beschleunigt.

Vertiefen Sie dann die Hypnose mit der folgenden Suggestion:

»Ihr Arm ist nun ganz tief herabgesunken und ist bleiern schwer. Sie spüren ganz deutlich die Schwere Ihres Armes. Nun entspannt sich Ihr Arm völlig. Alle Muskeln lösen sich und sind ganz locker. Ihre Muskeln sind nun ganz locker. Diese angenehme Entspannung breitet sich in Ihrem ganzen Körper aus. Setzen (oder legen) Sie sich ganz bequem hin. Ich führe Sie zu einem Stuhl (oder zu einer Couch). Lassen Sie sich ganz langsam nach hinten sinken. Sie spüren, wie sich dabei Ihre Hypnose noch weiter vertieft. Während Sie nach hinten sinken, wird Ihre Hypnose immer noch tiefer, immer tiefer – alles andere ist unwichtig geworden.

Sie lassen sich nun tiefer und tiefer sinken, immer tiefer und tiefer. Sie liegen ganz bequem (oder sitzen) und spüren, wie die wunderbare Entspannung Ihren ganzen Körper erfaßt. Ihr ganzer Körper ist wunderbar entspannt. Alle Muskeln sind locker – Ihre Hypnose ist tief und fest. Sie sind ganz tief in Hypnose und werden alles tun, was ich Ihnen nun sage.

Alles, was ich Ihnen sage, dringt ganz tief in Ihr Unterbewußtsein. Sie werden alles ganz strikt befolgen. Sie werden alles ganz strikt befolgen.«

Geben Sie nun Ihrer Versuchsperson die gewünschte Suggestion. Sie wird sie willig befolgen.

Technik Nummer 7

Die Drehtechnik

Bei dieser Technik veranlassen Sie Ihre Versuchsperson, sich mitten in den Raum zu stellen und die Augen zu schließen. Fassen Sie sie an beiden Schultern und führen Sie sie nun rückwärts durch den Raum, wobei Sie unregelmäßige Figuren beschreiben. Mal linksherum im Kreis, mal rechtsherum. Dann drehen Sie Ihre Versuchsperson auf der Stelle und führen sie danach in Form einer Acht durch den Raum, bis Sie merken, daß sie Ihnen ganz locker folgt und auf den leichtesten Druck reagiert.

Führen Sie sie jetzt rückwärts zu einem Stuhl (oder zu einer Couch) und setzen bzw. legen Sie sie ganz behutsam hin.

Hierbei entsteht ein leichter Schwindel und eine gewisse Desorientierung, die Sie zur Einleitung der Hypnose gut nutzen können.

Während Sie die Versuchperson ganz behutsam hinsetzen (oder -legen), vertiefen Sie wieder die Hypnose etwa mit folgenden Worten:

»Sie spüren, wie die Hypnose zu wirken beginnt, und lassen sich ganz locker sinken – einfach sinken. Ich halte Sie ganz sicher. Nichts kann Sie stören. Sie lassen sich einfach tiefer und tiefer sinken – immer tiefer und tiefer.

Nun sitzen (liegen) Sie ganz bequem und spüren, wie eine angenehme Entspannung sich in Ihrem ganzen Körper ausbreitet. Ihre Hypnose wird tiefer und tiefer, immer tiefer – immer tiefer. Sie sind nun ganz tief und fest in Hypnose. Jedes meiner Worte dringt tief in Ihr Unterbewußtsein – prägt sich dort unauslöschlich ein. Sie werden strikt danach handeln.«

Technik Nummer 8

Der schwarze Punkt

Die Versuchsperson liegt ganz bequem auf der Couch. Etwas über Augenhöhe der Versuchsperson befestigen Sie an der Decke einen schwarzen Punkt, etwa so groß wie ein Fünfmarkstück. Bitten Sie nun die Versuchsperson, sich ständig auf diesen schwarzen Punkt zu konzentrieren und ihn anzusehen, möglichst ohne zu blinzeln. Geben Sie ihr während dieser Zeit ständig verbal die Suggestion, daß die Augen immer schwerer werden und sie die Augen kaum noch aufhalten kann. Die Anstrengung, nicht zu blinzeln, verbunden mit Ihrer Suggestion wird schon nach zwei bis drei Minuten dazu führen, daß die Augen brennen und tränen und sie immer häufiger blinzeln muß.

Das nutzen Sie wiederum zu folgender Suggestion:

»Sie spüren, daß Sie die Augen kaum noch aufhalten können. Immer schwerer werden Ihre Augen – immer schwerer. Sie können die Augen kaum noch aufhalten. Gleich fallen Ihre Augen zu. Ihre Augen sind jetzt so schwer, daß Sie sie nicht mehr aufhalten können. Jetzt fallen Ihre Augen zu.

Ihre Augen sind fest geschlossen. Eine wunderbare Entspannung durchströmt Ihren ganzen Körper, und Sie geben sich ganz dieser wunderbaren Entspannung hin. Nichts kann Sie stören.

Sie sind ganz locker und gelöst. Sie spüren, wie Sie sich mehr und mehr entspannen. Nichts ist wichtig. Einfach treiben lassen – geschehen lassen – wirken lassen. Es ist ein wunderbares Gefühl, so locker und entspannt zu sein. Sie lassen sich durch nichts stören. Sie hören jetzt nur noch auf meine Stimme. Alles, was ich Ihnen sage, dringt tief in Ihr Unterbewußtsein. Sie werden alles genau befolgen. Sie hören jetzt nur noch auf meine Stimme – nichts sonst ist wichtig. Sie werden alles, was ich Ihnen nun sage, ganz strikt befolgen.«

Technik Nummer 9

Hypnose in der Hypnose

Wenn Sie die Technik der Selbsthypnose beherrschen, dann machen Sie »Hypnose in der Hypnose«. Versetzen Sie sich zunächst selbst in Hypnose und vertiefen Sie diese durch geeignete Techniken immer mehr. Geben Sie sich am Schluß dann selbst die Suggestion: »Meine Hypnose ist tief und fest, nichts kann mich stören; aber ich kann sprechen. Und während ich spreche, wird meine Hypnose immer noch tiefer. Bei jedem meiner Worte wird meine Hypnose immer noch tiefer und tiefer.«

Am besten machen Sie sich selbst eine Tonbandkassette mit den entsprechenden Suggestionen, damit Sie sich zunächst ganz passiv Ihren eigenen Suggestionen hingeben können.

Ist Ihre Hypnose tief und fest und können Sie sprechen, ohne daß Sie sich stören, dann beginnen Sie mit der Hypnose Ihrer Versuchsperson. Sie werden sehen, daß diese viel leichter als sonst darauf anspricht, weil ein geheimnisvolles Fluidum von Ihnen ausstrahlt und die Hypnose bei dem andern schneller und tiefer werden läßt.

In diesem Zustand können Sie viel feiner reagieren und sich noch besser auf die Versuchsperson einstellen.

Technik Nummer 10

Das Yin-System

Ihre Versuchsperson liegt bequem auf einer Couch. Die Augen sind geschlossen, Arme und Beine sind ganz locker. Nun ziehen Sie abwechselnd rechts und links »Yin« aus. Diese chinesische Technik hat einen starken beruhigenden Effekt, so daß Sie diese gut als Einleitung für eine andere Technik nutzen können. Es ist gleich, auf welcher Seite Sie beginnen.

Legen Sie die Hände zunächst auf den Kopf der Versuchsperson, umfassen Sie eine Seite des Kopfs mit Ihren Händen und streichen Sie dann langsam abwärts über die Schulter und den Arm, wobei Sie den Arm fast ganz umfassen, über das Bein bis zu den Füßen.

Auch das Bein und den Fuß umfassen Sie fast ganz mit Ihren Händen. Sie ziehen noch etwa 30 Zentimeter über den Fuß hinaus.

Beginnen Sie bei der anderen Seite des Kopfs, indem Sie Ihre Arme in weitem Bogen über dem Körper der Versuchsperson zurückführen. Streichen Sie die andere Seite in der gleichen Weise vom Kopf bis zum Fuß.

Üben Sie dabei keinen Druck aus, aber lassen Sie das natürliche Gewicht Ihrer Hände wirken. Wiederholen Sie das ganze auf jeder Seite achtmal. Diese Technik wirkt so entspannend, daß Ihre Versuchsperson in vielen Fällen einschlafen wird.

Wenn das der Fall ist, leiten Sie den Schlaf mit Worten langsam in Hypnose über, etwa so:

»Ihre Ruhe ist tief und fest – ganz tief und fest, aber Sie können mich hören. Sie hören ganz deutlich, was ich sage. Jedes meiner Worte dringt tief in Ihr Unterbewußtsein ein. Sie werden alles befolgen.

Heben Sie jetzt ganz langsam die rechte Hand – heben Sie die Hand!«

Hebt die Versuchsperson die Hand, ist der Rapport hergestellt. Sie können mit den gewünschten Suggestionen fortfahren.

Ist der Schlaf bereits so tief, daß die Versuchsperson nicht mehr auf Ihre Worte reagiert, dann blasen Sie ihr ins Gesicht und wiederholen Sie Ihre Suggestion, bis sie diese befolgt.

Technik Nummer 11

Die Zähltechnik

Veranlassen Sie Ihre Versuchsperson, sich ganz bequem hinzusetzen (oder zu legen) und die Augen zu schließen. Geben Sie ihr dann folgende Suggestion:

»Ich werde gleich beginnen zu zählen, und bei jeder Zahl öffnen Sie Ihre Augen und schließen sie gleich wieder, aber ganz langsam und ruhig. Sie spüren, daß Ihre Augen von Zahl zu Zahl immer schwerer werden und Sie die Augen immer schwerer öffnen, bis Sie sie dann gar nicht mehr öffnen können.

Ich beginne nun zu zählen. Bei jeder Zahl öffnen Sie die Augen und schließen Sie sie gleich wieder, und Ihre Augen werden von Zahl zu Zahl immer schwerer und schwerer.

Eins – Ihre Augen sind bleischwer.

Zwei – immer schwerer werden Ihre Augen – immer schwerer.

Drei – Sie können die Augen kaum noch öffnen.

Vier – fünf – sechs – Ihre Augen sind ganz bleiern schwer, und Sie können Ihre Augen kaum noch öffnen. Ihre Augen werden von Zahl zu Zahl immer noch schwerer – immer noch schwerer, bis Sie die Augen gleich gar nicht mehr öffnen können.

Sieben – acht – neun – zehn.«

Kann die Versuchsperson die Augen bei »Zehn« noch immer öffnen, dann wiederholen Sie das ganze solange, bis die Augen geschlossen bleiben, auch wenn Sie weiterzählen.

Dann vertiefen Sie die Hypnose mit der folgenden Suggestion:

»Ihre Augen sind nun fest geschlossen und bleiben zu. Sie können die Augen nicht mehr öffnen; aber das wollen Sie auch gar nicht. Sie geben sich nun ganz dem angenehmen Gefühl der Müdigkeit und Schwere hin. Sie werden immer müder. Sie werden immer müder – immer müder. Ihre Ruhe ist tief und fest. Alles, was ich Ihnen jetzt sage, werden Sie ebenso befolgen.«

Technik Nummer 12

Zählen von Eins bis Zehn

Ist die Versuchsperson sehr suggestibel, dann genügt in den meisten Fällen die abgekürzte Technik, die nun folgt. Wie immer lassen Sie Ihre Versuchsperson bequem sitzen oder liegen und die Augen schließen. Dann geben Sie ihr folgende Suggestion:

»Machen Sie es sich nun ganz bequem. Nichts kann Sie stören. Sie hören nur noch auf meine Worte. Alles andere ist unwichtig. Sie hören nur noch auf meine Worte. Ich zähle langsam bis Zehn. Von Zahl zu Zahl sinken Sie tiefer und tiefer in ein wunderbares Gefühl der Ruhe und Entspannung. Mit jeder Zahl lassen Sie sich tiefer und tiefer sinken. Bei Zehn ist Ihre Ruhe tief und fest. Alles, was ich Ihnen dann sage, werden Sie ganz genau befolgen. Ich beginne nun zu zählen: Eins – zwei – drei . . . (usw. bis) zehn. Ihre Ruhe ist nun ganz tief und fest. Ihre Augen sind fest geschlossen. Sie können Ihre Augen jetzt nicht mehr öffnen. Versuchen Sie, Ihre Augen zu öffnen, aber es geht nicht – es geht nicht. Sie können Ihre Augen nicht mehr öffnen. Sie versuchen es nun auch gar nicht mehr, sondern lassen sich jetzt noch tiefer sinken, in dieses angenehme Gefühl der Ruhe und Schwere hinein. Sie hören aber alles, was ich sage, und werden alles ganz genau befolgen.«

Wenn der erste Versuch nicht gleich gelingt, können Sie auch diese Technik sofort noch einmal wiederholen. Sie haben dann in fast allen Fällen Erfolg. Denken Sie überhaupt daran, daß ständige Wiederholung nie ihre Wirkung verfehlt.

Technik Nummer 13

Zählen von Eins bis Hundert

Ihre Versuchsperson sitzt (oder liegt) bequem und hat die Augen geschlossen. Sagen Sie ihr nun folgendes: »Ich werde jetzt langsam von Eins bis Hundert zählen. Bei jeder ungeraden Zahl öffnen Sie die Augen. Bei jeder geraden Zahl schließen Sie die Augen wieder.«

Anfangs zählen Sie etwas rascher; aber nie so schnell, daß die Versuchsperson sich anstrengen muß, die Augen schnell zu öffnen und wieder zu schließen.

Sie zählen immer langsamer und suggerieren dabei, daß die Augen von Zahl zu Zahl immer schwerer werden.

Richten Sie Ihr Zähltempo so ein, daß die Augen immer nur kurz geöffnet sind und immer länger geschlossen bleiben. Zählen Sie also nicht gleichmäßig, sondern machen Sie bei den geraden Zahlen länger werdende Pausen. Sobald Sie merken, daß die Versuchsperson Schwierigkeiten hat, die Augen zu öffnen, verstärken Sie diese durch folgende Suggestion:

»Ihre Augenlider werden immer schwerer und schwerer. Gleich können Sie die Augen gar nicht mehr öffnen, obwohl ich weiterzähle. Die Augen fallen Ihnen zu und bleiben zu. Sie können die Augen nicht mehr öffnen. Ihre Augen sind fest geschlossen – Ihre Ruhe ist ganz tief und fest.«

Technik Nummer 14

Fixierung der Nasenwurzel

Stellen Sie sich vor die sitzende Versuchsperson und lassen Sie diese Ihre Nasenwurzel oder Ihr rechtes Auge fixieren – möglichst ohne zu blinzeln. Schauen Sie dabei der Versuchsperson fest in die Augen bzw. auf die Stelle zwischen den Augen oder in ein Auge. Auch Sie sollten dabei nicht blinzeln (das kann man bis zu 15 Minuten trainieren).

Sie werden sehen, daß die Pupille der Versuchsperson abwechselnd kleiner und größer wird. Immer wenn die Pupille sich weitet, kann sie Sie nur unscharf sehen.

Geben Sie ihr daher folgende Suggestion: »Gleich werden Sie mich nur noch unscharf sehen; dann beginnt die Hypnose zu wirken.«

Sobald die Pupille sich dann wieder weitet, sagen Sie:

»Sie sehen mich nur noch unscharf – Sie sinken langsam tiefer und tiefer in Hypnose – Ihre Augen werden immer schwerer und schwerer und fallen gleich zu. Gleich werden Ihre Augen zufallen.

Nun sind Ihre Augen so schwer, daß Sie sie nicht mehr aufhalten können; aber das wollen Sie auch gar nicht. Ihre Augen fallen jetzt zu und bleiben zu . . . Sie können Ihre Augen nicht mehr öffnen . . . Sie spüren ein angenehmes Gefühl der Müdigkeit und Schwere. Sie lassen sich immer tiefer sinken in dieses wunderbare Gefühl der Müdigkeit und Schwere hinein. Sie werden immer müder – immer müder . . .«

Technik Nummer 15

Die Schlucktechnik

Sagen Sie Ihrer Versuchsperson, daß der Beginn der Hypnose sich dadurch zeigen werde, daß sie mehrmals schlucken müsse. Sobald Sie das gesagt haben, wird sie ihre Aufmerksamkeit darauf konzentrieren und schon nach ganz kurzer Zeit tatsächlich schlucken müssen.

Da Sie dies an der Bewegung des Kehlkopfes erkennen können, verstärken Sie gleich die Wirkung durch die Suggestion:

»Die Wirkung der Hypnose hat bereits eingesetzt. Jedesmal wenn Sie schlucken müssen, vertieft sich die Hypnose noch mehr. Sie spüren die immer stärker werdende angenehme Wirkung der Hypnose und lassen sich immer tiefer und tiefer sinken. Nichts kann Sie stören. Sie sinken immer tiefer und tiefer in ein angenehmes Gefühl der Müdigkeit und Schwere. Sie werden immer müder – immer müder . . .«

Technik Nummer 16

Wärme der Hand

Ihre Versuchsperson liegt mit geschlossenen Augen auf einer Couch. Legen Sie Ihre Hand, die natürlich angenehm warm sein sollte, auf ihren Magen. Geben Sie ihr dabei die folgende Suggestion:

»Sie spüren, wie von meiner Hand eine angenehme Wärme ausgeht. Eine wunderbare Ruhe breitet sich in Ihrem ganzen Körper aus. Sie fühlen sich wohl. Sie atmen ruhig und gleichmäßig. Mit jedem Atemzug sinken Sie tiefer und tiefer in dieses Gefühl der Ruhe und Geborgenheit. Nichts kann Sie stören. Diese Ruhe und Geborgenheit umhüllt Sie wie ein schützender Mantel. Sie geben sich ganz dieser Ruhe und Geborgenheit hin. Mit jedem Atemzug sinken Sie tiefer und tiefer – immer tiefer . . .«

Technik Nummer 17

»Hypnosepillen«

Geben Sie Ihrer Versuchsperson in der Ruhezeit vor der Einleitung der Hypnose ein bis zwei sogenannte »Hypnosepillen«, d. h. Placebos (Scheintabletten) aus Milchzucker, die Sie in jeder Apotheke bekommen. Sagen Sie ihr dazu, daß die Wirkung schon nach wenigen Minuten eintreten wird und daß sie sich ganz der angenehmen entspannenden Wirkung der Pillen hingeben soll.

Sagen Sie ihr auch, daß sie die beginnende Wirkung daran erkennen könne, daß die Atmung immer ruhiger wird, Arme und Beine schwer werden und die Augen zufallen.

Tatsächlich werden Ihnen die meisten Versuchspersonen sagen, daß sie eine deutliche beruhigende Wirkung der Pillen gespürt haben, einfach weil sie eine solche Wirkung auf Grund Ihrer Suggestion erwartet haben. Diese Technik eignet sich besonders gut zur Kombination mit anderen Techniken.

Technik Nummer 18

Die Fingerbündeltechnik

Legen Sie die Finger und den Daumen einer Hand so aneinander, daß sie gleich lang werden und ein Fingerbündel bilden. Machen Sie das gleiche auch mit der anderen Hand.

Berühren Sie nun mit den Fingerspitzen der rechten Hand die Herzgegend der Versuchsperson, mit den Fingerspitzen der linken Hand die Stirn mit leichtem Druck. Verbunden mit den entsprechenden Suggestionen wird die Versuchsperson rasch ein Gefühl der Müdigkeit und Schwere spüren, das sich gut in die Hypnose überleiten läßt. Auch diese Technik können Sie gut mit anderen kombinieren.

Technik Nummer 19

Die Falltechnik

Veranlassen Sie die Versuchsperson, sich frei in den Raum zu stellen. Stellen Sie sich einen Schritt hinter sie und geben Sie ihr die Suggestion, daß sie gleich nach hinten fallen werde, Sie sie aber sicher auffangen werden.

Die Versuchsperson soll sich also ganz locker hinstellen, die Augen geradeaus und sich ganz der Kraft hingeben, die gleich auf sie einwirken wird. Sie halten nun beide Hände seitlich vom Kopf und sagen etwa folgendes:

»Sie spüren jetzt, wie es Sie unwiderstehlich nach hinten zieht – immer stärker – immer stärker.«

Dabei ziehen Sie Ihre Hände ganz langsam zurück und fahren fort mit der Suggestion:

»Jetzt beginnen Sie zu fallen – Sie fallen nach hinten – Sie können sich nicht dagegen wehren – Sie fallen – Sie fallen.«

Wenn die Versuchsperson auch nur einigermaßen beeinflußbar ist, wird sie während der immer wiederholten Suggestion zu wanken beginnen und schließlich nach hinten fallen. Sprechen Sie aber weiter:

»Nun fallen Sie. Immer stärker wird die Kraft. Sie können sich ihr nicht entziehen – Sie fallen. Ich werde Sie sicher auffangen – Sie fallen – Sie fallen.«

Setzen Sie Ihre Suggestionen solange fort, bis die Versuchsperson in Ihre Arme fällt. Falls erforderlich, geben Sie bei einem starken Wanken ohne Fallen einfach den Befehl: »Fallen Sie.«

Es gibt kaum einen Menschen, der sich der Wirksamkeit dieser Methode entziehen kann. Sie können die Wirkung noch weiter verstärken, indem Sie sich seitlich neben die Versuchsperson stellen und eine Hand etwa 30 Zentimeter vor das Gesicht halten, die andere Hand etwa 5 Zentimeter hinter den Kopf. Während Sie nun die Suggestion des Fallens geben, beginnen Sie, Ihre Hand langsam auf das Gesicht zuzubewegen. Unwillkürlich wird die Versuchsperson die Annäherung der Hand ausgleichen und den Kopf nach hinten bewegen, was das Fallen noch mehr unterstützt.

Technik Nummer 20

Die Wärmesuggestionstechnik

Die Versuchsperson steht vor Ihnen, Sie schauen ihr fest in die Augen. Nun legen Sie ihr eine Münze in die offen hingehaltene Hand. Während Sie ihr unentwegt weiter in die Augen sehen, beginnen Sie mit der Suggestion, daß die Münze warm zu werden beginnt. Sagen Sie:

»Sie spüren, daß die Münze immer wärmer wird .... Immer wärmer wird die Münze – Sie spüren ganz deutlich, wie die Münze immer wärmer wird. Die Münze ist jetzt schon so heiß, daß Sie sie kaum noch halten können, so heiß ist sie geworden. Sie wird immer noch heißer – immer heißer.

Sie können die Münze nicht mehr halten. Sie müssen sie fallen lassen, sonst verbrennen Sie sich. Sie müssen sie ganz schnell fallen lassen – sie ist so heiß, daß Sie sich verbrennen. Lassen Sie die Münze fallen!«

Setzen Sie die entsprechenden Suggestionen fort, bis die Versuchsperson die Münze fallen läßt.

Wenn einmal ein Versuch nicht gleich gelingt, dürfen Sie nicht aufgeben. Es hat sich immer wieder bewährt, wenn Sie etwa folgendes sagen: »Sie haben gesehen, wie sehr Sie sich noch bei der Entspannung behindern. Bitte versuchen Sie es noch einmal!«

Dann wiederholen Sie den gesamten Versuch noch einmal, aber noch ausführlicher erläutert als beim ersten Mal. Sie werden erleben, daß sich durch mehrfache Wiederholungen etwa 80 Prozent der vorher mißlungenen Versuche doch noch mit Erfolg abschließen lassen.

Technik Nummer 21

Die Pendelsuggestion

Geben Sie der Versuchsperson einen Pendel in die Hand. Sie können sich leicht einen behelfsmäßigen Pendel selbst konstruieren, indem Sie einen Ring an einen Faden binden. Der Faden sollte dünn sein (Zwirnfaden). Gewicht und Material des Ringes sind unwichtig und haben keinen Einfluß auf das Ergebnis.

Sagen Sie nun, daß der Pendel ausschlagen wird, sobald die Hypnose zu wirken beginnt, und starten Sie etwa mit den folgenden Suggestionen:

»Sie sind ganz ruhig – Sie sind vollkommen ruhig. Eine wunderbare Ruhe breitet sich in Ihrem ganzen Körper aus. Sie fühlen sich ganz wohl. Sie spüren ein angenehmes Gefühl der Müdigkeit und Schwere. Sie geben sich ganz diesem angenehmen Gefühl hin . . . Sie atmen ruhig und gleichmäßig. Mit jedem Atemzug sinken Sie tiefer und tiefer in dieses Gefühl der Ruhe und Geborgenheit. Die Hypnose beginnt mehr und mehr zu wirken. Mit zunehmender Wirkung fängt auch der Pendel an zu schwingen. Immer stärker schwingt der Pendel. Ihre Hypnose wird tiefer und tiefer. Die Hypnose ist jetzt ganz tief und fest. Alles, was ich Ihnen sage, werden Sie sofort tun. Sie spüren einen unwiderstehlichen Zwang, alles zu tun, was ich Ihnen sage.«

Technik Nummer 22

Rückwärtszählen

Lassen Sie die Versuchsperson langsam von Hundert an rückwärts zählen. Da rückwärts zu zählen nicht allen ganz geläufig ist, geht es auch nicht »automatisch«, sondern das Bewußtsein wird beschäftigt. Beginnen Sie während des Zählens mit der Suggestion, daß Arme und Beine immer schwerer werden, daß die Versuchsperson immer müder und müder werde.

Da das Bewußtsein beschäftigt ist, wird Ihre Suggestion leichter das Unterbewußtsein erreichen. Die Versuchsperson wird zunächst ganz klar und deutlich zählen, aber allmählich immer leiser werden und zunächst einzelne Zahlen, dann sogar ganze Zahlengruppen auslassen, ohne dies zu bemerken.

Daran erkennen Sie den Grad der Wirksamkeit Ihrer Suggestion und können Ihre Formulierungen entsprechend einrichten. Suggestionen, die eine gute Wirkung zeigen, wiederholen Sie immer wieder. Schließen Sie die Einleitung der Hypnose mit der folgenden Suggestion:

»Es fällt Ihnen immer schwerer und schwerer zu zählen – Sie sind unsagbar müde und möchten sich ausruhen. Sie können kaum noch sprechen und lassen sich immer tiefer in dieses angenehme Gefühl der Müdigkeit und Schwere hineinsinken. Sie können jetzt überhaupt nicht mehr sprechen, und Ihre Hypnose ist ganz tief und fest.

Nichts kann Sie stören. Ihre Hypnose ist jetzt tief und fest. Nichts ist mehr wichtig – einfach treiben lassen – geschehen lassen – wirken lassen. Sie hören jetzt nur noch auf meine Worte. Alles, was ich Ihnen sage, dringt tief in Ihr Unterbewußtsein, prägt sich dort unauslöschlich ein. Sie werden ganz strikt danach handeln. Alles, was ich Ihnen jetzt sage, werden Sie sofort tun.«

Es folgen dann die gewünschten Suggestionen.

Technik Nummer 23

Die Rolltreppensuggestion

Nachdem Ihre Versuchsperson es sich ganz bequem gemacht hat, lassen Sie sie etwa zehn Minuten ruhen. In dieser Zeit soll sie sich ganz auf ihre Atmung konzentrieren und spüren, wie die Atmung ganz ruhig wird und der ganze Körper sich entspannt.

Dann bitten Sie die Versuchsperson, sich mit geschlossenen Augen vorzustellen, sie stehe oben an einer Rolltreppe und halte sich am Geländer fest.

Beginnen Sie nun zu zählen und geben Sie dabei die Suggestion, daß sie mit der Rolltreppe immer tiefer fahre. Mit jeder Zahl fahre sie tiefer und tiefer und werde dabei immer müder. Falls erforderlich, lassen Sie sie noch eine oder sogar noch mehrere Rolltreppen in dieser Weise hinunterfahren.

Klären Sie aber vorher, ob sie nicht eventuell eine Abneigung gegen Rolltreppen hat, da vor allem viele Frauen nicht gern mit Rolltreppen fahren; Sie können sich bei der entsprechenden Vorstellung nicht entspannen. Sonst aber ist auch dies eine sehr wirksame Technik, weil das Bewußtsein mit der Vorstellung des Fahrens auf der Rolltreppe beschäftigt ist und so Ihre Suggestionen ungehindert durch die Kontrolle des Verstandes das Unterbewußtsein erreichen können.

Technik Nummer 24

Haarwirbel- und Augenbrauentechnik

Zur Anwendung der nächsten Technik sitzt die Versuchsperson, mit dem Rücken zu Ihnen, vor Ihnen auf einem Stuhl. Sie bitten Sie, die Augen zu schließen und sich ganz auf das Fühlen einzustellen. Dann beginnen Sie mit kreisförmigen Bewegungen die Stelle am Kopf der Versuchsperson zu streichen, wo sich der Haarwirbel befindet. Streichen Sie immer in Haarwirbelrichtung und verstärken Sie auch hier die mechanische Wirkung durch entsprechende Suggestionen der Ruhe.

Sie können diese Streichungen nur mit einem Finger oder mit der flachen Hand vornehmen; aber streichen Sie ruhig und gleichmäßig, denn die Wirkung wird durch die gleichmäßige leichte Reizung der Kopfhaut an dieser Stelle erzielt, die dafür besonders empfänglich ist.

Eine andere Variante dieser Technik ist die Streichung der Augenbrauen bei geschlosssenen Augen der Versuchsperson und gleichzeitiger Suggestion, daß die Augenlider dabei immer schwerer und schwerer werden und sie gleich die Augen nicht mehr öffnen könne.

Wenn Sie dies etwa fünf Minuten fortsetzen, kann sie tatsächlich nicht mehr die Augen öffnen. Sie können dies in Ihrer Suggestion als Eintreten der Hypnosewirkung bezeichnen und durch weitere Suggestionen die beginnende Hypnose vertiefen.

Technik Nummer 25

»Hypnoseöl«

Die folgende Technik beruht auf dem bekannten »Placebo-Effekt«. Sie brauchen dazu nur ein Fläschchen einer möglichst stark, aber angenehm riechenden Flüssigkeit, z. B. ein japanisches Heilpflanzenöl oder Olbas, das Sie in jeder Apotheke bekommen können.

Sagen Sie der Versuchsperson, daß dieses Öl eine starke hypnotische Wirkung habe.

Sie soll es sich ganz bequem machen und sich ganz der starken hypnotischen Wirkung des »Hypnoseöls« hingeben und dabei die Augen schließen. Halten Sie ihr nun das geöffnete Fläschchen unter die Nase und veranlassen Sie die Versuchsperson, ganz tief und gleichmäßig zu atmen. Geben Sie dabei die Suggestion, daß nach zehnmaligem Einatmen die Hypnose bereits eingetreten sei. Vertiefen Sie die Hypnose durch die entsprechenden Ruhesuggestionen. Auch diese Technik ist sehr gut zur Kombination mit anderen Methoden geeignet.

Technik Nummer 26

Sekunden-effekt im Lehnstuhl

Es folgt eine zwar einfache, aber sehr wirksame Technik, die in fast allen Fällen in längstens 10 Sekunden zum Erfolg führt. Ihre Durchführung erfordert allerdings schon eine gewisse Sicherheit und Routine. Setzen Sie Ihre Versuchsperson vor sich in einen bequemen Sessel, möglichst mit hoher Lehne.

Sie soll sich zunächst jedoch nicht anlehnen, sondern vorgebeugt sitzen, die Oberarme waagerecht vorgestreckt. Die Unterarme werden im rechten Winkel dazu senkrecht nach oben gehalten, die Hände locker waagerecht nach vorn. Die Augen sollen dabei geschlossen sein.

Ergreifen Sie die Hände und geben Sie ihr die Suggestion, daß sie starke Müdigkeit verspüre, der sie nicht widerstehen könne, und drücken Sie sie dabei ganz langsam an den Händen gegen die Lehne. Seien Sie nicht überrascht, wenn sich in diesem Augenblick Ihre Suggestion schon in einem Maße verwirklicht hat, das Sie selbst nicht erwartet haben. Fast jede Versuchsperson wird Ihnen bestätigen, daß sie dabei ein unüberwindliches Müdigkeitsgefühl befallen habe, verbunden mit einem leichten Schwindel.

Diese Technik ist auch zur Selbsthypnose gut geeignet, weil hier der »Barbiersessel-Effekt« eine sehr wirksame Rolle spielt.

Technik Nummer 27

Barbiersessel-effekt

Lassen Sie Ihre Versuchsperson vor einem Spiegel Platz nehmen mit der Bitte, sich selbst – ganz konzentriert und möglichst ohne zu blinzeln – in die Augen zu sehen.

Legen Sie ihr dabei die linke Hand auf das Herz und die rechte Hand ins Genick. Beginnen Sie nun mit den entsprechenden Suggestionen des Schweregefühls in den Augen. Verstärken Sie erste Anzeichen sofort mit Ihren Worten. Diese Technik läßt sich sehr gut mit der Wirkung des »Barbiersessel-Effekts« verbinden, indem Sie die Versuchsperson in einen Liegestuhl vor den Spiegel setzen.

Sobald die Augen zu flackern beginnen, geben Sie den Befehl, die Augen zu schließen, legen Sie die Versuchsperson dann ganz langsam zurück und vertiefen Sie mit Suggestionen die beginnende Hypnose.

Technik Nummer 28

Die Nasenwurzeltechnik

Veranlassen Sie die Versuchsperson, mit geschlossenen Augen aufwärts zur Nasenwurzel zu blicken, also leicht zu schielen. Dabei streichen Sie ihr mit ruhigen gleichmäßigen Bewegungen über die Augenbrauen, abwechselnd rechts und links. Geben Sie ihr dabei etwa folgende Suggestion:

»Sie atmen ruhig und gleichmäßig und fühlen sich ganz wohl. Sie spüren ein angenehmes Gefühl der Müdigkeit und Schwere. Jedesmal, wenn Sie ausatmen, lassen Sie sich noch tiefer sinken in dieses angenehme Gefühl hinein. Nichts kann Sie stören – nichts ist wichtig. Sie geben sich ganz diesem angenehmen Gefühl der Müdigkeit und Schwere hin und sinken immer tiefer und tiefer . . .«

In den meisten Fällen wird die Hypnose überraschend schnell eintreten.

Technik Nummer 29

Eine besondere Lesetechnik

Geben Sie Ihrer Versuchsperson ein Buch oder eine Zeitung in die Hand und bitten Sie sie, ganz langsam zu lesen, und zwar halblaut, wobei für jedes Wort etwa drei Sekunden verwandt werden.

Dann folgt eine Pause von ebenfalls drei Sekunden, wonach das nächste Wort gelesen wird.

Für das Bewußtsein ist der Zwang zu solcher Langsamkeit fast unerträglich, und es ermüdet rasch. Schon nach wenigen Minuten ist das Unterbewußtsein für jede Suggestion aufnahmebereit.

Sie können auch hier die Suggestion geben, daß nach zehn oder zwanzig Worten die Hypnose eintreten werde, was dann auch meist der Fall ist. Sollte der erste Versuch mißlingen, genügt in jedem Fall eine Wiederholung. Der Erfolg ist dann sicher.

Technik Nummer 30

Stirn- und Nackenhandmethode

Die nachfolgende Technik besteht in der Anwendung der sogenannten »Stirn- und Nackenhand«. Wird bei der Einleitung der Hypnose, zusätzlich zu den suggestiven Maßnahmen, eine

Hand an die Stirn und eine Hand an den Nacken der Versuchsperson gelegt, bewirkt dies einen rascheren Eintritt und eine größere Tiefe des hypnotischen Zustandes, und zwar subjektiv wie objektiv (durch früheres Eintreten der vertieften Atmung).

Interessant ist hierbei auch das bei jeder Tiefenhypnose beobachtete Phänomen, daß die Versuchsperson trotz entsprechender Suggestion die Hypnose nicht beenden konnte, wenn die Hände an Stirn und Nacken verblieben. Sobald aber die Hände entfernt wurden, war der hypnotische Zustand auch ohne weitere Suggestion sofort beendet.

Diese an die Stirn- und Nackenhand gebundene Fixierung des hypnotischen Zustandes beruht nicht auf einer Suggestionswirkung, sondern ist in seiner Wirkung stärker als die verbal gegebene Suggestion des Aufwachens.

Die Wirkung wird jedoch nur bei einer ganz bestimmten Lokalisation der Hände erzielt, wobei die Stirnhand mit dem Zeigefinger im Haaransatz sein sollte und die Nackenhand mit der Unterkante, also dem kleinen Finger mit dem Haaransatz abschließt. Besonders die exakte Fixierung der Nackenhand ist für die starke Wirkung wichtig. Wichtig ist auch, daß man mit dieser rein körperlichen Maßnahme die Kraft der Suggestion aufheben kann.

Bei Anwendung dieser Methode wird von der Versuchsperson stets ein deutliches »Reifengefühl« empfunden, so als ob sich im Kopf, mit deutlichem Abstand zu den angelegten Händen ein Ring, ein Reifen bilde. Dieses Gefühl ist auch vorhanden, wenn die Hände nur im Abstand von ein bis zwei Zentimetern, aber in der gleichen Weise angelegt werden. Auch habe ich alles mögliche Isoliermaterial zwischen Hände und Kopf gelegt, ohne daß dies die Wirkung in irgendeiner Weise beeinflußt hat. Dies ist eine besonders stark und zuverlässig wirksame Technik.

Technik Nummer 31

Muskelspannmethode

Auch die folgende Technik ist schnell und zuverlässig wirksam. Die Versuchsperson liegt bequem auf einer Couch und atmet ganz ruhig und gleichmäßig. Nach jedem Einatmen wird der Atem für acht Sekunden angehalten. In dieser Zeit sind alle Muskeln des Körpers anzuspannen. Nach Ablauf der acht Sekunden sollen alle Muskeln plötzlich locker gelassen werden, während man ruhig ausatmet.

Jetzt – ruhig wieder einatmen und nach dem Einatmen wieder für acht Sekunden (oder acht Pulsschläge lang) den Atem anhalten, alle Muskeln stark anspannen und nach Ablauf der acht Sekunden wieder ruhig ausatmen und alle Muskeln locker lassen.

Dieser Vorgang wird während etwa zehn Minuten wiederholt. Dadurch entsteht ein starkes Müdigkeitsgefühl. Das Herz wird deutlich langsamer schlagen. Geben Sie nun etwa folgende Suggestionen: »Sie spüren ein starkes Gefühl der Müdigkeit und Schwere und werden immer müder . . . Ihr Atem geht ruhig und gleichmäßig. Mit jedem Atemzug sinken Sie noch tiefer in dieses angenehme Gefühl der Müdigkeit und Schwere. Jedesmal wenn Sie ausatmen, lassen Sie sich noch tiefer sinken – immer tiefer – immer tiefer. Sie fühlen sich dabei ganz wohl und lassen sich immer tiefer sinken, immer tiefer – so tief wie nie zuvor.

Alle Muskeln sind locker – Ihre Arme und Beine sind bleiern schwer. Auch Ihre Augenlider sind ganz schwer und werden immer schwerer – immer schwerer. Ihre Augenlider sind jetzt so schwer, daß Sie sie nicht mehr aufhalten können. Sie können Ihre Augen jetzt nicht mehr aufhalten – Ihre Augen fallen zu. Lassen Sie jetzt Ihre Augen zufallen. Ihre Augen sind ganz fest geschlossen und bleiben zu. Sie können Ihre Augen nicht mehr öffnen, aber das wollen Sie auch gar nicht.

Sie lassen sich immer noch tiefer sinken – immer tiefer, in das wunderbare Gefühl der Müdigkeit und Schwere. Sie werden immer müder – immer müder; aber alles, was ich Ihnen sage, dringt tief in Ihr Unterbewußtsein, prägt sich dort unauslöschlich ein. Sie werden danach handeln. Alles, was ich Ihnen jetzt sage, werden Sie befolgen.«

Technik Nummer 32

Eine Spezialmethode

Bei der folgenden Technik handelt es sich um ein Beispiel für eine kombinierte Methode und gleichzeitig um meine Spezialtechnik zur Einleitung der Ersthypnose.

Während der Patient bequem auf einer Couch liegt, bitte ich ihn, Arme und Beine etwa 30 Zentimeter hochzuhalten, und zwar solange er kann.

Die Beine werden meist nach etwa 30 Sekunden fallen. Ich sage dem Patienten vorher, daß er die Beine dann ganz locker fallen lassen soll, wenn er sie nicht mehr hochhalten kann.

Die Arme würden nach etwa fünf Minuten fallen; aber ich gebe nach etwa drei Minuten den Befehl, die Arme ebenfalls ganz locker fallen zu lassen und Arme und Beine locker und entspannt liegen zu lassen.

Ich lasse den Patienten etwa eine Minute mit geschlossenen Augen entspannt liegen und ruhig und gleichmäßig atmen. Dann bitte ich ihn, jeweils beim Einatmen Oberkörper und Beine leicht anzuheben und die Augen zu öffnen und beim Ausatmen die Augen zu schließen und Oberkörper und Beine wieder sinken zu lassen.

Diese Übung ist sehr wirksam und erzeugt naturgemäß ein sehr starkes Schweregefühl und eine tiefe Entspannung, die ich dann durch entsprechende Verbalsuggestionen vertiefe, etwa mit folgenden Worten: »Ihre Arme und Beine sind nun ganz schwer, bleischwer und werden immer schwerer und schwerer – immer schwerer. Immer mehr Schwere fließt in Ihre Arme und Beine. Nichts ist wichtig – Sie geben sich ganz diesem angenehmen Gefühl der Müdigkeit und Schwere hin und lassen sich immer tiefer sinken. Sie sinken tiefer und tiefer.

Geben Sie sich ganz diesem wunderbaren Gefühl der Müdigkeit und Schwere hin – einfach treiben lassen – geschehen lassen – wirken lassen. Sie fühlen sich ganz wohl und sind aus tiefstem Herzen froh und glücklich. Sie sind glücklich und gelöst.

Ihr Unterbewußtsein ist weit offen – ganz weit offen. Alles, was ich Ihnen jetzt sage, dringt leicht und tief in Ihr Unterbewußtsein, prägt sich dort unauslöschlich ein. Sie wollen und werden alles befolgen. Alles, was ich Ihnen jetzt sage, werden Sie strikt befolgen.«

Diese Technik hat immer gewirkt.

Hilfsmittel zur Einleitung der Ersthypnose

Jeder geübte Hypnotiseur entwickelt im Laufe der Zeit seine eigenen Hilfsmittel und wird mit der von ihm bevorzugten Methode auch die besten Resultate erzielen. Der schwedische Hypnoseforscher Wetterstrand läßt seine Patienten in einen silbernen

Kaffeelöffel blicken, von dem eine brennende Kerze reflektiert wird. Andere lassen ihre Patienten direkt auf eine brennende Kerze blicken oder sich auf den Bauchnabel konzentrieren.

Hypnoskop

Im Laufe der Zeit wurde so eine große Zahl mechanischer Hypnotisierungsverfahren entwickelt, meist mit Hilfe eines Hypnoskops. Man versteht darunter Verfahren oder Vorrichtungen, die mit einem einmaligen starken oder andauernden leichten mechanischen Reiz auf das Nervensystem der Versuchsperson einwirken.

Ein einfaches Hypnoskop ist das Pendel einer Wanduhr oder das gleichmäßige Ticken eines Metronoms. Schupp verkleidete eine einen Quadratmeter große Fläche einer Wand mit einem schwarzen Tuch und befestigte eine kleine Silberplatte in der Mitte dieser Fläche. Dann ließ er in einem verdunkelten Zimmer die Versuchsperson solange auf die mit einem Projektor angestrahlte Silberplatte starren, bis die Hypnose eingetreten war.

Andere Forscher verwenden farbige Glühbirnen oder komplizierte geometrische Figuren, die solange angeschaut werden müssen, bis die Augenmuskeln ermüden und die Augen zufallen. Dann genügt eine einfache Suggestion, um die Hypnose einzuleiten.

Stroboskop

Ein sehr wirksames, wenn auch nicht problemloses Hilfsmittel zur Einleitung der Ersthypnose ist das Stroboskop. Hierbei handelt es sich um eine starke Lichtquelle, der eine drehbare Lochscheibe vorgelagert ist, wodurch das Licht in gleichmäßigem Rhythmus sichtbar wird. Dieses rhythmisch aufblinkende Licht wirkt über die Sehnerven unmittelbar auf die Gehirntätigkeit ein. In den meisten Fällen tritt die Hypnose sehr rasch ein. Es ist immer wieder ein interessantes Erlebnis, vor einem solchen Stroboskop zu sitzen und die dann sichtbar werdenden Muster auf sich einwirken zu lassen.

Die Muster wechseln unaufhörlich, und ihre vorherrschende Farbe ist von der Geschwindigkeit abhängig, mit der die Lochscheibe sich dreht und damit das Licht aufleuchten läßt. Wenn das Licht zehn- bis zwölfmal in der Sekunde aufleuchtet, erscheinen die Muster vorwiegend in den Farben Rot und Orange. Bei dreizehn- bis vierzehnmaligem Aufleuchten sind die Muster hauptsächlich grün. Bei fünfzehn- bis sechzehnmaligem Aufleuchten sind sie wunderbar blau. Leuchtet das Licht jedoch achtzehnmal oder mehr in der Sekunde auf, dann erscheinen die Muster in einem verwaschenen Grauweiß.

Warum wir diese ständig wechselnden Muster im Stroboskop sehen, ist nicht bekannt, wir wissen aber, daß Menschen, die latent an Epilepsie leiden, einen Anfall bekommen können, auch wenn sie zuvor noch nie einen Anfall hatten. Diese Gefahr ist zwar nicht sehr groß (etwa 1 Prozent), aber sie ist vorhanden.

Drogen

Bewußtseinsverändernde Drogen sind ebenfalls geeignet, den Eintritt der Hypnose wesentlich zu beschleunigen, wenn gleichzeitig verbale Suggestionen gegeben werden. Über die Gefahren der Einnahme von Drogen braucht an dieser Stelle wohl nichts gesagt werden, da heute viele Personen, vorwiegend Jugendliche, diese Gefahren an sich selbst erfahren haben.

Jahrhundertelang spielte die durch den indischen Hanf (Haschisch) hervorgerufene Hypnose eine geradezu unheimliche Rolle – auch in Ägypten, Syrien und Persien. Sektenführer versprachen ihren Anhängern, ihnen das Paradies zu zeigen.

Man versetzte sie in einen starken Haschischrausch und führte sie in einen üppigen Garten, wo sie von wunderschönen Frauen verwöhnt wurden.

Wenn sie dann aus ihrem Rausch erwachten, sagte man ihnen, daß sie im Paradies gewesen seien und daß sie dort nach ihrem Tode weiterleben würden, wenn sie ihrem Führer absolut gehorsam seien. Von dem Moment dieser »Einweihung« an genügte ein Wink ihrer Führer, und schon stürzten sie sich auf den Feind oder auch in den Tod, immer das verheißungsvolle Paradies vor Augen.

Narkohypnose

Sehr frühzeitig hat man auch erkannt, daß eine ganz leichte Narkose geeignet ist, die Ersthypnose einzuleiten. So berichten O. Wetterstrand und Krafft-Ebing von guten Erfahrungen mit einer leichten Narkotisierung durch Chloroform, während Moll dem Chloralhydrat den Vorzug gibt. Schupp verwendet Bromäthyl. Aber auch Scheinnarkosen sind geeignet, die Hypnose herbeizuführen, worüber Hallauer ausführlich berichtet. Wertvolle Erfahrungen verdanken wir A. Friedländer, der in seinem Buch *Die Hypnose und die Hypnonarkose* (1920) vor allem über die hilfreiche Wirkung des Paraldehyds und mancher Barbiturderivate schreibt. Auch ein kurzer Chloräthylrausch leistet gute Dienste bei der Einleitung der Ersthypnose.

Die Einleitung der Ersthypnose mit medikamentösen Hilfsmitteln muß natürlich in jedem Fall dem Arzt vorbehalten bleiben. Sie wird an dieser Stelle auch nur für den ärztlichen Leser erwähnt.

Signale von außen

Eine ebenfalls recht wirksame, dabei aber völlig ungiftige Hilfe ist das Einatmen von Kohlendioxyd, und zwar eine Mischung von drei Teilen Kohlensäure und sieben Teilen Sauerstoff. Das Einatmen dieser Mischung ruft beim Menschen gewisse seelische Veränderungen hervor, vor allem eine deutliche Steigerung der Fähigkeit, mit geschlossenen Augen visionäre Eindrücke zu empfangen. Wahrscheinlich vermindert die erhöhte Konzentration von Kohlensäure im Blut die Gehirntätigkeit. Je mehr der Filter des Verstandes in seiner Wirkung nachläßt, desto deutlicher erreichen uns »Signale von außen«.

Beispiel-Erlebnis

Mit Sicherheit aber kann man sagen, daß das beste und natürlichste Hilfsmittel zur Einleitung einer Hypnose das Beispiel ist, also das Erleben einer gut durchgeführten und erfolgreichen Hypnose.

Viele Hypnoseforscher haben sich diesen Umstand zunutze gemacht und den Kandidaten zunächst eine Hypnoseeinleitung mit einer besonders suggestiblen Versuchsperson gezeigt. Die Sicherheit, mit der Sie dabei vorgehen, und die Zuverlässigkeit, mit der die Hypnose dann eintritt, vertiefen das Vertrauen des Kandidaten in Ihre Fähigkeiten, und das wirkt sich bei ihm selbst in einer bedeutend schnelleren und tieferen Hypnose aus.

4. Kennzeichen der Hypnose

Die Tiefe der Hypnose

Die meisten Menschen verbinden mit der Hypnose die Vorstellung einer tiefen Trance, einer Art Bewußtlosigkeit, in der die tieferen Schichten der Persönlichkeit zugänglich werden. Diese Tiefe der Hypnose wird aber nur bei etwa 20 Prozent der Hypnotisierten erreicht.

Der Großteil erreicht nur eine mittlere Hypnosetiefe, die aber völlig ausreicht, um den Kontakt zum Unterbewußtsein herzustellen und wirksame Suggestionen zu verarbeiten.

Die Tiefenstufen

Hauptsächlich unterscheiden wir drei Stufen der Hypnosetiefe:

1. *Leichte Hypnose:* Hier besteht ein leichter Entspannungszustand, wobei das Bewußtsein jedoch noch voll aktiv ist. Einfache Suggestionen werden jedoch bereits angenommen und ausgeführt (Wachsuggestion).
2. *Mittlere Hypnose:* Die Entspannung hat sich vertieft. Das Bewußtsein ist kaum noch aktiv. Alle Suggestionen, die nicht mit der Persönlichkeitsstruktur der Versuchsperson kollidieren, werden ausgeführt. (Posthypnotische Aufträge sind möglich.)
3. *Tiefe Hypnose:* Bei absoluter Entspannung ist das Bewußtsein nun völlig ausgeschaltet. Auch unlogische Suggestionen werden ausgeführt. Nach Aufhebung der Hypnose besteht keine Erinnerung mehr.

Diese Unterteilung in drei Grade der Hypnosetiefe ist seit dem Altertum bekannt und genügt auch heute noch in den meisten Fällen, zumal diese Zustände fließend ineinander übergehen und sich nicht scharf trennen lassen. Nach meinen Erfahrungen erreichen:

28 Prozent eine leichte Hypnose,
52 Prozent eine mittlere Hypnose,
17 Prozent eine tiefe Hypnose,
3 Prozent sind nicht hypnotisierbar (refraktär).

Die sechs Hypnosestufen nach Liébeault

A. A. Liébeault, der Gründer der »Schule von Nancy« unterscheidet die folgenden sechs Grade der Hypnose:

1. Somnolenz: Schwere in den Augenlidern, in den meisten Fällen Unfähigkeit, die Augen zu öffnen. Das Bewußtsein ist voll aktiv. Müdigkeitsgefühl. Dieser Grad wird bei jedem Menschen, insbesondere bei Frauen, leicht erreicht.
2. Ein erhobener Arm bleibt einige Sekunden in der gegebenen Stellung und sinkt dann langsam nieder. Die Finger behalten jedoch die gegebene Stellung nicht. Die Augenlider sind geschlossen, Arme und Beine sind locker. Bewußtsein und Erinnerung sind noch vorhanden.
3. Drehbewegungen mit den Armen werden automatisch fortgesetzt, wenn man dem Hypnotisierten versichert, daß er damit nicht aufhören kann. Herabgesetzte Empfindlichkeit. Alle Anzeichen, wie bei der zweiten Stufe. Bewußtsein und Erinnerung sind noch vorhanden. Die meisten Versuchspersonen versichern nach dem Abbruch der Hypnose aus den ersten drei Graden, daß sie nicht in Hypnose waren, sondern die Suggestionen nur ausführten, um dem Hypnotiseur zu gehorchen.
4. Der Hypnotisierte ist nur noch vom Hypnotiseur abhängig und unempfänglich für Einflüsse anderer Personen; es sei denn, der Hypnotiseur überträgt den Rapport auf eine andere Person. Sonst wie beim dritten Grad.
5. Leichter Somnambulismus: Die Sensibilität ist deutlich verringert oder hat bereits aufgehört. Suggerierte Halluzinationen sind in den meisten Fällen möglich. Das Bewußtsein ist getrübt. Die Erinnerung ist undeutlich und lückenhaft. Sonst wie beim vierten Grad.
6. Tiefer Somnambulismus: Alle Symptome des fünften Grades, doch noch stärker ausgeprägt. Das Bewußtsein ist nun völlig ausgeschaltet. Es besteht keine Erinnerung mehr nach Abbruch der Hypnose.

Eine noch umfangreichere Unterteilung der Hypnosetiefe nehmen Davis und Husband vor. Sie unterscheiden anhand hypnotischer Symptome dreißig Grade.

Die dreißig Grade nach Davis und Husband

Tiefe	Grad	Symptome
Hypnoid	1	Entspannungsvorbereitung
	2	Entspannung
	3	Flattern der Augenlider
	4	Schließen der Augen
	5	Vollständige physische Entspannung
Leichte Trance	6	Katalepsie der Augenlieder
	7	Katalepsie der Gliedmaßen
	8	Steigerung der Wirkung
	9	Steigerung der Wirkung
	10	Kataleptische Starre
	11	Anästhesie (behandschuhte Hand)
Mittlere Trance	12	Steigerung
	13	Partielle Amnesie
	14	Steigerung
	15	Posthypnotische Anästhesie
	16	Steigerung
	17	Veränderung der Persönlichkeit
	18	Einfache posthypnotische Suggestionen
	19	Steigerung
	20	Kinästhetische Illusionen totale Amnesie
Tiefe Trance	21	Fähigkeit die Augen zu öffnen, ohne daß sich die Trance verändert
	22	Steigerung
	23	Unlogische posthypnotische Suggestionen
	24	Steigerung
	25	Kompletter Somnambulismus
	26	Positive posthypnotische optische Sinnestäuschungen

Tiefe	Grad	Symptome
Tiefe Trance	27	Positive posthypnotische akustische Sinnestäuschungen
	28	Systematisierte posthypnotische Amnesien
	29	Negative akustische Sinnestäuschungen
	30	Negative optische Sinnestäuschungen Hyperästhesie

Zustand der Hypnose umstritten

Es ist jedoch sehr schwierig, solche Tiefengrade genau zu bestimmen, und für die Wirksamkeit der Hypnose auch gar nicht erforderlich. Denn oft werden schon bei leichter Hypnose alle gegebenen Suggestionen befolgt. Man kann sogar sagen, daß es einen »Zustand der Hypnose« gar nicht gibt. Das zeigte ein amerikanischer Hypnosespezialist in einem interessanten Experiment.

An der Universität von Pennsylvania führte der Hypnotiseur zwei Gruppen von Studenten in die Hypnose ein: Der einen Gruppe führte er Hypnotisierte vor, deren rechte Hand unbeweglich war. Die Studenten wurden belehrt, daß dies typisch für den Zustand der Hypnose sei.

Der anderen Gruppe wurden Hypnosen ohne diese Handsteifheit vorgeführt.

Dann wurden beide Gruppen zusammen selbst hypnotisiert, allerdings von jemandem, der nicht wußte, welcher nun welche Demonstration gesehen hatte. Wie erwartet, konnten die Teilnehmer der ersten Gruppe ihre Hand nicht bewegen, während dies bei keinem Teilnehmer der zweiten Gruppe eintrat.

Das zeigt, daß eine Versuchsperson in der Hypnose in den Zustand gerät, der ihrer Vorstellung von Hypnose entspricht. Daraus sehen wir, wie immens wichtig die richtige Vorbereitung durch das einleitende Gespräch ist, weil hier die Prägung für den späteren Hypnoseerfolg gegeben wird.

Die sechs Phasen der Hypnose

Wenn es aber schon keinen speziellen Zustand der Hypnose gibt, so können wir doch den Vorgang der Hypnose zum besseren Verständnis in sechs Phasen einteilen.

1. Phase

Die Vorbereitung

In der Vorbereitung kommt es darauf an, daß bei der Versuchsperson die gewünschte Vorstellung von der Hypnose erzeugt wird und falsche oder unerwünschte Vorstellungen beseitigt werden.

Der Raum sollte angenehm temperiert sein, leicht abgedunkelt und ruhig. Lassen Sie Ihre Versuchsperson so bequem wie möglich liegen und bringen Sie sie dazu, ruhig und gleichmäßig zu atmen und sich weitgehend zu entspannen.

Atmen Sie selbst ruhig und geben Sie überhaupt der Versuchsperson ein Beispiel des gewünschten Verhaltens. Sprechen Sie gleichmäßig und beruhigend.

2. Phase

Die Konzentration

Dabei ist wichtig, daß sich die Versuchsperson mehr und mehr von den Außenreizen löst und sich ganz locker und passiv auf das Geschehen konzentriert. Veranlassen Sie sie, entweder in Ihre Augen oder auf einen bestimmten Punkt zu sehen und nur auf Ihre Worte zu achten.

3. Phase

Die Entspannung

Geben Sie die entsprechenden Suggestionen. »Sie sind ganz ruhig – nichts ist wichtig. Sie hören nur noch auf meine Stimme. Ihre Arme und Beine sind ganz locker – ganz gelöst. Sie atmen ruhig und gleichmäßig. Mit jedem Atemzug sinken Sie tiefer und tiefer in ein angenehmes Gefühl der Müdigkeit und Schwere. Einfach treiben lassen – wirken lassen – geschehen lassen. Die Gedanken verschwimmen – Sie fühlen sich ganz wohl« (fortsetzen, bis die Entspannung eingetreten ist).

4. Phase

Die Direktive

In dieser Phase wird nun das eigentliche Ziel der Hypnose mit den entsprechenden Suggestionen erreicht. Dabei gehen Sie auf die besonderen Umstände der Versuchsperson ein, etwa mit folgenden Worten:

»Sie sind nun völlig gelöst und entspannt – nichts kann Sie stören. Sie hören nur noch auf meine Stimme. Alles, was ich Ihnen nun sage, werden Sie strikt befolgen. Jedes meiner Worte prägt sich in Ihrem Unterbewußtsein unauslöschlich ein. Sie werden danach handeln. Sie können und wollen nicht anders, Sie werden alles befolgen (hier folgt die gewünschte Suggestion).

5. *Phase*

Die Vertiefung

Alle vorher gegebenen Suggestionen werden in dieser Phase durch ständige Wiederholung in immer neuen Formulierungen vertieft. »Sie spüren, wie die Wirkung langsam einsetzt. Immer deutlicher spüren Sie die angenehme Wirkung, die sich mehr und mehr in Ihnen ausbreitet und immer stärker wird. Diese angenehme Wirkung wird von Tag zu Tag immer stärker. Es geht Ihnen von Tag zu Tag in jeder Hinsicht immer besser und besser . . .«

6. *Phase*

Die Aufhebung der Hypnose

Hier kommt es darauf an, daß *sämtliche* Suggestionen wieder aufgehoben werden, mit Ausnahme der gewünschten Hauptsuggestion. Nehmen Sie also die Schwere der Arme und Beine und der Augenlider zurück und geben Sie geeignete Gegensuggestionen.

»Sie spüren, wie die Kraft in Ihren Körper zurückkehrt. Arme und Beine sind wieder ganz locker, leicht und frei beweglich. Sie sind voller Tatkraft und Energie. Ich zähle gleich bis drei, dann öffnen Sie die Augen und sind hellwach und voller Aktivität: eins – zwei – drei.«

Sprechen Sie auch nach Abbruch der Hypnose noch ein paar Minuten mit der Versuchsperson und erkundigen Sie sich, ob sie etwas gestört hat, damit Sie bei einer evtl. Wiederholung der Hypnose alle unnötigen Störungen vermeiden können.

Noch ein Tip zum Abschluß. Schon bei der ersten Begrüßung bekommen Sie mit dem Händedruck eine Information über die Suggestibilität der jeweiligen Person.

Ein aufschlußreicher Tip

Ich habe festgestellt, daß trockene Hände zu einer psychisch aktiven Person gehören, die langsam und nur mit einigen

Schwierigkeiten hypnotisiert werden kann. Eine Person mit leicht feuchten Händen dagegen ist psychisch passiver und kann in den meisten Fällen leicht und schnell hypnotisiert werden. Freilich gibt es hier Ausnahmen, aber in den meisten Fällen trifft das Gesagte zu.

5. Die Vorgangsweise in der Praxis

Das einleitende Gespräch

Bevor man eine Hypnose einleitet, sollte man in einem vorbereitenden Gespräch einen Kontakt zur Versuchsperson herstellen, der eine Atmosphäre des Vertrauens und der Sympathie schafft. Sie muß zutiefst davon überzeugt sein, daß Sie nur ihr Bestes wollen. Diese vertrauensvolle Erwartung der Versuchsperson, daß der Hypnotiseur zu ihrem Wohl handele, ist wohl die wichtigste Voraussetzung für einen Erfolg, denn sie bestimmt die Wirksamkeit der Hypnose. In einer solchen Atmosphäre des Vertrauens kann man leicht alle falschen Vorstellungen von der Hypnose beseitigen und dafür sorgen, daß Angst gar nicht erst aufkommen kann. Sagen Sie Ihrer Versuchsperson, daß Hypnose nichts mit Magie zu tun hat, sondern ein ganz natürlicher Vorgang ist.

Vertrauen und Sympathie

Der Rapport

In der Hypnose ist das Bewußtsein im wesentlichen auf den Hypnotiseur gerichtet. Diesen Kontakt nennt man »Rapport«. Hierbei ist zwar die Kritikfähigkeit der Versuchsperson deutlich herabgesetzt, aber doch noch vorhanden; denn sobald Sie der Versuchsperson einen Befehl geben, der außerhalb ihrer Persönlichkeitsstruktur liegt, bricht die Hypnose sofort zusammen. Niemand braucht also Bedenken zu haben, er könne in Hypnose Dinge tun, die er nicht tun möchte. Informieren Sie Ihre Versuchsperson auch, daß sie im Leben schon oft in Hypnose war, auch wenn sie sich dessen nicht bewußt ist. Morgens, unmittelbar nach dem Aufwachen, sind wir fast immer eine kurze Zeit in einem hypnoiden Zustand. Auch wenn wir tagsüber mitunter gedankenverloren zum Fenster hinausschauen, ist dies ein Zustand leichter Hypnose. Es besteht also kein Grund zur Aufregung, da nichts Neues geschieht, vielmehr wird hier nur ein vertrauter Zustand bewußt eingeleitet.

Positive oder negative Prägung

Fragen Sie Ihre Versuchsperson auch, mit welchen Erwartungen sie gekommen ist und ob sie bereits früher einmal hypnotisiert worden ist. Es ist wichtig, daß diese Erwartungen erfüllt werden. Wurde bereits früher einmal eine Hypnose vorgenommen, dann ist eine gewisse Prägung entstanden, und zwar positiv oder negativ. Ist die Erinnerung daran positiv, dann sollten Sie die Hypnose nun auch in der gleichen Weise einleiten, auch wenn Ihnen diese Technik weniger liegen sollte. Ist diese Prägung aber negativ, d. h. ist die Erinnerung an die damalige Hypnose unangenehm, dann klären Sie im Gespräch genau die damaligen Vorgänge und vermeiden Sie diese Form der Einleitung.

Manche Menschen glauben auch, daß die Hypnose eine Art Narkose sei, wobei man zunächst in einen Tiefschlaf sinke, dem dann völlige Bewußtlosigkeit folge. Sagen Sie Ihrer Versuchsperson, daß diese Vorstellung völlig falsch ist und daß man in Hypnose alles genau hört. Dieser Rapport, also der Kontakt zum Hypnotiseur ist sogar der wichtigste Teil der Hypnose, sonst wäre ja eine Beeinflussung in Hypnose nicht möglich.

Ein wunderbarer Ruhezustand

Die Hypnose ist ein wunderbarer Ruhezustand, in dem man keineswegs irgendwelche Geheimnisse ausplaudert. Selbstverständlich werden Sie auch in Hypnose keine Fragen stellen, die Sie nicht vorher mit Ihrer Versuchsperson abgesprochen haben, so daß sie also keine Bedenken zu haben braucht, irgendwelche »Jugendsünden« zu verraten.

Eine andere sehr häufig gestellte Frage ist: »Werde ich auch ganz bestimmt wieder wach?« Diese Frage ist mit einem klaren Ja zu beantworten. Auch wenn der Hypnotiseur während der Hypnose einen Herzschlag bekommen und tot umfallen sollte, würde die Hypnose ganz von selbst in natürlichen Schlaf übergehen, und die Versuchsperson würde aufwachen, sobald sie ausgeschlafen ist. Ein weiterer Vorteil der Hypnose sollte stets erwähnt werden, nämlich die Tatsache, daß eine sachgemäße Hypnose in jedem Fall unschädlich ist.

Um Enttäuschungen zu vermeiden, sollten Sie jedoch vorher klären, ob die Versuchsperson nicht zu hohe Erwartungen an die

Hypnose stellt. Eine einzige Hypnosebehandlung wird sicher nicht ausreichen, um einen Charakterfehler zu beseitigen oder um aus einem gedrückten, depressiven Menschen einen Ausbund an Optimismus und Lebensfreude zu machen. Hier ist vorher sehr genau zu klären, ob Hypnose überhaupt helfen kann. Außerdem gehört diese Art der Behandlung nur in die Hand des erfahrenen Therapeuten, sei es eines Arztes oder eines Heilpraktikers. Nie aber sollte ein Laie versuchen, derart tiefgreifende Veränderungen bei einer Versuchsperson vorzunehmen, auch dann nicht, wenn diese es ausdrücklich wünscht. Klären Sie auch vorher, ob die Versuchsperson wünscht, daß jemand bei den Hypnoseexperimenten als Zeuge zugegen ist. Manche brauchen einfach die Nähe eines vertrauten Menschen, sonst sind sie gehemmt und verkrampft.

Richtige Entspannung

Sagen Sie Ihrer Versuchsperson, daß wir alle, um gesund und glücklich zu sein, eine richtige und ausreichende Entspannung brauchen, um Verkrampfungen und Überspannung zu lösen. Richtige Entspannung bewirkt die Reduzierung oder Auflösung einer sonst negativ wirkenden Überspannung. Sobald der Spannungsausgleich erreicht ist, ist der Mensch körperlich und geistig in Höchstform und in Harmonie mit sich selbst. Hier kann die Hypnose wahre Wunder wirken und uns helfen, wieder glücklich und zufrieden zu werden.

Erklärung der drei Hypnosegesetze

Zum besseren Verständnis informiere ich meine Patienten in dem einleitenden Gespräch auch immer über die drei in der Hypnose wirksamen Gesetze, die ich bereits eingangs dieses Buches dargelegt habe.

Das erste Gesetz: Jede bildhafte Vorstellung, die uns erfüllt, hat das Bestreben, sich zu verwirklichen!

Das zweite Gesetz: Wenn der Wille und der Glaube feindlich gegenüberstehen, unterliegt immer und ausnahmslos der Wille.

Das dritte Gesetz: Jede Anstrengung in der Hypnose bewirkt das Gegenteil.

Eine vorbereitende Meditationsübung

Dann erkläre ich noch die im vorstehenden Kapitel behandelten sechs Phasen der Hypnose und veranlasse danach den Patienten, sich in einer Meditationsübung auf ein angenehmes Erlebnis seiner Jugend zu konzentrieren, sich den Vorgang mit geschlossenen Augen möglichst plastisch vorzustellen und in allen Einzelheiten vor seinem inneren Auge zu sehen. Diese Meditationsübung bewirkt eine Aufgeschlossenheit zum eigenen Unbewußten und ist eine sehr gute Vorbereitung auf die eigentliche Hypnose.

Vielleicht hilft es Ihnen, wenn ich ein solches einleitendes Gespräch, wie ich es täglich mehrmals in meiner Praxis führe, einmal im Wortlaut wiedergebe.

Beispiel eines einleitenden Gesprächs

»Guten Tag. Ich freue mich, daß Sie gekommen sind und wir heute mit der Behandlung beginnen können. Ist dies Ihre erste Hypnosebehandlung, oder sind Sie bereits früher einmal hypnotisiert worden? Wie lange liegt das zurück? Würden Sie mir einmal möglichst ausführlich schildern, was damals gemacht wurde? Mit welcher Erwartung sind Sie heute gekommen?

Schaffung des Vertrauenskontaktes

Dazu sollte ich Sie vielleicht informieren, daß Sie von der Hypnose selbst kaum etwas merken. Sie sinken weder in Trance noch werden Sie bewußtlos, sondern Sie hören ganz genau, was um Sie herum vorgeht. Sie können sich auch nach Beendigung der Hypnose an alles genau erinnern. Ich werde Sie auch nichts in der Hypnose fragen, so daß Sie keine Bedenken haben müssen, eine Jugendsünde zu verraten. Ich gebe Ihnen nach Einleitung der Hypnose nur die Suggestionen, die wir gleich noch ausführlich gemeinsam formulieren und besprechen werden. Sie können auch ganz sicher sein, daß Sie wieder aufwachen werden, auch wenn ich während der Behandlung einen Herzschlag bekommen sollte. Möchten Sie, daß während der Behandlung jemand dabei ist? Wir nehmen aber ohnehin die gesamte Behandlung auf Tonbandkassette auf, die Sie dann später mitnehmen können.

Kein »Willensduell«

Ihre Intelligenz und Ihre Willensstärke sind keineswegs hinderlich bei der Hypnose – im Gegenteil. Es hat sich gezeigt, daß weniger intelligente und willensschwache Menschen schwerer zu hypnotisieren sind. Es findet also kein »Willensduell« statt, wobei der stärkere Wille siegt, sondern die Willenskraft des Patienten und des Therapeuten werden gleichgeschaltet, um gemeinsam ein bestimmtes Ziel zu erreichen. Die Hypnose stellt bestimmte Anforderungen an das Konzentrationsvermögen und die Vorstellungskraft des Patienten. Dazu braucht man Intelligenz und Willenskraft.

Keine Nebenwirkungen

Sicher wird es Sie beruhigen, wenn ich Ihnen sage, daß die Hypnose absolut ungefährlich ist, wenn sie fachmännisch durchgeführt wird. Es sind auch keinerlei Nebenwirkungen zu befürchten.

Das Bild als Sprache des Unterbewußtseins

Wichtig ist nur, daß Sie meine Worte ganz passiv auf sich wirken lassen, sich den Inhalt bildhaft vorstellen und diesen wie einen Film vor Ihrem geistigen Auge ablaufen lassen. Denn die Sprache des Unterbewußtseins ist das Bild. Je präziser Sie sich das gewünschte Endziel bildhaft vorstellen, je schneller wird die Wirkung eintreten. Das sollte jedoch ganz passiv und ohne jede verstandesmäßige Anstrengung geschehen, denn jeder bewußte Denkprozeß blockiert die Leitung zum Unterbewußtsein, während jede bildhafte Vorstellung, die Sie erfüllt, das Bestreben hat, sich zu erfüllen. Dabei ist aber jede Anstrengung zu vermeiden, denn sonst wird das Gesetz der das Gegenteil bewirkenden Anstrengung wirksam.

Die einzelnen Phasen

Nun möchte ich Ihnen noch kurz die einzelnen Phasen der Hypnose schildern. Wir sind jetzt in der ersten Phase, der Vorbereitung. Hier kommt es darauf an, einen möglichst guten Kontakt zum Patienten herzustellen und falsche Vorstellungen zu beseitigen. Ich hoffe, daß mir das gelungen ist. In der dann folgenden zweiten Phase, der Konzentration, werde ich Sie bitten, Ihre ganze Aufmerksamkeit auf meine Worte zu richten und sich durch nichts ablenken zu lassen. In der dritten Phase, der Entspannung, sollten Sie sich einfach sinken lassen – loslassen – treiben lassen. Lassen Sie meine Worte auf sich wirken. In der vierten Phase werde ich Ihnen dann die besprochenen Suggestionen geben, die Sie ganz passiv in bildhafte Eindrücke umsetzen werden. In der dann folgenden fünften Phase, der Vertiefung, werde ich dann alle vorher gegebenen Suggestionen vertiefen und die Wirkung durch mehrfache Wiederholung steigern. In der sechsten Phase, der Beendigung der Hypnose, führe ich Sie dann wieder durch entsprechende Suggestionen in den Wachzustand zurück. Haben Sie noch Fragen?

Dann können wir mit einer vorbereitenden Übung beginnen. Bitte setzen Sie sich ganz bequem hin und schließen Sie die Augen. Konzentrieren Sie sich nun auf ein angenehmes Erlebnis in

Ihrer Jugend und stellen Sie sich den Vorgang möglichst plastisch und in allen Einzelheiten vor. Versetzen Sie sich auch wieder in die angenehme Stimmung dieser Zeit. Nach einigen Minuten beginnen wir dann mit der eigentlichen Hypnoseeinleitung.«

Die Fixationsmethode

Dies dürfte wohl die älteste Methode zur Einleitung der Hypnose sein. Schon die ägyptischen Priesterärzte hielten den Kranken glänzende Metallscheiben vor die Augen oder ließen sie in Tonschalen mit sonderbaren Zeichen starren, um die Augen zu ermüden und den hypnotischen Schlaf herbeizuführen.

Wahl des geeigneten Hilfsmittels

Die Fixationsmethode wird im Prinzip so durchgeführt, daß die Versuchsperson dabei die glänzende Spitze eines Kugelschreibers, eine Glaskugel, einen glänzenden Knopf, den Mundspiegel des Zahnarztes oder einen anderen geeigneten Gegenstand fixiert, bis die Augen ermüden und von selbst zufallen. Hierzu kann man auch, wie bereits besprochen, ein Hypnoskop, ein Stroboskop oder ein anderes Hilfsmittel verwenden. Die Wirkung wird noch gesteigert, wenn hinter der Versuchsperson eine Lampe so angebracht wird, daß der Konzentrationsgegenstand angestrahlt ist und das Licht reflektiert wird.

Der Fixationspunkt

Der Fixationspunkt sollte sich dabei 20 Zentimeter von den Augen entfernt etwas über der Augenebene befinden, so daß die Versuchsperson schräg nach oben sehen muß, was die Augen noch schneller ermüden läßt. Ich selbst habe auch gute Erfahrungen mit einer blauen Glühbirne als Fixationspunkt gemacht, auf die sich die Versuchsperson in einem sonst dunklen oder zumindest abgedunkelten Raum konzentriert, weil hier das blaue Licht eine zusätzlich beruhigende Wirkung ausübt.

Bequeme Stellung

Die Fixationsmethode kann im Stehen, im Sitzen oder im Liegen angewandt werden. Man wird jedoch im allgemeinen eine liegende oder bequem sitzende Stellung vorziehen, da man die Ermüdung des Auges in den meisten Fällen durch entsprechende Verbalsuggestionen verstärkt und auf den ganzen Körper ausdehnt.

Der Augenschluß wird beschleunigt, wenn man den Fixationspunkt während der begleitenden Verbalsuggestionen langsam nach unten führt. Die Versuchsperson folgt mit dem Blick und schließt so unmerklich mehr und mehr die Augen, bis sie ganz zufallen. Nach einigen verstärkenden Suggestionen ist kaum noch jemand in der Lage, die Augen zu öffnen. Wie stark dieser Effekt ist, können Sie an sich selbst feststellen. Setzen Sie sich einmal in einen bequemen Sessel und schließen Sie die Augen. Blicken Sie dann mit geschlossenen Lidern nach oben innen und behalten Sie diesen Blick für ein bis zwei Minuten bei. Schon jetzt tritt bei den meisten Menschen eine leichte »Augensperre« ein. Wenn Sie nun plötzlich die Augen öffnen wollen, spüren Sie für einen Augenblick ein »Kleben« der Augenlider.

Selbstversuch

In den meisten Fällen werden wir diesen Effekt durch entsprechende Verbalsuggestionen unterstützen und verstärken. Das kann etwa mit folgenden Worten geschehen:

Verstärkung durch Verbalsuggestionen

»Sie konzentrieren sich jetzt ganz auf den Fixationspunkt, möglichst ohne zu blinzeln, und lassen sich durch nichts ablenken. Ständig auf den Fixationspunkt sehen und möglichst nicht blinzeln. Nichts anderes ist wichtig. Sie sehen nur auf diesen Punkt und lassen sich durch nichts ablenken. Sie spüren, wie Ihre Augen immer müder werden. Sie können die Augen kaum noch aufhalten. Ihre Augen werden immer müder – immer müder – immer müder. Die Lider ziehen immer stärker nach unten, und Sie möchten die Augen schließen. Ihre Augenlider werden immer schwerer und schwerer und ziehen immer stärker nach unten. Gleich können Sie die Augen nicht mehr aufhalten – immer häufiger fallen Ihnen die Augen zu – die Augen fallen Ihnen zu – die Augen fallen zu und bleiben zu.

Der Augenschluß

Die Augen sind jetzt ganz fest geschlossen und bleiben zu. Ihre Augen sind fest geschlossen – Sie können Ihre Augen nun nicht mehr öffnen. Auch wenn Sie es wollten, es geht nicht. Sie können Ihre Augen nun nicht mehr öffnen. Versuchen Sie es, aber es geht nicht – es geht nicht. Sie können Ihre Augen nun nicht mehr öffnen. Sie versuchen es auch gar nicht mehr, sondern Sie lassen sich noch tiefer sinken in dieses angenehme Gefühl der Ruhe und Entspannung. Sie sinken immer tiefer und tiefer – immer tiefer.«

Wenn es sich bei Ihrer Versuchsperson nicht gerade um einen besonders psychisch aktiven Menschen handelt, ist hier in fast allen Fällen die Hypnose bereits eingetreten. Obwohl die Fixationsmethode schon sehr alt ist, wird sie auch heute noch von vielen Hypnotiseuren mit Erfolg angewandt und ist Bestandteil vieler Einleitungstechniken.

Die Faszinationsmethode

Auch bei dieser Methode handelt es sich um ein »klassisches« Einleitungsverfahren. Die meisten Menschen verbinden mit der Hypnose die Vorstellung, daß der Hypnotiseur ihnen dabei fest in die Augen sehen muß, um die Hypnose einzuleiten. Diese Methode entspricht also der Erwartung der meisten Menschen. Außerdem fördert das In-die-Augen-Schauen den Kontakt zur Versuchsperson und erleichtert auch dem Hypnotiseur die Einstellung auf das Gegenüber. Zudem fühlt sie sich beobachtet und zwingt sich dadurch zu besonderer Konzentration.

Die richtige Position

Man kann die Faszinationsmethode im Sitzen anwenden, wobei Versuchsperson und Hypnotiseur sich so gegenübersitzen, daß sich die Knie der Versuchsperson zwischen den Knien des Hypnotiseurs befinden. Die Hände des Hypnotiseurs liegen entweder auf den Knien der Versuchsperson oder auf ihren Schultern.

Besser ist jedoch die Anwendung im Liegen. Hierbei sitzt der Hypnotiseur zunächst neben der Versuchsperson und erklärt etwa mit folgenden Worten, was gleich geschehen wird:

Die vorbereitende Suggestion

»Ich werde mich gleich an Ihr Kopfende setzen, und Sie schauen mir dann ganz fest und ohne zu blinzeln in ein Auge. Es ist gleich, in welches Auge Sie schauen, aber wechseln Sie nicht, sondern schauen Sie mir stets in das gleiche Auge. Sobald die Hypnose zu wirken beginnt, werden Sie mein Auge abwechselnd scharf und dann wieder unscharf sehen. Die Augen werden zu »brennen« beginnen, und Sie werden ein starkes Müdigkeitsgefühl in den Augen spüren. Sie werden versuchen, die Augen offenzuhalten, aber je mehr Sie dies versuchen, desto schwerer werden Ihre Augen, bis Sie sie nicht mehr offenhalten können und die Augen von selbst zufallen. Sie sinken dann in einen angenehmen Zustand der Ruhe und Entspannung und lassen sich einfach immer tiefer sinken.«

Die Erwartungsspannung

Es ist sehr wichtig, den zu erwartenden Zustand suggestiv anzukündigen, weil hierdurch eine entsprechende Erwartungsspannung erzeugt wird, die sich dann mit dem Eintreten des angekündigten Zustandes löst und deshalb schneller zur Hypnose führt.

Der Hypnotiseur setzt sich nun an das Kopfende der Versuchsperson, die bequem und möglichst gerade auf einer Couch liegt. Er beugt sich so herüber, daß sich seine Augen etwa 20 bis 30 Zentimeter über den Augen der Versuchsperson befinden. Richten Sie Ihre Position so ein, daß die Versuchsperson den Blick zu ihrer Stirn heben muß, um Ihnen in die Augen schauen zu können. Ihre Augenebene sollte sich also etwa in Höhe des Haaransatzes der Versuchsperson befinden. Nun setzen Sie mit ruhiger, fester Stimme Ihre Suggestionen fort:

»Sie liegen ganz bequem und atmen ruhig und gleichmäßig. Schauen Sie mir bitte jetzt fest in ein Auge, ohne zu blinzeln, und achten Sie dabei nur auf meine Stimme. Sie lassen sich nun durch nichts ablenken, sondern Sie achten nur noch auf meine Stimme. Nichts ist wichtig – nichts kann stören. Sie achten nur noch auf meine Stimme.«

Der »Scheuklappeneffekt«

Der Hypnotiseur hält dabei seine Hände so neben den Kopf der Versuchsperson, als wolle er deren Augen gegen seitliches Licht abschirmen. Dieser »Scheuklappeneffekt« fördert den Kontakt, verhindert Ablenkung und bietet außerdem die Möglichkeit, die eigenen Daumen auf die Augenlider der Versuchsperson zu legen, sobald der Augenschluß eingetreten ist. Dadurch wird das Zittern der Augenlider nach dem Schließen der Augen beseitigt, ein Gefühl der Geborgenheit erzeugt und der Eintritt der Hypnose beschleunigt.

Beobachten Sie nun genau die Pupille der Versuchsperson und passen Sie Ihre Suggestionen der Pupillenreaktion an. Ist die Pupille normal, sieht Sie die Versuchsperson scharf. Ist jedoch die Pupille durch die eintretende Ermüdung erweitert, was Sie ganz deutlich erkennen können, dann kann Sie die Versuchsperson nur noch unscharf sehen. Sie nutzen dies sofort zu folgender Suggestion:

Die einleitende Suggestion

»Sie sehen mich jetzt nur noch unscharf – die Hypnose beginnt bereits zu wirken. Es fällt Ihnen immer schwerer und schwerer, die Augen offenzuhalten. Ihre Augen werden immer müder – die Augenlider immer schwerer – immer schwerer.«

Sobald sich die Augen einen Moment schließen, folgt die Suggestion: »Die Augen sind jetzt geschlossen und bleiben zu«, wobei Sie Ihre Daumen gleichzeitig auf die Augenlider legen. Verstärken Sie die eintretende Hypnose wie bei den anderen Verfahren durch entsprechende Suggestionen.

Die Farbkontrastmethode

Der Kontrasteffekt

Diese Methode geht auf Levy-Suhl zurück, wobei die Kontrasteffekte der gelben und blauen Farbe genutzt werden. Es wird also nicht nur ein Ermüdungseffekt erzielt, sondern jeder nimmt eine Änderung wahr. Der größte Vorteil der Methode ist, daß diese Sinnestäuschung bei jedermann, also auch bei psychisch aktiven Menschen, in wenigen Minuten eintritt. Hierbei handelt es sich nicht um einen hypnotischen Effekt, sondern um eine normale biologische Erscheinung.

Man verwendet hierzu einen Karton, auf dem sich nebeneinander, durch einen zwei Millimeter breiten Streifen getrennt, ein gelbes und ein blaues Rechteck befinden. Sobald man diesen Karton einige Minuten betrachtet, erscheint auf der Seite des gelben Rechtecks, die dem blauen Rechteck zugewandt ist, ein hellgelber Streifen, während auf der Seite des blauen Rechtecks, das dem gelben zugewandt ist, ein dunklerer blauer Streifen erscheint. Levy-Suhl, Stockvis und andere Hypnotherapeuten gaben ihren Patienten einen solchen Karton in die Hand und veranlaßten sie, den Blick starr darauf zu richten. Sobald der Patient auf Befragen angab, diese Farbänderung zu sehen, suggerierten sie, daß die Hypnose bereits eingetreten sei, und vertieften diese durch entsprechende Suggestionen.

Die Kombination der Techniken

Der bekannte Heilpraktiker und Hypnotherapeut H. Scharl hat diese Methode zur Farbsukzedan-Kontrast-Methode *(Moderne Hypnosetechniken)* ausgebaut. Hierbei werden die Möglichkeiten der Fixationsmethode mit der Farbkontrastmethode kombiniert. Er verwendet hierzu einen rechteckigen weißen Karton von etwa 15 mal 22 Zentimeter Größe. In der Mitte der oberen Hälfte wird ein rotes Rechteck aus mattem Buntpapier von 4 mal 6 Zentimeter aufgeklebt. In der Mitte der roten Farbfläche wird ein kleiner schwarzer Punkt, ein weiterer 9 Zentimeter senkrecht darunter auf dem weißen Karton eingezeichnet. Er läßt den Patienten sich auf eine Couch legen, ihn dieses Farbtäfelchen mit erhobenem Arm in der rechten Hand halten und dabei den oberen schwarzen Punkt in der roten Farbfläche fixieren. Dazu gibt er die Information:

»Sie werden gleich um die rote Farbfläche einen wunderschönen, hellgrün leuchtenden Farbsaum wahrnehmen. Sie erkennen daran, daß sich der hypnoide Zustand bei Ihnen einzustellen beginnt.«

Das Erscheinen der Komplementärfarbe

Auch hier löst das Betrachten des einseitigen Farbreizes Rot das Erblicken der Gegenfarbe (Komplementärfarbe) bei jedermann aus, in diesem Fall also Grün. Er fährt dann mit seinen Suggestionen fort:

»Sobald ich es Ihnen sagen werde, nehmen Sie den Blick – ohne zu zwinkern – auf den unteren schwarzen Punkt auf dem weißen Karton herunter. Auf dem weißen Karton sehen Sie dann ein hellgrün leuchtendes Rechteck. Das zeigt Ihnen, daß sich der Hypnosezustand mehr und mehr vertieft. Schauen Sie nun wieder auf den oberen schwarzen Punkt – ohne zu zwinkern. Sie spüren, wie Ihre Augen nun immer müder werden. Sie spüren das starke Verlangen, die Augen zu schließen, und setzen dem keinen Widerstand entgegen, sondern lassen Ihre Augen einfach zufallen. Ihre Augen fallen zu, und der Arm mit dem Farbkärtchen sinkt langsam herunter.«

Scharl läßt dann seine Hand von der Stirn des Patienten langsam über die Augen gleiten und dort noch eine Minuten liegen, um den Augenschluß zu vertiefen. Nun folgen vertiefende Suggestionen, etwa folgenden Inhalts:

Vertiefende Suggestionen

»Ihre Augen sind fest geschlossen – Sie sind ganz ruhig. Sie gleiten nun immer tiefer und tiefer in einen angenehmen hypnotischen Ruhezustand. Sie hören nur noch auf meine Stimme – alles andere ist unwichtig und Sie lassen sich durch nichts stören.«

Scharl leitet nun das Schweregefühl der Augen auf den Kopf und später auf den ganzen Körper über:

»Sie spüren nun, wie Ihr ganzer Kopf unter meiner Hand schwer und müde wird. Sie geben sich ganz diesem Gefühl der Müdigkeit und Schwere hin. Ganz deutlich spüren Sie, wie Ihr ganzer Kopf immer schwerer und müder wird.« Dabei verstärkt er den Druck der »Stirnhand« wahrnehmbar und erhöht so das Schweregefühl des Kopfes noch mehr. Dann folgen allgemeine Suggestionen zur Vertiefung der einsetzenden Hypnose.

Schnellhypnose

Die älteste Schnellmethode

Wenn Sie schon einige Erfahrung mit der Einleitung der Hypnose gewonnen haben, dann können Sie es einmal mit einigen Schnellmethoden versuchen. Die wohl älteste Schnellmethode ist die des Abbé Faria, der 1813 von Goa nach Paris kam. Er trat einfach an die zu hypnotisierende Person heran, blickte ihr einige Sekunden scharf in die Augen und rief dann plötzlich »Dormez« (Schlafen Sie). Fast 50 Prozent seiner Versuchspersonen fielen schon daraufhin in Hypnose. Nun war er allerdings eine große und imposante Erscheinung, was für den Erfolg dieser Technik sicher eine wichtige Voraussetzung sein dürfte. Wenn Sie jedoch einem Kreis von Interessierten einige erfolgreiche Hypnosen vorgeführt haben und so die Anwesenden vorprägen, dann wird diese Methode auch heute noch in vielen Fällen erfolgreich sein.

Die amerikanische Schnellmethode

Bei der amerikanischen Schnellmethode stellen Sie sich nach einigen einleitenden Tests etwas seitlich vor die Versuchsperson und legen Ihre linke Hand auf deren rechte Schulter. Dann spreizen Sie den Zeige- und Mittelfinger der rechten Hand so, daß sie ein V bilden und halten die so gespreizten Finger in etwa 30 Zentimeter Abstand vor die Augen der Versuchsperson. Geben Sie nun die Suggestion, daß die Augen immer schwerer und schwerer werden, und bewegen Sie dabei die Hand mit den gespreizten Fingern langsam auf die Augen der Versuchsperson zu. Sobald Ihre Finger kurz vor deren Augen sind, geben Sie die Suggestion: »Sie können Ihre Augen nun nicht mehr aufhalten – die Augen fallen zu.«

In den meisten Fällen werden die Augen dann zufallen, da hier zusätzlich der Mechanismus des Schutzreflexes wirksam wird. Nur wenn es noch erforderlich sein sollte, geben Sie abschließend die Suggestion: »Schließen Sie nun Ihre Augen.« Sobald die Augen geschlossen sind, legen Sie Ihre Hand ganz leicht auf die Stirn und über die Augen der Versuchsperson. Lassen Sie auch hier allgemeine Suggestionen zur Vertiefung der beginnenden Hypnose folgen.

Die Zählmethode

Ich selbst habe mit der folgenden Zählmethode den schnellsten Erfolg. Die Versuchsperson steht frei im Raum. Ich gebe ihr folgende Suggestionen:

»Ich werde gleich von Eins bis Zehn zählen, und Sie spüren, wie Ihre Augen von Zahl zu Zahl immer schwerer werden. Ihre Augen werden von Zahl zu Zahl immer schwerer und schwerer. Spätestens bei der Zahl Zehn fallen Ihre Augen zu. Sie können Ihre Augen dann nicht mehr offenhalten. Sobald ich bis Zehn gezählt habe, sind Ihre Augen fest geschlossen. Ich fange nun an zu zählen: Eins – Ihre Augenlider werden ganz schwer. Zwei – schwerer und schwerer werden Ihre Augenlider. Drei – Ihre Augenlider sind schon ganz bleischwer. Vier – Sie können Ihre Augen kaum noch aufhalten. Fünf – Sie spüren, wie Ihre Augen zufallen wollen. Sechs – Ihre Augen fallen zu, Sie können die Augen nun nicht mehr aufhalten. Sieben – Ihre Augen sind jetzt so schwer, daß Sie sie nicht mehr aufhalten können. Acht – Ihre Augen schließen sich. Neun – die Augen schließen sich und bleiben zu. Zehn – die Augen sind fest geschlossen. Sie können die Augen nicht mehr öffnen, aber das wollen Sie auch gar nicht. Sie lassen sich immer tiefer sinken in dieses angenehme Gefühl der Müdigkeit und Schwere, das Ihren ganzen Körper erfaßt. Alles, was ich Ihnen sage, dringt tief in Ihr Unterbewußtsein, und Sie werden alles genau befolgen. Meine Worte dringen tiefer und tiefer in Ihr Unterbewußtsein, prägen sich dort unauslöschlich ein, und Sie werden alles ganz strikt befolgen.« Dann folgen die gewünschten Suggestionen.

Für die Einleitung der Hypnose nach dieser Methode brauche ich nur 20 bis 30 Sekunden. Sie ist in mehr als 50 Prozent der Fälle erfolgreich.

Methoden der großen Meister

F. A. Mesmer

Der schwäbische Arzt Franz Anton Mesmer wird gewöhnlich als Begründer hypnotischer Behandlungsmethoden bezeichnet. Er war ein sehr belesener und gelehrter Mann und stark beeinflußt von Agrippa von Nettesheim, dem Renaissance-Philosophen der Reformationszeit, und dem berühmtesten Arzt seiner Zeit, Theophrastus Bombastus von Hohenheim, der sich Paracelsus nannte. Mesmer hat den Begriff des »animalischen Magnetismus« geschaffen. Er ging von der Auffassung aus, seine eigene »magnetische Kraft« durch Striche auf den Kranken übertragen zu können.

Die von Mesmer behauptete »tierisch-magnetische Fluidum-Theorie« wurde zwar als wissenschaftlich unhaltbar erkannt, aber die von ihm entdeckten Phänomene lebten in der Hypnosewissenschaft weiter. Seine Striche, die sogenannten »Passes«, werden noch immer »mesmerisch« und die Streichmethode selbst »Mesmerismus« genannt. Hierbei wird die zu hypnotisierende Person meist bequem hingelegt, bevor der Hypnotiseur mit den Streichungen beginnt. Diese fangen stets beim Kopf an und gehen dann langsam herunter bis zu den Füßen, und zwar einmal über die Arme und dann über die Brust, jeweils abwechselnd. Meist werden diese Streichungen in einem Abstand von etwa fünf Zentimetern vom Körper der Person entfernt ausgeführt. Man kann die Streichungen jedoch auch mit leichtem Druck unmittelbar am Körper der zu hypnotisierenden Person ausführen.

Diese Behandlung wird nun etwa zehn Minuten fortgesetzt. Hebt der Hypnotiseur nach dieser Zeit einen Arm der Versuchsperson hoch, so wird dieser wahrscheinlich in dieser Lage bleiben. Sollte er jedoch wieder zurückfallen, so sollte die Behandlung wie zuvor noch weitere fünf Minuten fortgesetzt werden. Es ist fragwürdig, ob man diese Behandlung als Hypnose werten soll. Es steht aber fest, daß hierdurch nach einiger Zeit ein hypnoseähnlicher Zustand erreicht wird, in dem die Versuchsperson hypnotischen Suggestionen zugänglich wird.

James Braid

Dem englischen Augenarzt James Braid verdanken wir einen entscheidenden Schritt zur Weiterentwicklung der Hypnose. Als er im Jahre 1841 in Manchester eine Vorstellung des Schweizer Magnetiseurs Lafontaine sah, erschienen ihm die gezeigten Phänomene so unglaublich, daß er sich gründlich damit befaßte in der Absicht, Lafontaine zu entlarven. Dabei dienten ihm seine Frau, sein Freund Walker und sein Diener als Versuchspersonen. Zu seiner eigenen Verblüffung gelang es ihm bei allen Dreien, sie in einen hypnotischen Schlaf zu versetzen, indem er ihnen den glänzenden Knopf seiner Lanzettbüchse in Höhe der Nasenwurzel vor Augen hielt. Er wählte diesen Weg, weil ihm durch seine Tätigkeit als Augenarzt bekannt war, daß die anhaltende Fixation eines glänzenden Gegenstandes Müdigkeit hervorruft. Er kam zu der Erkenntnis, daß die hypnotische Wirkung nicht von der magnetischen Kraft der bestreichenden

Hand, sondern durch die Anregung der Einbildungskraft im Patienten selbst ausgeht.

Braids Beitrag zur Hypnoseforschung sollte nicht unterschätzt werden. Seine Fixationsmethode ist auch heute noch weit verbreitet und Bestandteil vieler Techniken zur Einleitung der Hypnose. Auch die Bezeichnung »Hypnose« verdanken wir ihm. Er erkannte schon damals, daß die Ermüdung der Augen beschleunigt wird, wenn man den Fixationsgegenstand nicht in Augenhöhe, sondern etwas höher hält, so daß die Versuchsperson gezwungen ist, nach oben zu schauen. Auch war er es, der damals bereits einen Finger auf die Augen der Versuchsperson zubewegte, sobald die Lider zu flattern begannen, wodurch der Augenschluß beschleunigt wurde. Wenn der Versuch nicht gleich beim ersten Mal gelang, wiederholte er das Ganze noch einmal, mit der Anweisung, die Augen zu schließen, sobald das Verlangen danach spürbar werde.

Doch Braid war vor allem Augenchirurg. So wandte er die Hypnose dazu an, seine Patienten vor den chirurgischen Eingriffen am Auge schmerzfrei zu machen; damals war ja die Narkose noch völlig unbekannt.

A. A. Liébeault

Der Mitbegründer der Schule von Nancy, Auguste Ambroise Liébeault, war Landarzt, der die großen Möglichkeiten der Hypnose früh erkannte und in seiner Landpraxis nutzte. Da er es mit einfachen Bauern zu tun hatte, die diesen Behandlungsmethoden nicht immer aufgeschlossen waren, sagte er ihnen: »Wenn ich euch mit Arzneien behandeln soll, müßt ihr dafür bezahlen. Laßt ihr euch aber mit Hypnose behandeln, mache ich es umsonst.« Das war ein Argument, dem sich kaum jemand entzog. Die Anwendung seiner Methode beschreibt er wie folgt:

»Nachdem ich den Betreffenden veranlaßt habe, in einem bequemen Lehnstuhl Platz zu nehmen, ersuche ich ihn, seinen Blick intensiv auf meinen zu richten. Ich betone die gründlichen Kenntnisse der Hypnose, die ich mir erworben habe, um sein volles Vertrauen zu gewinnen. Dann befehle ich dem Patienten, seinen Kopf völlig freizumachen von Gedanken und an nichts mehr zu denken. Während nun seine Aufmerksamkeit darauf gerichtet ist, mich zu beobachten und mithin seine anderen Sinne mehr und mehr abzustumpfen beginnen und unfähiger werden, irgendwelche anderen Eindrücke aus der Umgebung aufzunehmen, spreche ich zu ihm über die Vorstufen des Schlafes: Müdigkeit, Schwere der Glieder, besonders der Augenlider usw. Sodann gebe ich ihm folgende Suggestionen: ›Ihre Augenlider werden jetzt schwer – sie werden sich bald schließen. Die Sicht wird verschwommen und unklar. Arme und Beine werden schwerer und schwerer. Ihre Glieder werden gefühllos. Meine Stimme hören Sie nur noch aus weiter Ferne. Sie werden immer müder. Nun können Sie Ihre Augen nicht länger offenhalten.‹ (In der Regel schließt der Patient hier die Augen ganz automatisch. Wenn nicht, wiederhole ich die Suggestion noch einmal, dann schließe ich ihm die Augen.) ›Sie schlafen tief und fest.‹

Innerhalb von zwei Minuten nach dieser Erwähnung des Schlafes tritt bei einem neuen Patienten gewöhnlich die hypnotische Wirkung ein. Danach gehe ich zu der eigentlichen Suggestionsbehandlung über. Besonders bei einfachen Landleuten, Kindern und Soldaten habe ich die Erfahrung gemacht, daß der bestimmte Befehl: Schlafen Sie! genügt, um sie fast augenblicklich in Hypnose zu versetzen, da sie an Gehorsam gewöhnt sind.«

H. Bernheim

Als sich Liébeault in Nancy bereits einen Namen gemacht hatte, wurde auch Professor Hypolyte Bernheim auf die Bedeutung der Lehre Liébeaults aufmerksam. Bernheim war Dozent an der Universität von Nancy, befaßte sich dann viele Jahre intensiv mit der Hypnose und führte diese neue Behandlungsmethode in der medizinischen Klinik von Nancy ein. Gemeinsam mit Liébeault schuf er die »Schule von Nancy« und damit den Beginn der wissenschaftlichen Anwendung der Hypnose.

Die Anwendung seiner Methode schildert Dr. Cannon wie folgt:

1. Ich lasse den Patienten in einem Lehnstuhl Platz nehmen.
2. Ich fordere ihn auf, mir einige Sekunden in die Augen zu sehen, jedoch nicht länger als eine Minute.
3. Ich sage ihm mit lauter, fester und monotoner Stimme,
   a) daß alles ausgezeichnet verläuft,
   b) daß seine Augen sich bereits feuchten,
   c) daß seine Augenlider schwer werden,
   d) daß er in den Händen und Beinen eine behagliche Wärme verspürt.

4. Ich befehle dem Patienten, auf Daumen und Zeigefinger meiner linken Hand zu sehen, und lasse dabei die Hand unmerklich sinken, so daß seine Augenlider der Bewegung folgen müssen.
5. Wenn sich nun seine Lider von selbst schließen, so habe ich mein Ziel erreicht.
6. Wenn nicht, so sage ich: »Schließen Sie die Augen!«
7. Ich hebe einen Arm des Patienten und stütze ihn gegen die Wand oder gegen seinen Kopf und erkläre, der Arm sei steif, er werde widerstandslos zum Kopf des Patienten gezogen, als ob dieser ein Magnet sei.
8. Wenn dies nicht glückt, muß ich etwas nachhelfen.
9. Meine Suggestion wird jetzt bestimmt und intensiv.
10. Ich suggeriere nun Gedankenleere, daß die Nerven gehorchen, daß der Patient Wohlbehagen verspürt, ausruht und schlummert.
11. Sobald eine ober mehrere dieser Suggestionen zu wirken beginnen, bediene ich mich ihrer und betone sie weiter. Es kann manchmal wünschenswert sein, den Patienten durch Kopfbewegungen zu Äußerungen über sein Befinden zu veranlassen (z. B. Nicken für Ja, Kopfschütteln für Nein).
12. Jede Suggestion, die bereits ein Ja ausgelöst hatte, ist wichtig und sollte nun in allen folgenden Suggestionen zugrundegelegt werden: »Sie sehen, daß es ausgezeichnet geht. Ihr Arm wird steif – Ihr Schlaf tiefer. Ihr Arm wird steifer und steifer – nun können Sie ihn nicht mehr senken.«
13. Wenn der Patient versucht, seinen Arm zu bewegen, und wenn ihm das ein wenig glückt, so widerspreche ich ihm: »Im Gegenteil, wenn Sie versuchen, Ihren Arm zu senken, so geht er nur weiter in die Höhe zu Ihrem Kopf. Sehen Sie, ich zwinge ihn nach oben zum Kopf!«
14. Gelingt bei den ersten zwei oder drei Versuchen bei sehr kritischen oder eigensinnigen Patienten die Erstarrung des Armes nicht, so ist es vernünftiger, diese Suggestion nicht zu wiederholen. Nach einer Reihe praktischer Übungen kann man leicht entscheiden, ob das Risiko sich lohnt.
15. Es ist falsch, einen Patienten lange auf einen Gegenstand starren zu lassen. Eine Minute genügt in der Regel.

16. Bei späteren Gelegenheiten genügt es, den Patienten nur ein oder zwei Sekunden anzusehen und ihm gleichzeitig Schlafsuggestionen zu geben. Ich erkläre ganz einfach: »Schlafen Sie nun!«, streiche ihm mit der Hand über die Augen, und er ist augenblicklich hypnotisiert.

Professor Bernheims Verdienst ist es, daß er die Suggestion genauer definierte und die verbale Fremdsuggestion als den Schlüssel des Hypnotismus erkannte.

J. M. Charcot

Im Gegensatz zur »Schule von Nancy« sieht Jean Martin Charcot das Wesen der Hypnose nicht in der psychischen Wirkung des Hypnotiseurs, sondern in einer reflexartigen Hysterie. Zur Auslösung dieser speziellen Form der »Hysterie« benutzte Charcot überraschende und starke Reize, wie das plötzlich aufflammende Drummondsche Kalklicht und explodierende Schießbaumwolle. Er ließ auch plötzlich einen lauten Gong schlagen, wonach die erschreckten Geisteskranken gruppenweise in einen hypnotischen Zustand fielen.

Charcot war Oberarzt an der »La Salpetrière« genannten Anstalt für Geisteskranke in Paris, Professor der pathologischen Anatomie und genoß als Neurologe internationalen Ruf. Wenn er trotzdem bezüglich des Wesens der Hypnose zu einem falschen Schluß kam, so ist das darauf zurückzuführen, daß er ausschließlich mit seinen geisteskranken Patienten arbeitete, während andere Hypnoseforscher bei normalen Patienten die Hypnose anwandten. Trotz dieses Fehlschlusses behält Charcot jedoch ohne Zweifel seine überragende Stellung als Neurologe und Hypnoseforscher. Sein Ausspruch »Le foi qui guérit« (Es ist der Glaube, der heilt) hat bis heute nichts von seiner Gültigkeit verloren.

In der Methode von Charcot, die Hypnose durch einen starken Reiz auszulösen, haben wir ein halbes Jahrhundert vor der epochemachenden Entdeckung Pawlows die Anwendung des bedingten Reflexes in Form einer Signalhypnose.

E. Kretschmer

Professor Ernst Kretschmer hat versucht, den Gesamtvorgang der Hypnose in streng wissenschaftlicher Weise in die Wirkungsfaktoren zu zergliedern:

1. *Die Entspannung:* Um aufnahmefähig für die späteren Suggestionen zu werden, muß der Patient sich gedanklich zunächst

von den Außenreizen abwenden und innere Verkrampfungen lösen.

2. *Der konzentrierte Blick:* Der Patient wird aufgefordert, seinen Blick auf einen nahe vor seine Augen gehaltenen Gegenstand zu konzentrieren. Der vorherigen Lösung von den Außenreizen folgt nun also die Konzentration auf einen Punkt.
3. *Bestimmte Assoziationen:* Durch ständige Wiederholung wird der Patient daran gewöhnt, auf bestimmte Reize oder Reizworte, mit stets den gleichen Reaktionen zu antworten. Damit wird erreicht, daß der Therapeut jederzeit bestimmte Verhaltensweisen des Patienten durch entsprechende Reize sicher hervorrufen kann und damit einen Unsicherheitsfaktor im Verhalten des Patienten ausschaltet.
4. *Die eigentliche Hypnose:* Ziel ist das Erreichen und Vertiefen dieses speziellen Schlafzustandes, den wir Hypnose nennen, und die Einprägung der beabsichtigten Suggestion in das Unterbewußtsein des Patienten. Hierbei arbeitet Professor Kretschmer mit Bildern aus der Vorstellungs- und Erlebniswelt des Patienten, die bildhaft plastisch geschildert werden. Zunächst Bilder aus der Jugend des Patienten, um eine entsprechende Grundstimmung zu erreichen, dann allmählich übergehend auf Bilder des erwünschten Zieles. Hierbei fordert Professor Kretschmer die aktive Mitarbeit des Patienten.
5. *Die Unterstützung:* Mancher Mensch scheut vor einer Umstellung zurück, mag sie auch noch so wünschenswert sein, ähnlich wie ein Pferd vor einem Hindernis scheut. Man gibt ihm dann eine »Hilfe« in Form eines Signals oder eines Kurzbefehls. Professor Kretschmer geht von der Erkenntnis aus, daß solche Kurzbefehle – wenn sie in scharfer, bestimmter Form gegeben werden – meist unter Umgehung der Prüfung durch die Logik des Bewußtseins vom Unterbewußtsein fast reflexartig ausgeführt werden.

Durch diese Art der Zergliederung des Hypnosevorganges in die einzelnen Wirkungsfaktoren und die Aufforderung des Patienten zur aktiven Mitarbeit entsteht hier bereits das moderne Bild eines partnerschaftlichen Arzt-Patient-Verhältnisses, wie es selbst heute noch nicht immer verwirklicht ist.

Emile Coué

Im Jahre 1885 machte der Apotheker Emile Coué die Bekanntschaft mit Liébeault in Nancy. Er studierte dessen Verfahren der hypnotischen Einzelbehandlung, kam aber dann mehr und mehr zur Beeinflussung in der Gemeinschaft, nachdem er erkannt hatte, daß bereits eine leichte Entspannungshypnose ausreicht, um in den meisten Fällen die gleiche Wirkung zu erzielen. Seine wichtigste Erkenntnis aber war, daß die Hypnose im Grunde eigentlich stets eine Selbsthypnose ist. Der Hypnotiseur erzeugt in der Versuchsperson lediglich eine mehr oder weniger starke Vorstellung der beabsichtigten Wirkung, die diese dann durch Autosuggestion (Selbsthypnose) verwirklicht. So begnügte er sich nicht mit der Beeinflussung seiner Anhänger, sondern legte sein Hauptgewicht auf deren Erziehung zur Anwendung der Selbstsuggestion.

Jeden Nachmittag versammelte Coué in einem kleinen Gebäude sein internationales Publikum um sich. Seine Sitzungen waren öffentlich und unentgeltlich. Er hatte für jeden ein freundliches Wort. Wenn er jeden einzelnen begrüßt hatte, nahm er inmitten seiner Besucher Platz und richtete etwa folgende Worte an sie:

»Meine Damen und Herren! Ich bin weder Arzt noch Heilpraktiker – und schon gar kein Zauberer. Ich möchte Ihnen lediglich meine Lehre der Autosuggestion und ihre praktische Anwendung zeigen. Bitte glauben Sie aber nicht, daß meine Methode eine ärztliche Behandlung unnötig macht. Ich will und kann den Arzt keineswegs ersetzen, aber ich möchte ihm und Ihnen ein wichtiges Heilmittel in die Hand geben. Jenseits von aller Medizin möchte ich Ihnen aber auch zeigen, wie man erfolgreich gegen seine Stimmungen und Leidenschaften vorgeht und wie man zum Meister der Erziehung an sich und an seinen Kindern werden kann. Unterschätzen Sie nicht die Macht der Einbildungskraft. Der Schlaflose bildet sich ein, er kann nicht schlafen. Er will schlafen, aber seine Einbildung ist stärker. Der Asthmatiker will auch bei Nebel frei atmen können, der Stotterer will fließend sprechen – aber auch hier ist die Einbildung stärker. Der Wille sagt ›Ich will‹ und die Einbildungskraft sagt ›Ich kann nicht‹. Und die Einbildungskraft siegt in jedem Fall.

Die Macht der Einbildungskraft

Ich will Ihnen nun in einem kleinen Experiment zeigen, wie gefährlich es sein kann, sich etwas einzubilden. Machen Sie nun einmal eine Faust, so fest Sie nur können, immer fester – noch fester, bis sie zittert. Denken Sie nun: Ich will die Faust wieder öffnen, aber ich kann nicht, ich kann nicht, ich kann nicht! Denken Sie immer weiter, ich kann die Faust nicht öffnen. Versuchen Sie es! Sie werden sehen, es geht nicht. Es geht nicht, solange Sie denken, ich kann nicht. Und nun denken Sie wieder: Ich kann! Und Sie können Ihre Faust wieder öffnen.« Waren Patienten mit Schmerzen da, so strich Coué mit seinen Händen über die schmerzenden Stellen (oder ließ sie bestreichen) und sagte dabei so schnell wie möglich: »Es geht vorbei, es geht vorbei, es geht vorbei.« Meist waren schon nach kurzer Zeit die Schmerzen beseitigt oder doch gemildert. In nicht wenigen Fällen blieben die Patienten schmerzfrei.

Eine Sitzung bei Coué dauerte etwa zwei Stunden und verlief täglich in der gleichen Weise, nur die Besucher wechselten.

Methode der Tiefenhypnose

Obwohl sich Coué später nur noch mit der Lehre der Selbstbeeinflussung befaßte, möchte ich Ihnen seine früher zur Erreichung einer Tiefenhypnose angewandte Methode nicht vorenthalten, die er ausführlich in seinem Werk *Le sommeil hypnotique et ses rapports avec la suggestion* (Der hypnotische Schlaf und seine Verbindung mit der Suggestion) erläutert hat:

»Man lasse einen glänzenden Gegenstand vor den Augen des Patienten hin und her schwingen und bitte ihn, den Gegenstand mit den Blicken zu verfolgen, ohne dabei den Kopf zu bewegen. Dabei suggeriere man ihm: ›Denken Sie fest daran, daß Sie schlafen wollen. Während Sie den Bewegungen des glänzenden Gegenstandes mit den Augen folgen, fühlen Sie, wie Sie einschlafen; die Arme, die Beine, Ihr ganzer Körper wird schwer, die Augenlider werden schwer, schwerer und schwerer, schwer wie Blei, so daß Sie sie weniger und weniger öffnen können. Der Blick verdunkelt sich, Ihre Augen tränen. Den fixierten Gegenstand sehen Sie immer deutlicher. Der Schlaf gewinnt mehr und mehr Macht über Sie. Ich werde nun langsam bis Zwanzig zählen. Während ich zähle, wird die Schläfrigkeit immer größer. Ehe ich bis Zwanzig komme, sind Ihre Augen geschlossen und Sie in tiefem Schlaf.‹

In den meisten Fällen wird der Patient die Augen geschlossen haben, bevor Sie bis Zwanzig gezählt haben. Sollte dies einmal nicht der Fall sein, so sagen Sie in befehlendem Ton: ›Schließen Sie die Augen, schlafen Sie!‹ Um den Schlaf dann weiter zu vertiefen, fügen Sie hinzu: ›Nun schlafen Sie, Sie schlafen tief und haben auch das Gefühl, daß Sie tief schlafen und daß Ihr Schlaf tiefer und tiefer wird, tiefer als je zuvor.‹«

O. Wetterstrand

Ein berühmter Schüler der Schule von Nancy war der schwedische Arzt Otto Wetterstrand, der in Stockholm als praktischer Arzt tätig war. Er entdeckte das Prinzip der »seelischen Ansteckung« als Bestandteil der Hypnosetherapie. Ausgehend von der Tatsache, daß ein Gesunder, der einem Kranken, der an Gesichtszuckungen leidet, eine Weile zusieht, dann meist selbst einen unwiderstehlichen Drang zu solchen Zuckungen verspürt, begann er Hypnosebehandlungen in Gruppen vorzunehmen.

Jeden Nachmittag empfing Dr. Wetterstrand etwa 40 Personen in seiner Wohnung, die gleichzeitig Praxis war, und verteilte diese auf drei zusammenhängende Räume. Es standen ausreichend Sofas, Sessel und Liegestühle zur Verfügung, so daß alle gleichzeitig einen bequemen Platz fanden. Die Einleitung der Hypnose nahm er nach der Faszinationsmethode vor, wobei er wie zufällig bei den Patienten begann, die er schon einige Male erfolgreich hypnotisiert hatte. Von diesen so schnell und sicher eingeschläferten Patienten ging dann eine ansteckende Wirkung auf die anderen über.

Gruppenhypnose

Man kann sich schwer einen richtigen Begriff davon machen, welchen massiven suggestiven Einfluß zahlreiche schlafende Menschen auf einen Neuangekommenen machen, wenn man es nicht einmal selbst erlebt hat. Auch schwierige Patienten geraten sehr schnell in Hypnose, wenn der Versuch in Anwesenheit einiger in Hypnose befindlicher Patienten gemacht wird.

Dr. Wetterstrand ging dann während der weiteren Behandlung von einem Patienen zum anderen und suggerierte dem einen das Verschwinden seiner Magenschmerzen, dem anderen einen guten Schlaf usw. So ging er dann allmählich von den alten zu den neuen Patienten über, bis er alle in eine hypnotische Entspannung gebracht hatte. Obwohl er sich bei allen Patienten derselben Technik bediente und sich sicher auch die gleiche Mühe gab, reagierten diese doch sehr unterschiedlich auf seine Bemühungen. Während der eine sehr schnell einen tiefen Grad der Hypnose erreichte, benötigten andere eine längere Zeit, um auch nur in einen oberflächlichen Entspannungszustand zu gelangen. Wetterstrand entdeckte jedoch, daß der Grad der Hypnose keineswegs entscheidend für den Erfolg war und daß auch Patienten, die nur in einen leichten Entspannungszustand kamen, oft verblüffend schnell und gut auf seine Suggestionen reagierten. So entdeckte er, daß die Hypnose an sich nur ein Heilmittel leichten Grades ist. Ihre eigentliche Bedeutung erfährt sie erst dadurch, daß der Patient durch sie für Heilsuggestionen besonders empfänglich wird.

Das besondere Interesse Wetterstrands aber galt der Tiefenhypnose, die er mit allen Mitteln anstrebte und dazu auch Schlafmittel und Narkosemittel einsetzte. In einem besonderen Haus betreute er Rauschgiftsüchtige und Alkoholiker, die er tagelang, ja sogar wochenlang in Hypnose hielt. Jeden Tag unterzog er sie einer Suggestivbehandlung, ohne daß sie aus ihrem hypnotischen Schlaf erwachten. Seine Erfolge waren so groß, daß Ärzte aus aller Welt nach Stockholm kamen, um seine Behandlungsmethoden zu studieren.

Grossmann

Grossmanns Methode ist reich an wirkungsvollen kleinen Einzelheiten und wirksamen Tricks. Die Anwendung seiner Methode schildert er selbst mit folgenden Worten:

»Zunächst suggeriere ich dem zu Hypnotisierenden die Empfänglichkeit für die folgenden Suggestionen. Dann lasse ich den auf dem Diwan in halb liegender, halb sitzender Stellung Befindlichen mich einige Sekunden fest fixieren. Ich suggeriere ihm nun, daß ein Gefühl der Wärme seine Glieder durchziehe, daß vor allem seine Arme, die auf den Knien aufliegen, bleischwer würden. Bei diesen Worten ergreife ich seine Handgelenke, halte sie etwas in die Luft und lasse sie dann mit einem leichten Ruck meiner Hände plötzlich fallen. Sie fallen scheinbar bleischwer auf seine Knie. Er bestätigt dann stets, daß er eine ausgesprochene Müdigkeit verspüre. Sollten seine Augen nun noch nicht den etwas starren Blick haben, der mir zeigt, daß der Schlafbefehl Erfolg haben dürfte, kommt der Haupttrick. Ich veranlasse den zu Hypnotisierenden, seine Augen zu schließen, oder drücke sie ihm selbst schnell zu, ergreife seine Handgelenke bei rechtwinklig nach oben gebeugten Unterarmen und suggeriere ihm, daß er so müde werde, daß er sich nicht mehr aufrecht halten könne, sondern nach hintenüber falle. Dabei schiebe ich ihn mit leichtem Druck nach hinten, bis sein Kopf die Lehne des Diwans erreicht hat, und erteile, wenn überhaupt noch nötig, den Schlafbefehl.

Fast alle versichern, daß sie eine unwiderstehliche Müdigkeit verspüren, die anscheinend durch das Schwindelgefühl hervorgerufen wird, das in leichtem Grade bei jedem auftritt, der sich aus der sitzenden Stellung mit geschlossenen Augen langsam zurücklegt. Der ganze Vorgang muß sich innerhalb von sechs bis zehn Sekunden abgespielt haben und erfordert einige Übung, ist dann aber in fast jedem Fall erfolgreich.

Selbst wenn der erste Versuch nicht gleich gelingt, genügt in den meisten Fällen eine einfache Wiederholung, mit der Suggestion, sich dem gegebenen Befehl nicht zu widersetzen. Eine weitere Möglichkeit zur Verstärkung der erwünschten Wirkung ist das Wetterstrand-Verfahren. Hierbei läßt man den Patienten in bequemer Stellung die Augen schließen und streicht dann mit der flachen Hand und nur leichtem Druck von der Stirn mehrmals langsam zur Magengrube, wobei man den Rhythmus allmählich langsamer werden läßt.

Der »Rifatsche Trick«

Oder man wendet den ›Rifatschen Trick‹ an, bei dem man einige Tropfen Chloroform oder Chloräthyl auf eine Maske schüttet und diese mit der Suggestion vor das Gesicht des Patienten hält, daß man nun eine leichte Narkose einleite. Falls erforderlich, gießt man noch ein bis zwei Tropfen nach – in Verbindung mit der entsprechenden Suggestion. In vielen Fällen genügt es sogar, dem Patienten nach der Aufforderung die Augen zu schließen, einfach die Hand unter die Nase zu halten und dabei den einen oder anderen Duft zu suggerieren. Dabei sagt man dann, daß der Duft immer stärker wird, zum Schluß absolut betäubend, so daß der Patient einschläft.

Bei besonders widerstrebenden oder ungläubigen Menschen unterstützt man zweckmäßigerweise den gegebenen Schlafbefehl mit einem Strich der Hand über die Augen oder die gegebene Schweresuggestion mit einem leichten Druck auf den angesprochenen Körperteil. Tritt der Erfolg nicht gleich ein, genügt in fast allen Fällen eine einmalige Wiederholung.«

A. Brauchle

Von 1929 bis 1945 war Alfred Brauchle Chefarzt an mehreren großen Krankenanstalten. Er hat in dieser Zeit mehr als 1000 hypnotische Sitzungen abgehalten, an denen jeweils etwa 500 Personen gleichzeitig teilnahmen. Seine wissenschaftlichen Beobachtungen sind in zahlreichen Veröffentlichungen niedergelegt. Er selbst schreibt über diese Ergebnisse (in *Hypnose und*

Autosuggestion, Stuttgart 1961): »Ich kenne kein Verfahren der seelischen Behandlung, das so schnell und so vielen Menschen gleichzeitig helfen könnte. Doch soll die gemeinsame Sitzung, an der jedesmal 500 Menschen gleichzeitig teilnehmen, nicht nur behandeln, sondern auch zur Selbstanwendung geistiger Hilfen erziehen, die manchmal wie Wundermittel wirken können. Bleibende Verbindung von körperlicher Behandlung mit der seelischen Behandlung führt zum Höchstmaß des Erfolges bei kranken Menschen. Es sei deshalb erwähnt, weil alle Teilnehmer an meinen Sitzungen körperlich untersucht und behandelt wurden.

So hat man endlich begriffen, welche Bedeutung der Seele für die Entstehung und Heilung von Krankheiten zukommt. Der Materialismus, der vor dreißig Jahren noch eindeutig Sieger schien, ist heute schon weitgehend entthront. Wir haben zuviel erlebt und erlitten, um nicht klar zu erkennen, welche Bedeutung den geistigen Kräften innewohnt.«

Als Beispiel hier ein Fall von vielen aus der Praxis: Eine 21jährige Patientin war seit zwei Jahren gelähmt. Sie konnte sich nicht im Bett aufsetzen, ja nicht einmal den Kopf bewegen oder den Arm heben. Die Ärzte hatten den Verdacht, daß es sich um eine Gehirngeschwulst handeln könnte. Man operierte, fand aber nichts. Als Professor Brauchle die Patientin übernahm, war sie von den Ärzten völlig aufgegeben. Es gelang ihm hier durch intensive seelische Behandlung innerhalb von sieben Wochen, die volle körperliche Gesundheit wiederherzustellen. Man sieht, daß selbst schwerse Leiden seelische Ursachen haben und durch Hypnose geheilt werden können.

Indische Hypnose

Das indische Seilphänomen

Viele Reisende haben von den »übernatürlichen« Kräften indischer Yogis berichtet. Der Schlangenbändiger ist fast zu einem Symbol dieser Kräfte geworden. Das größte Interesse findet jedoch stets das berühmte »indische Seilphänomen«. Hierbei versammeln sich die Zuschauer um den am Boden sitzenden Fakir, an dessen Seite ein Junge von etwa zwölf Jahren Platz nimmt. Wenn genügend Zuschauer versammelt sind und mit Spannung der Dinge harren, die da kommen sollen, nimmt der Fakir ein zu einem Knäuel gerolltes Seil und wirft es in die Luft. Das Seil bleibt in der Luft stehen, der Junge springt auf und klettert an dem Seil empor, bis er den Blicken der Zuschauer entschwunden ist. Nach einer Weile ruft der Fakir den Jungen zurück, aber der kommt nicht. Nachdem er mehrmals vergeblich gerufen hat, klettert er selbst zornig und mit einem großen Messer zwischen den Zähnen das Seil empor, bis auch er den Blicken der Zuschauer entschwunden ist. Plötzlich ertönt in der Luft ein markerschütternder Schrei, und einen Augenblick später fällt der abgeschnittene Kopf des Jungen herunter. Kurz darauf folgen die anderen Körperteile, Arme, Beine und endlich der Rumpf. Entsetzt sieht das Publikum dann auch den Fakir bluttriefend herunterkommen. Er sammelt die Körperteile des Jungen in einen Sack, nimmt ihn auf die Schulter und geht davon. Nach ein paar Schritten aber wird es in dem Sack lebendig, und der Fakir stellt ihn auf den Boden. Kaum hat er ihn geöffnet, steigt der Junge heil und gesund heraus und läuft davon.

Massensuggestion

Wird jedoch der Vorgang fotografiert, so zeigt sich, daß der Fakir mit dem Jungen die ganze Zeit am Boden bleibt. Das Seil wird auf die Erde geworfen und der Junge klettert auf allen Vieren an dem am Boden liegenden Seil entlang. Der ganze Trick findet seine Erklärung darin, daß der Fakir über eine bedeutende Phantasie und Einbildungskraft verfügt, um sich den Vorgang in der Form, wie ihn das Publikum erlebt, vorzustellen. Er hat darüber hinaus die Fähigkeit, diese Imagination in einem gewissen Bereich auf andere übertragen zu können. Diese Fähigkeit ist in jedem Menschen latent vorhanden.

Training des Imaginationsvermögens

Wenn Sie diese Fähigkeit aktivieren wollen, müssen Sie zunächst Ihre bildhafte Vorstellung trainieren. Sie beginnen zunächst mit einer einfachen Übung, indem Sie sich einen beliebigen Gegenstand solange vorstellen, bis Sie ihn ganz deutlich und plastisch vor Ihrem geistigen Auge sehen können. Sollte dies nicht auf Anhieb gelingen (alle Kinder können das noch), dann stellen Sie einen einfachen Gegenstand vor sich hin und betrachten ihn solange, bis Sie ihn auch vor Ihrem geistigen Auge deutlich sehen können. Kontrollieren Sie sich immer wieder, indem Sie die Augen öffnen und den Gegenstand mit Ihrer Imagination vergleichen. Seien Sie erst zufrieden, wenn beide absolut übereinstimmen und Sie auch vor Ihrem geistigen Auge den Gegenstand in allen Einzelheiten und farbig sehen können.

Sobald Sie alle gewünschten Gegenstände beliebig lange und deutlich vor Ihrem geistigen Auge festhalten können (denn das vor allem ist wichtig), beginnen Sie mit der Übertragung Ihrer Imagination. Veranlassen Sie eine sensible Person, sich mit geschlossenen Augen vor Sie zu setzen und an nichts Besonderes zu denken. Konzentrieren Sie sich dann auf einen ganz einfachen Gegenstand und halten Sie diese Vorstellung für einige Minuten vor Ihrem geistigen Auge fest. Das kann ein Quadrat oder ein Dreieck sein, ein Apfel oder eine Banane.

Übertragung der eigenen Imagination

Schließen Sie nun die Augen und »wollen« Sie, daß auch die Versuchsperson dieses Bild sehen kann. Halten Sie es ihr gedanklich vor die Augen und sagen Sie ihr, sie möge jenen Gegenstand schildern, der in ihrer Vorstellung auftaucht – jedoch ohne sich zu bemühen, etwas sehen zu wollen, denn jede Anstrengung der Versuchsperson führt nur zu Fehlergebnissen. Die Versuchsperson muß ganz passiv sein, während Sie sich immer stärker auf die Übertragung des gewünschten und von Ihnen deutlich gesehenen Gegenstandes konzentrieren. Wichtig ist, daß Sie den Gegenstand selbst ganz deutlich sehen und auch ausreichend lange vor Ihrem geistigen Auge festhalten, damit sich die Versuchsperson darauf einstellen kann. Nachdem Sie dies wirklich sicher beherrschen, können Sie dazu übergehen, immer kompliziertere Bilder zu übertragen, bis dies auch bei weniger geeigneten Personen gelingt.

Seien Sie jedoch nicht enttäuscht, wenn Sie Jahre brauchen, bis Sie soweit sind, denn auch der Fakir hat viele Jahre gebraucht, um seine Fähigkeiten perfekt zu entwickeln. Sobald Sie auch das beherrschen, können Sie damit beginnen, anstatt Bilder ganze Vorgänge wie einen Film zu sehen und zu übertragen. Der letzte Schritt in dieser Richtung ist es dann, Ihren Übertragungsbereich immer weiter auszudehnen, bis Sie eine ganze Gruppe von Personen erfassen und beeinflussen können. Seien Sie nicht erstaunt, wenn immer wieder Versuche mißlingen. Wenn Sie den festen Willen haben, Ihr Ziel zu erreichen, können Sie es durch ständige Wiederholung auch erreichen.

Ein verblüffendes Erlebnis

Mit diesem Wissen wird das folgende Erlebnis für Sie keine Überraschung mehr sein. Ein skeptischer Europäer stand einmal mit einem eingeborenen Medizinmann am Ufer eines von quakenden Fröschen bevölkerten Sees und unterhielt sich mit ihm über dessen Fähigkeiten. Da behauptete der Medizinmann, daß er alle Frösche mit einem Wort zum Schweigen bringen könne – und tatsächlich, mit einem Schlag war es völlig still. Er sagte noch: »Vor morgen früh werden sie ihre Stimmen nicht mehr erheben«, und tatsächlich hörte der Europäer bis zum Einschlafen keinen Laut mehr.

Der posthypnotische Auftrag

Der Mann bat den Inder am nächsten Abend, den Versuch noch einmal zu wiederholen. Tatsächlich waren die Frösche wieder sofort still. Er hatte jedoch am See ein mit Batterie betriebenes Tonbandgerät versteckt. Als er am nächsten Morgen das Band abhörte, da vernahm er zunächst die Beschwörungen des Medizinmannes und den Befehl an die Frösche, bis zum nächsten Morgen still zu sein. Gleichzeitig hörte er aber auch das unaufhörliche Gequake der Frösche vom Band, die gar nicht daran dachten aufzuhören. Auch hier war also der hypnotische Einfluß wirksam geworden. Es handelte sich hierbei um den posthypnotischen Auftrag, *bis zum Morgen nichts mehr zu hören.* Er war einfach taub für das Gequake geworden.

Glauben Sie nun aber nicht, daß Inder über besondere hypnotische Fähigkeiten verfügen. Jeder Europäer kann das gleiche erreichen, wenn er die gleiche Geduld aufbringt. Auf Grund meiner Erfahrung bin ich zu der Überzeugung gelangt, daß jeder Mensch hypnotisiert werden kann – und ebenso jeder lernen kann zu hypnotisieren. Der eine bringt dafür nur besonders gute, der andere weniger gute Voraussetzungen mit. Für meinen hartnäckigsten Patienten brauchte ich 27 vergebliche Hypnoseversuche, um dann beim 28. Versuch doch eine sogar besonders tiefe Hypnose zu erreichen. Hier war einfach eine besonders starke Sperre vorhanden, die aber mit Geduld endlich auch zu überwinden war. (Wenn ich sage, daß alle Menschen zu hypnotisieren sind, dann meine ich damit natürlich nur normale Menschen.)

Eine indische Methode zur Hypnoseeinleitung

Hier nun eine indische Methode zur Einleitung der Hypnose, die in jedem Fall zum Erfolg führt, allerdings für den Hypnotiseur recht anstrengend sein kann. Die zu hypnotisierende Person liegt flach auf einer Liege, deren Kopfteil nur wenig erhöht sein darf. Der Hypnotiseur neigt sich nun so über den Kopf der zu hypnotisierenden Person, daß er deren ganzes Gesichtsfeld ausfüllt, was sie veranlaßt, ihm ständig in die Augen zu sehen (wie bei der Faszinationsmethode). Dabei darf kein Wort gesprochen werden. Auch in der Umgebung sollte keinerlei Geräusch ablenken.

Allmählich neigt sich der Hypnotiseur mehr und mehr über die zu hypnotisierende Person, bis ihre Gesichter nicht mehr als 12 bis 15 Zentimeter voneinander entfernt sind. Diese Position behält der Hypnotiseur, falls erforderlich, für ein bis zwei Stunden inne. Dabei konzentriert er sich ganz auf den Gedanken, daß die zu hypnotisierende Person nun einschlafe, und stellt sich bildhaft vor, wie deren Augen mehr und mehr zufallen. Spätestens nach einer halben Stunde beginnen deren Augenlider dann zu flattern und wollen sich schließen.

Hier unterbricht der Hypnotiseur die Stille mit dem kurzen Befehl: »Augen auf«, um dann in seiner Konzentration fortzufahren, sich die zu hypnotisierende Person schlafend vorzustellen. Bei dieser wird die Anstrengung immer größer, bis das Gefühl der Müdigkeit so stark wird, daß sie nicht länger widerstehen kann und sich die Augen fest schließen. Hier wird der geübte Hypnotiseur keinen Gegenbefehl mehr geben, sondern gedanklich die gewünschten Befehle geben.

Sollte die gedankliche Konzentration nicht ausreichen, können diese Gedankenbefehle auch durch entsprechende Suggestionen verstärkt werden. Diese Methode ist absolut zuverlässig, erfordert jedoch eine starke Konzentration, notfalls über Stunden.

Die Fingerdruckmethode

Eine andere, aus Indien stammende Methode ist weit weniger anstrengend, aber ebenfalls sehr wirksam. Hierbei sitzt der Hypnotiseur hinter der zu hypnotisierenden Person und legt seine Hände so auf deren entblößte Schultern, daß seine Zeigefinger die Halsseiten berühren, während die beiden Daumen sich im Nacken berühren. Es folgt der beruhigend gesprochene Befehl, nun ganz ruhig und gleichmäßig zu atmen, wobei der Hypnotiseur den Druck seiner Finger unmerklich mehr und mehr verstärkt. Innerhalb von wenigen Minuten tritt der Tiefschlaf ein, wonach die Hände vom Hals entfernt werden und die beginnende Hypnose mit ruhigen, aber sicheren Suggestionen vertieft wird. Hierbei kommt es sehr auf den richtigen Moment an.

Der Hypnotiseur spürt aber als sicheres Zeichen hierfür mit seiner Hand die Entspannung der Schultermuskulatur der zu hypnotisierenden Person und kann sein Verhalten entsprechend einrichten. Diese Methode erweist sich selbst bei Personen wirksam, die mit anderen Methoden nicht zu hypnotisieren sind.

6. Besondere Arten der Hypnose

Hypnose per Telefon

In meiner Praxis habe ich unzählige Male Hypnosebehandlungen per Telefon durchgeführt. Eine solche Behandlung hat die gleiche Wirkung wie eine direkte Hypnose. Voraussetzung ist allerdings, daß vorher eine persönliche Hypnosebehandlung stattgefunden hat, in der als posthypnotischer Auftrag ein bestimmtes Codewort als Auslöser für die Hypnose fest im Unterbewußtsein des Patienten verankert wurde. Die Entfernung spielt dann keine Rolle mehr. Um die Abrechnung der Telefongebühren zu vermeiden, lasse ich mich in einem solchen Fall vom Patienten anrufen.

Codewort als Auslöser

Bei der Telefonhypnose ist darauf zu achten, daß der Patient nicht allein sein darf, da es möglich ist, daß ihm während der Hypnosebehandlung der Hörer entgleitet und dadurch der Kontakt unterbrochen wird. Bei einer meiner ersten Telefonhypnosen ereignete sich eine solche Panne. Mir blieb damals nichts anderes übrig, als mich sofort auf den Weg zu machen, um den Patienten direkt anzusprechen. Damals war der Patient zum Glück nur einige Kilometer weit entfernt, so daß ich schon nach kurzer Zeit zur Stelle sein konnte. Wären es jedoch einige hundert Kilometer gewesen, so hätte ich wohl die Polizei am Ort des Patienten verständigen müssen, mit der Bitte, in die Wohnung zu fahren und den Hörer des Telefons an sein Ohr zu halten, damit ich die Behandlung hätte fortsetzen können.

Als ich damals zu meinem Patienten kam, saß er noch immer friedlich in Hypnose, nur die Hand mit dem Hörer war heruntergeglitten, so daß er meine Worte nicht mehr hatte hören können. Als ich ihn aufweckte, war er sehr erstaunt, mich neben sich zu sehen. Zunächst glaubte er, einer Halluzination erlegen zu sein.

Ein Dritter sollte anwesend sein

Obwohl ich seither stets darauf bestehe, daß bei einer Telefonhypnose ein Dritter beim Patienten anwesend sein muß, hat sich die Panne nie mehr wiederholt, denn ich gebe zusätzlich stets die Suggestion, daß der Patient während der Dauer der Behandlung den Hörer stets an sein Ohr halten muß. Ich wiederhole diesen Befehl im Laufe der Behandlung noch einige Male. Auch bei der Telefonhypnose gilt die Regel, daß vor Abbruch der Hypnose alle gegebenen Suggestionen wieder aufgehoben werden müssen, mit Ausnahme derjenigen, die für den Zweck der Behandlung unbedingt erforderlich sind.

Zur Einleitung der Telefonhypnose sollte vorher in einer direkten Behandlung ein Codewort als Hypnoseauslöser vereinbart und im Unterbewußtsein des Patienten verankert werden. Das kann etwa wie folgt geschehen:

Beispiel der Verankerung eines Codewortes

»Machen Sie es sich jetzt bitte ganz bequem. Schließen Sie die Augen und lassen Sie sie während der ganzen Unterhaltung geschlossen. Entspannen Sie sich völlig und lassen Sie Arme und Beine ganz locker hängen. Atmen Sie tief und ruhig und lassen Sie Ruhe in Ihren Körper einströmen.

Dieses angenehme Gefühl der Ruhe breitet sich immer weiter in Ihrem Körper aus. Ihre Muskeln sind locker, Ihre Nerven völlig entspannt. Sie spüren, wie Sie immer ruhiger werden – immer ruhiger. Sie spüren eine angenehme Müdigkeit, die sich immer weiter in Ihrem Körper ausbreitet. Sie lassen sich immer tiefer sinken in dieses angenehme Gefühl der Müdigkeit und Schwere. Sie werden immer müder – immer müder.

Ihr ganzer Körper wird immer schwerer, besonders Ihr Kopf und Ihre Augenlider werden ganz bleiern und schwer. Die Müdigkeit drückt die Augenlider fest zu. Ihre Augenlider ziehen ganz stark nach unten und sind bleiern schwer. Sie können Ihre Augen kaum noch öffnen, aber Sie wollen Ihre Augen auch gar nicht öffnen. Sie geben sich ganz diesem wohltuenden Gefühl der Müdigkeit und Schwere hin. Ihr Kopf und Ihre Augenlider werden immer schwerer – immer schwerer.

Zählen mit immer größer werdenden Pausen

Ich werde gleich zählen. Nach jeder Zahl versuchen Sie Ihre Augen zu öffnen, schließen Sie sie aber gleich wieder – ganz ruhig – ganz ruhig. Sie können Ihre Augen kaum noch öffnen. Von Zahl zu Zahl werden Ihre Lider immer schwerer, bis Sie sie gleich gar nicht mehr öffnen können. Ihre Lider sind jetzt schon schwer, daß Sie sie kaum noch öffnen können. Sie werden von Zahl zu Zahl immer schwerer – immer schwerer. Ich fange jetzt an zu zählen: Eins – Sie können die Augen kaum noch öffnen. Zwei – Ihre Augen werden immer schwerer – immer schwerer. Drei – vier – fünf – immer schwerer werden Ihre Augenlider, und gleich können Sie die Augen gar nicht mehr öffnen. Sechs – sieben . . . (Nun zählen Sie weiter und machen von Zahl zu Zahl eine größere Pause, bis die Augen geschlossen bleiben.)

Suggestion der Bewegungslosigkeit

Ihre Augen sind nun fest geschlossen. Sie können Ihre Augen nicht mehr öffnen. Sie wollen Ihre Augen auch gar nicht mehr öffnen. Sie geben sich ganz diesem wohligen Gefühl der Müdigkeit und Schwere hin. Ihr ganzer Körper wird immer schwerer – immer schwerer. Jeder einzelne Finger füllt sich mit dieser bleiernen Schwere. Ihre Arme sind jetzt so schwer, daß Sie sie nicht mehr bewegen können. Und immer mehr Schwere fließt in Ihre Arme. Ihre Arme und Hände füllen sich mit dieser bleiernen Schwere und ziehen ganz stark nach unten, so als ob Gewichte an Ihren Armen hingen. Es ist, als ob Ihre Arme nicht mehr zu Ihrem Körper gehörten. Ihre Arme werden immer schwerer und ziehen immer stärker nach unten. Ihre Arme sind jetzt so schwer, daß Sie sie nicht mehr hochheben können. Sie können Ihre Arme überhaupt nicht mehr bewegen. Ihre Arme sind jetzt so schwer und ziehen so stark nach unten, daß Sie sie nicht mehr hochheben können. Beide Arme sind bleiern schwer und völlig bewegungslos, so daß Sie sie nicht mehr hochheben können. Jetzt können Sie Ihre Arme nicht mehr hochheben. Versuchen Sie es, aber es geht nicht. Sie können Ihre Arme jetzt nicht mehr hochheben. (Kann der Patient die Arme dennoch hochheben, dann wiederholen Sie die gesamten Suggestionen, bis die Arme bewegungslos bleiben.)

Suggestion der Entspannung

Sie sind ganz ruhig und entspannt und versuchen nun nicht mehr, Ihre Arme zu heben. Sie lassen sich noch tiefer sinken in dieses wunderbare Gefühl der Müdigkeit und Schwere. Ihr ganzer Körper ist bleiern schwer. Sie sinken immer tiefer in dieses wunderbare Gefühl der Müdigkeit und Schwere. Sie werden immer müder – immer müder.

Alles, was ich Ihnen sage, dringt tief in Ihr Unterbewußtsein ein. Sie werden alles ganz strikt befolgen. Ihre Ruhe ist nun ganz tief und fest. Alles, was ich Ihnen sage, dringt ganz tief in Ihr Unterbewußtsein und prägt sich dort unauslöschlich ein. Alles, was ich Ihnen sage, werden Sie ganz strikt befolgen. Jedesmal, wenn ich zu Ihnen das Wort KI-AI sage, fallen Ihnen sofort unwiderstehlich die Augen zu, und Sie versinken dann sofort wieder in diesen angenehmen Zustand der Ruhe und Entspannung.

Das Codewort als absoluter Zwang

Sobald ich zu Ihnen das Wort KI-AI sage, spüren Sie den unwiderstehlichen Drang, die Augen zu schließen. Sie versinken dann sofort wieder in diesen angenehmen Zustand der Ruhe und Entspannung. Das ist ein absoluter Zwang, nach dem Sie immer handeln werden. Es genügt, daß ich einmal das Wort KI-AI sage, und sofort schließen sich Ihre Augen, und Sie versinken wieder in diesen angenehmen Ruhezustand. Das ist ein absoluter Zwang, und Sie werden immer danach handeln.

(Hier machen Sie einige Minuten Pause, damit sich Ihre Suggestion in Ruhe im Unterbewußtsein der hypnotisierten Person festigen kann, ohne durch die folgenden Suggestionen abgeschwächt zu werden.)

Gleich werde ich bis Drei zählen, dann bricht Ihre Konzentration wieder zusammen, und Sie fühlen sich ganz frisch und wohl. Aber alles, was ich Ihnen gesagt habe, sitzt tief und fest in Ihrem Unterbewußtsein, und Sie werden immer danach handeln. Sobald ich zu Ihnen das Wort KI-AI sage, fallen Ihnen unwiderstehlich die Augen zu. Sie versinken sofort wieder in diesen angenehmen Zustand der Ruhe und Entspannung. Das ist ein absoluter Zwang. Und Sie werden immer danach handeln.

Ich zähle also bis Drei, dann öffnen Sie Ihre Augen und fühlen sich ganz frisch und wohl, aber alles, was ich Ihnen gesagt habe, sitzt tief und fest in Ihrem Unterbewußtsein, und Sie werden immer danach handeln.

Eins – zwei – drei: Augen auf! Sie fühlen sich ganz frisch und wohl. Arme und Beine sind wieder ganz leicht und frei beweglich. Sie fühlen sich wieder ganz frisch und wohl. Sie fühlen sich ganz frisch und wohl.«

Damit ist das Wort KI-AI als Auslöser für eine folgende Hypnose im Unterbewußtsein verankert. Es genügt in Zukunft, einige Male das Wort zu sagen, um der Versuchsperson die Augen zufallen und sie in Hypnose sinken zu lassen.

Zur Einleitung der Hypnose am Telefon verwende ich etwa folgende Worte:

Die Einleitung der Telefonhypnose

»Machen Sie es sich jetzt bitte ganz bequem. Atmen Sie ruhig und gleichmäßig. Entspannen Sie sich völlig. Ich werde jetzt gleich das Wort sagen. Dann fallen Ihnen sofort die Augen zu, und Sie sinken dann augenblicklich wieder ganz tief in diesen angenehmen Zustand der Ruhe und Entspannung. Sobald ich zu Ihnen das Wort sage, spüren Sie den unwiderstehlichen Zwang, die Augen zu schließen, und Sie sinken ganz tief in Hypnose. Ich sage jetzt das Wort: KI-AI, KI-AI, KI-AI.

(Zür Sicherheit und Vertiefung wiederhole ich das Wort dreimal.)

Ihre Augen sind jetzt ganz fest geschlossen, Ihre Ruhe ist tief und fest. Mit jedem Atemzug sinken Sie tiefer und tiefer in Hypnose. Ihre Hypnose wird mit jedem Atemzug tiefer – so tief wie nie zuvor. Alles, was ich Ihnen sage, dringt tief in Ihr Unterbewußtsein, prägt sich dort unauslöschlich ein, und Sie werden alles ganz strikt befolgen. Alles, was ich Ihnen jetzt sage, werden Sie ganz strikt befolgen.« Nun folgen die gewünschten Suggestionen.

Ersthypnose per Telefon

Wer über entsprechende Erfahrung und eine hohe Konzentrationsfähigkeit verfügt, der kann auch eine Ersthypnose per Telefon einleiten, auch wenn er die zu hypnotisierende Person noch nie gesehen hat. In einem solchen Fall stelle ich einen Stuhl gegenüber meinem Platz auf und stelle mir die Person in diesem Stuhl sitzend vor. Ich spreche dann alle einleitenden Suggestionen zu dieser vorgestellten Person, wobei ich natürlich ins Telefon spreche. Wenn ich ein Bild der zu hypnotisierenden Person habe, so ist das eine gute Konzentrationshilfe. Die Erfolgsquote ist auf diese Art nur unwesentlich geringer als bei einer anwesenden Person.

Hypnose per Tonband oder Schallplatte

Daß bei der Hypnose keine geheimnisvollen Mächte wirken, zeigt sich deutlich daran, daß sie auch per Tonband oder Schallplatte eingeleitet werden kann. Der Patient legt sich dabei bequem auf eine Couch und entspannt sich einige Minuten, wobei er ruhig und gleichmäßig atmet. Dann schaltet er das Gerät ein und konzentriert sich ganz auf die Stimme des Hypnotiseurs.

Tonbandhypnose insbesondere bei schwierigen Personen

Ich nehme grundsätzlich jede Hypnosebehandlung auf Tonbandkassette auf und gebe diese dem Patienten mit. So hat er die Möglichkeit, eine einmalige Behandlung täglich zu wiederholen und die Wirkung zu vertiefen. Das hat sich besonders bei Raucherentwöhnung durch Hypnose oder bei Gewichtsreduzierung bewährt. Hierbei ist es wesentlich, sich die entsprechenden Suggestionen mehrmals täglich anzuhören, bis der Inhalt Teil der Persönlichkeit geworden ist.

Aber auch bei schwierigen Patienten nehme ich die Hypnoseeinleitung auf Tonbandkassette auf und bitte ihn, diese solange Zuhause regelmäßig ein- bis dreimal am Tag zu hören, bis die gewünschte Wirkung eingetreten ist. Dann kommt er wieder zu mir in die Praxis, und wir können mit der eigentlichen Behandlung beginnen.

Selbsthypnose per Tonband

Auch für die Selbsthypnose ist die Tonbandkassette sehr wertvoll, denn viele Menschen haben große Schwierigkeiten, sich gedanklich die entsprechenden Suggestionen zu erteilen und dabei völlig zu entspannen. In diesem Fall trennt man einfach den Vorgang, bespricht eine Tonbandkassette mit den gewünschten Suggestionen und kann sich dann völlig passiv der Wirkung der eigenen Stimme hingeben.

So erkennt man die Ursache der Probleme

Oft möchte ein Patient wissen, woher seine Schwierigkeiten kommen. Auch in diesem Fall bespreche ich in seiner Anwesenheit eine entsprechende Tonbandkassette mit einer normalen Hypnoseeinleitung. Am Ende der Einleitung heißt es dann aber: »Ich werde nun einige Minuten nicht sprechen. In dieser Zeit sehen Sie ganz deutlich vor Ihrem geistigen Auge die Ursache Ihrer Schwierigkeiten. Ihr Unterbewußtsein öffnet sich, und Sie erkennen ganz deutlich die Ursache Ihrer Probleme. Die Bilder werden immer klarer – immer deutlicher. Sie können nun die Ursache Ihrer Schwierigkeiten ganz klar erkennen.«

Nicht immer reagiert nämlich das Unterbewußtsein sofort auf den Befehl. Um teure und zeitraubende Behandlungen zu sparen, überlasse ich die Wiederholung der Behandlung dem Tonband. Manchmal werden die so auftauchenden Symbole auch nicht verstanden. In der Wiederholung aber tauchen andere Symbole auf, die wir leichter verstehen können.

Schulleistungssteigerung per Tonband

Als ganz besonders wirksam hat sich die Tonbandhypnose bei der Schulleistungssteigerung erwiesen. Hier genügt meist eine einzige Hypnosebehandlung, die auf Tonbandkassette aufgenommen und regelmäßig wiederholt wird, um die Schulleistungen in einem erstaunlichen Maße zu steigern und gleichzeitig die Freude am Lernen erheblich zu fördern.

Hypnose per Brief

Der geschriebene Auslöser

So wie man bei der Hypnose per Telefon ein gesprochenes Wort als Auslöser für die Einleitung der Hypnose im Unterbewußtsein einer anderen Person verankern kann, so kann man natürlich als Auslöser auch ein geschriebenes Wort vereinbaren. Die Wirkung ist absolut die gleiche. Es ist jedoch darauf zu achten, daß der vereinbarte Auslöser in der Umgangssprache nicht vorkommt, damit eine »Hypnose aus Versehen« ausgeschlossen ist.

Möglichkeit der Panne

Ich verwende als Auslöser das Wort KI-AI, die japanische Bezeichnung für den Kampfschrei beim Judo. Ein Wort also, das nun wirklich nicht in unserer Umgangssprache vorkommen kann. Dieses Wort eignet sich auch als Auslöser für die Hypnose per Brief, wenn es entsprechend im Unterbewußtsein verankert wird. Wie man das macht, habe ich ausführlich im vorangegangenen Kapitel geschildert. Auch hier sind jedoch Pannen möglich, weshalb ich bei dieser Form der Hypnose Bedenken habe.

Ich erinnere mich an einen Vorfall vor einigen Jahren. Damals hatte ich die beiden Kinder einer Familie zur Schulleistungssteigerung in Behandlung. Der Junge war zwölf, das Mädchen neun Jahre alt. Da die Familie auswandern wollte und keinen Kassettenrecorder zur Verfügung haben würde, wählte ich zur Fortsetzung der Behandlung eine Form der Briefhypnose. Ich schrieb die entsprechenden Suggestionen auf. Der Anfang lautete:

»Sobald Du das nun folgende Wort KI-AI liest, fällst Du ganz tief in Hypnose, aber Deine Augen bleiben offen. Du liest die ganze Seite, und alles was folgt, prägt sich tief in Dein Unterbewußtsein, und Du wirst ganz strikt danach handeln. Du wirst diesen Brief jeden Tag wenigstens einmal lesen und alles genau befolgen.«

Das ging recht gut, und die Leistungen bei beiden steigerten sich enorm. Eines Tages aber erhielt ich einen Brief der Mutter, worin sie mir mitteilte, daß sie meinen Brief unter Verschluß nehmen mußte, weil das kleine Mädchen entdeckt hatte, daß sie den Anfang ihrem Bruder nur vor die Nase zu halten brauchte, um diesen in Hypnose zu versetzen. Derweil konnte sie ungestraft mit seinen Sachen spielen und ihn für eine Weile ausschalten, ohne daß er sich zur Wehr setzen konnte.

Unerwünschte Nebeneffekte

Ich kann also nur wiederholen, die Hypnose per Brief kann zu unerwünschten Nebeneffekten führen und ist daher nicht zu empfehlen. Nur aus Gründen der Vollständigkeit erwähne ich sie in diesem Zusammenhang.

Nicht empfehlenswert

Die indirekte Hypnose

Diese Form der Hypnose ist besonders geeignet zur hypnotischen Beeinflussung von Personen, die an sich für die Hypnose ungeeignet sind. Das können geisteskranke Personen sein – die ja nicht hypnotisiert werden sollen – oder Personen, deren Aufmerksamkeit so auf die eigene Person fixiert ist, daß sie den Worten des Hypnotiseurs keine oder nur ungenügende Aufmerksamkeit schenken.

Die Beeinflussung von für Hypnose ungeeigneten Personen

Unter dem Titel *Les Mystères de l'Hypnose* berichtet Georges de Dubors über den englischen Arzt Dr. Forbes, der seine Patienten durch indirekte Hypnose behandelte. Er war Chefarzt einer von ihm gegründeten Irrenanstalt in London und behandelte im Laufe der Jahre 80000 Patienten nach dieser Methode. Seine Erfolge waren so außerordentlich, daß sie alle Erwartungen weit überstiegen. Er behandelte so nicht nur Geisteskrankheiten, sondern auch alle Formen von Neuralgien und Neurosen. Dr. Forbes schilderte seine Methode auf einem internationalen Kongreß:

»Vor einigen Jahren wurde ich von London nach Mailand gerufen, um eine englische Dame der Gesellschaft zu behandeln, die schwer erkrankt war. Zu dieser Zeit hielt ich mich gerade in der Nähe von Turin auf und benutzte die Gelegenheit, um den Fall mit Lombroso zu besprechen. Er riet mir zwar zur Anwendung der Hypnose, wies jedoch darauf hin, daß diese Krankheit durch direkte Hypnose nur in Ausnahmefällen mit Erfolg behandelt werden könne, da die Aufmerksamkeit der Patientin hierbei stets nur auf sich selbst gerichtet und sie daher einer direkten Hypnose nicht zugänglich sei. Lombroso empfahl die indirekte Hypnose oder ›Reflexhypnose‹. Hierbei wird der Kranke in wachem Zustand in direkten Kontakt zu einer hypnotisierten Person gebracht. Dabei geht man wie folgt vor:

Reflexhypnose

1. Der Patient wird einer in tiefer Hypnose befindlichen Person gegenübergesetzt, deren Hände er über Kreuz hält, so daß er mit seiner rechten Hand die rechte Hand und mit seiner linken Hand die linke Hand der hypnotisierten Person hält.
2. Der Hypnotiseur gibt seine Suggestionen nicht dem Kranken, sondern richtet diese ausschließlich an die hypnotisierte Person.
3. Der Kranke ist während der ganzen Behandlung bei vollem Bewußtsein und hat die Augen offen.
4. Der hypnotisierten Person wird nun die Suggestion gegeben, daß sie alle Symptome des Kranken an sich selbst spürt. Der Hypnotiseur fordert sie auf, diese in allen Einzelheiten zu beschreiben.
5. Der Patient beobachtet während der ganzen Zeit die hypnotisierte Person und sieht sein Leiden auf diese übertragen. Sie gleicht nun dem Patienten immer mehr in Ausdruck, Stimme und Verhalten.
6. Ist die Übertragung der Krankheit des Patienten auf die hypnotisierte Person im vollen Umfang erfolgt, gibt der Hypnotiseur dieser die Suggestionen zur Gesundung und bringt die übertragenen Symptome wieder zum Verschwinden.
7. Mit der abschließenden Suggestion der völligen Schmerzfreiheit und Gesundheit wird die hypnotisierte Person aufgeweckt, und der Hypnotiseur überzeugt sich durch Befragen, daß alle Symptome verschwunden sind.«

»Übertragung« der Krankheit

Bei der Befragung zeigt sich in den meisten Fällen, daß die hypnotisierte Person keine Erinnerung mehr an das hat, was während der Behandlung und Übertragung der Krankheit vorgefallen ist. Es zeigt sich jedoch, daß nun auch die Beschwerden beim Patienten verschwunden oder doch in ungewöhnlicher

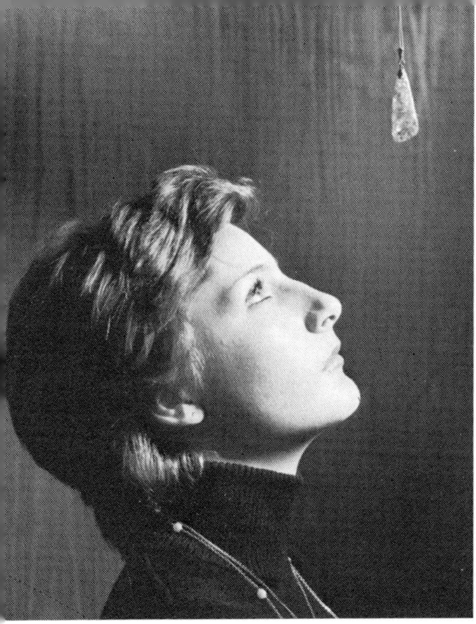

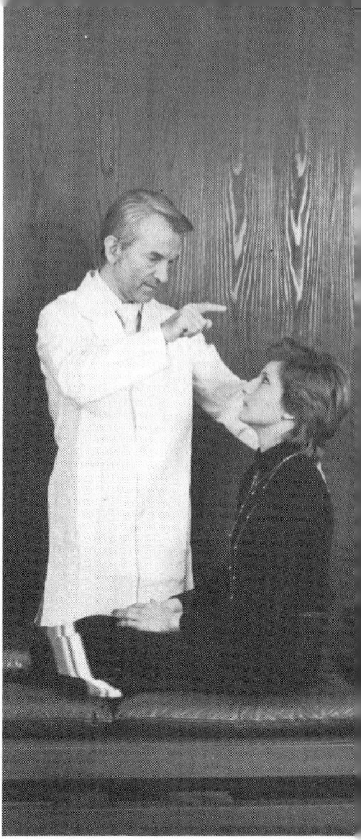

Oben: Versuche mit dem Pendel: eine Konzentrationsübung. – *Rechts:* Die Fixationstechnik zur Einleitung der Ersthypnose. – *Unten links:* Die eingeleitete Hypnose wird durch Druck auf die Nasenwurzel vertieft. – *Unten rechts:* Zusätzlich wird noch der Barbiersesseleffekt genutzt.

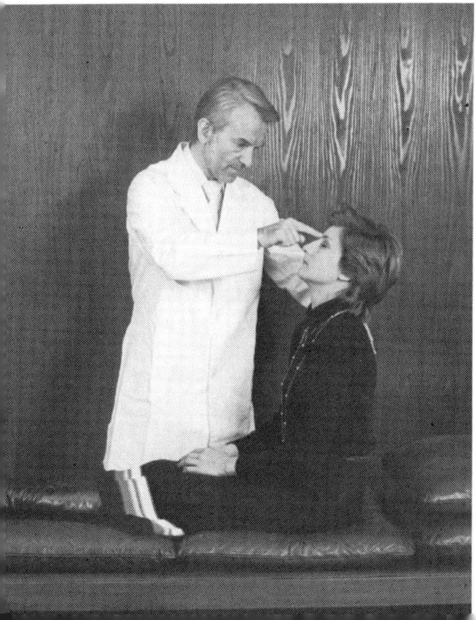

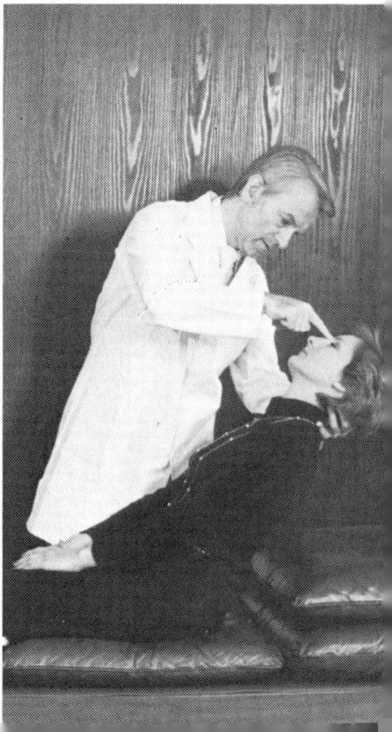

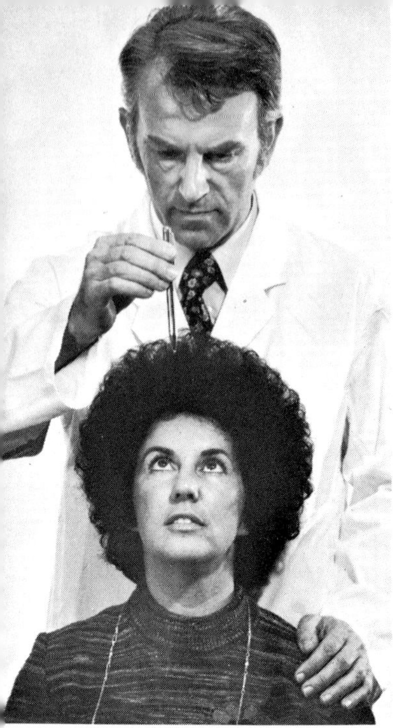
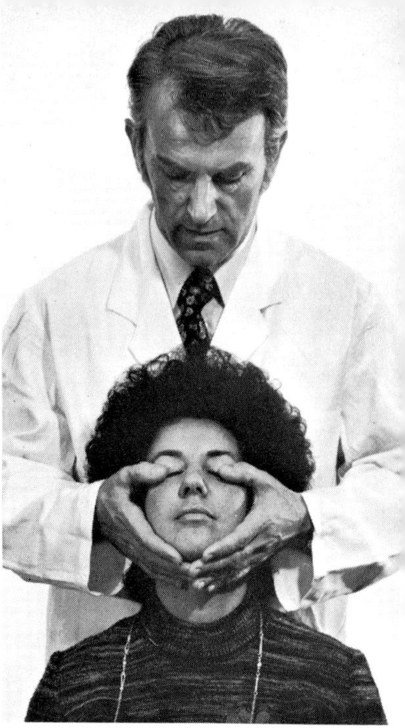
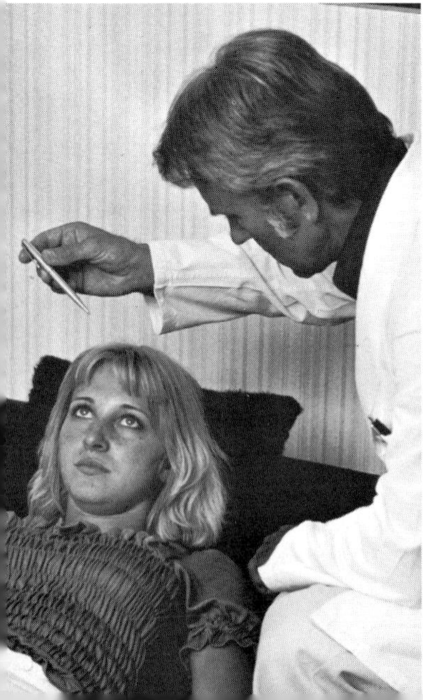
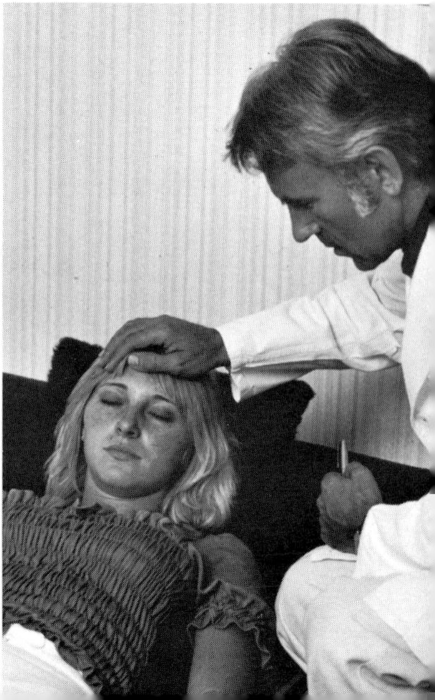

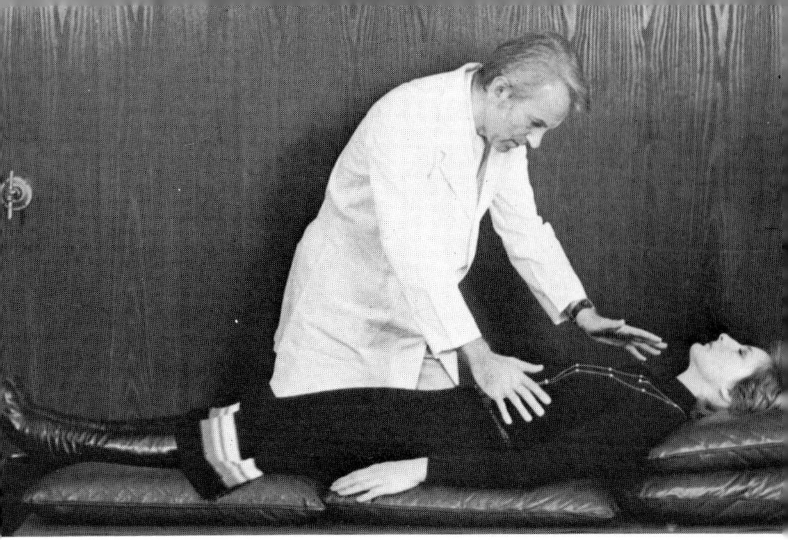

Oben: Die Technik der Mesmerischen Streichungen zur Einleitung der Hypnose. – *Unten:* Spezialtechnik zur Einleitung der Ersthypnose nach Kurt Tepperwein.
Linke Seite: *Oben links:* Fixationstechnik bei sitzender Stellung der Versuchsperson: Fixationspunkt ist ein Kugelschreiber. – *Oben rechts:* Nachdem die Augen zugefallen sind, legt der Hypnotiseur seine Daumenspitzen auf die geschlossenen Augen. – *Unten links:* Fixationstechnik bei liegender Stellung der Versuchsperson: hier die Einleitung. *Unten rechts:* Vertiefung der Hypnose.

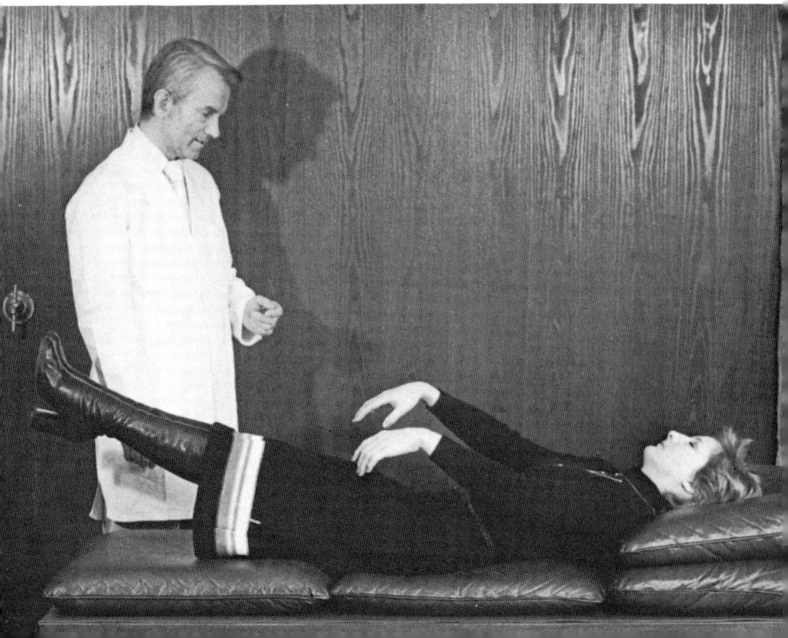

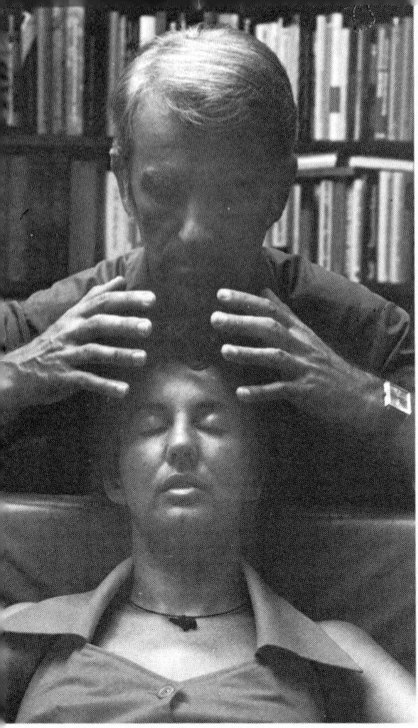

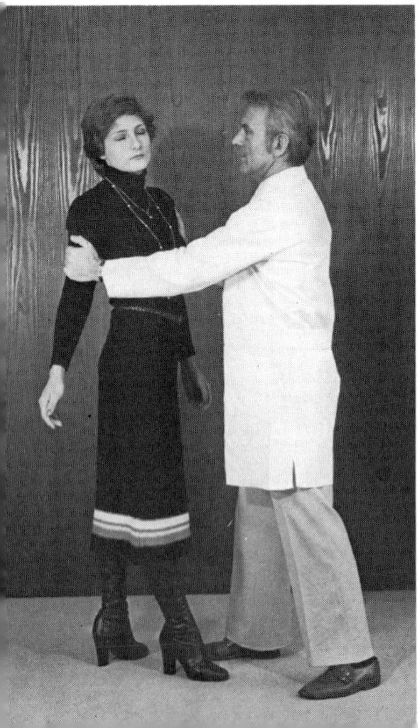
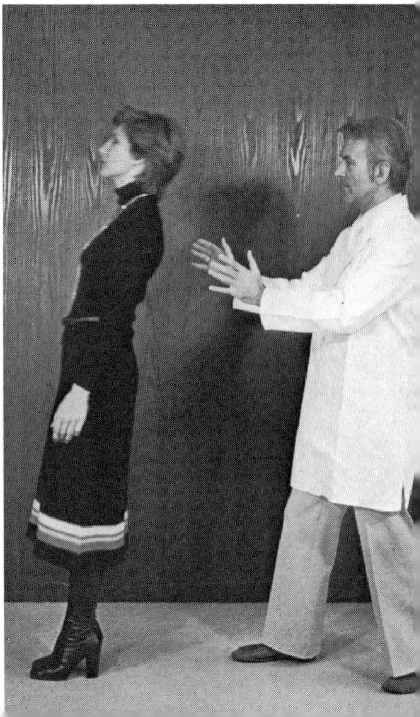

Weise gemildert sind, so daß sie in den folgenden Tagen ganz verschwinden.

Bei dieser Form der Behandlung ist es natürlich besonders wichtig, daß der Hypnotiseur die Hypnose erst aufhebt, wenn er sich absolut davon überzeugt hat, daß bei der hypnotisierten Person alle übertragenen Symptome restlos wieder aufgehoben sind. Die Behandlung ist solange fortzusetzen, bis dies sicher der Fall ist.

Eine andere Form indirekter Hypnose

Über eine andere Form der indirekten Hypnose berichtet Dr. Alex. Hierbei ist nur eine zur Hypnose besonders gut geeignete Person anwesend. Der Patient befindet sich in seinem Heimatort, der beliebig weit entfernt sein kann. Er soll sich jedoch möglichst zur gleichen Zeit entspannt hinlegen und sich für die Dauer der Behandlung ganz passiv verhalten. Zeitpunkt und Dauer der Behandlung müssen natürlich vorher telefonisch oder schriftlich genau vereinbart werden.

Das anwesende Medium wird nun in Tiefenhypnose versetzt und dann so behandelt, als sei es der Patient. Hält der Hypnotiseur neben den entsprechenden Suggestionen noch andere Behandlungen für angezeigt, dann werden diese ebenfalls in der Hypnose an dem Medium vorgenommen.

Fernbehandlung durch ein Medium

Es erscheinen auch hier die entsprechenden Symptome. Das Medium empfindet die Schmerzen des abwesenden Patienten, so daß hierbei die Möglichkeit einer Ferndiagnose gegeben ist. Der Verlauf der Behandlung entspricht dem vorher Geschilderten. Auch hier ist natürlich besondere Sorgfalt darauf zu verwenden, daß sämtliche übertragenen Symptome wieder zum Verschwinden gebracht werden. Es müssen also stets alle gegebenen Suggestionen vor dem Abbruch der Hypnose wieder aufgehoben werden, mit Ausnahme derjenigen, die zur Heilung erforderlich sind.

Dr. Alex war bei seinen Behandlungen mit indirekter Hypnose oft während der Behandlung in ständigem telefonischem Kontakt mit dem eigentlichen Patienten. Er konnte auf diese Weise sofort die Wirkung seiner Behandlung kontrollieren und auf die jeweiligen Umstände abstimmen.

Meine eigenen Forschungen auf dem Gebiet der indirekten Hypnose sind noch nicht abgeschlossen, aber die bisherigen Ergebnisse erlauben den Schluß, daß hier noch viele interessante Möglichkeiten der Entdeckung harren.

Die Gruppenhypnose

Ausschaltung von Störungsfaktoren

Die Technik der Gruppenhypnose unterscheidet sich nicht wesentlich von der Einzelhypnose. Bei einer Gruppe muß jedoch im erhöhten Maße darauf geachtet werden, daß Störfaktoren ausgeschaltet sind, bevor mit der Einleitung der Hypnose begonnen wird. Auch hier sollte der Raum möglichst abgedunkelt und ruhig sein. Gleichmäßige Straßengeräusche aus der Ferne sind weniger störend als ein plötzlich auftretendes Geräusch in der unmittelbaren Umgebung, z. B. Türenschlagen oder Telefongeklingel.

Im Gegensatz zur Einzelhypnose, wo man auf die jeweilige Reaktion der zu hypnotisierenden Person besonders eingehen kann, ist dies in der Gruppe nur eingeschränkt möglich. So kann also ein Gruppenmitglied, das besonders langsam oder sehr heftig reagiert, die ganze Gruppe stören. Bei der Gruppenhypnose ist daher besondere Aufmerksamkeit der Zusammenstellung der Gruppe zu widmen. Außenseiter sind stets in Einzelhypnose zu behandeln.

Zur Einleitung der Hypnose in der Gruppe kann man sich mehrerer Techniken bedienen. Besonders geeignet ist hier die Fixationsmethode. Die Teilnehmer werden aufgefordert, unverwandt und möglichst ohne zu blinzeln eine blaue Birne zu fixieren, die sich an der Decke oder auf einem Tisch befinden kann. Der Hypnotiseur hat hierbei die Möglichkeit, bei jedem Teilnehmer den Augenschluß zu kontrollieren und erst mit den weiterführenden Suggestionen zu beginnen, wenn jedem Teilnehmer die Augen zugefallen sind.

Die ideale Gruppe

Die ideale Gruppe besteht aus drei bis zwölf Teilnehmern. Eine solche Gruppe kann der Hypnotiseur leicht unter Kontrolle behalten und entsprechend führen. Bei dieser Teilnehmerzahl kann die Hypnose auch meist noch im Liegen ausgeführt werden. Bei Gruppen von 15 bis 50 Personen muß man die Hypnose schon aus räumlichen Gründen im Sitzen ausführen. Hierbei werden mehrere Stuhlreihen hintereinander aufgestellt, wobei die erste Reihe freibleibt. Die Teilnehmer werden dann aufgefordert, sich mit beiden Armen möglichst entspannt auf die Stuhllehne des Vordermannes aufzustützen und den Kopf auf ihre Arme zu legen. Größere Gruppen als 50 Personen sind auch für die Gruppenhypnose nicht mehr geeignet. Hier wirken dann besondere Gesetze, die im Abschnitt »Massenhypnose« besonders behandelt werden.

Die geistige Ansteckung in der Gruppe

Die Wirkung der Hypnose wird in der Gruppe durch die geistige Ansteckung und affektive Angleichung des Verhaltens besonders gesteigert. Die suggestive Beeinflußbarkeit in der Gruppenhypnose ist wesentlich höher. Durch gegenseitige Nachahmung und seelische Angleichung kommt es zu einer Gefühlsverstärkung, was die Verwirklichung von Suggestionen besonders begünstigt. Die erteilten Suggestionen werden in der Gruppe leichter verwirklicht. Es entsteht ein sogenannter »Gruppengeist«, und es hat den Anschein, als ob dadurch auf jeden einzelnen Teilnehmer mehr als die Summe der gesamten hypnotischen Kraft wirken würde.

Gruppen sollten jedoch so zusammengestellt werden, daß allen Teilnehmern die gleichen Suggestionen gegeben werden können. Es ist nicht zweckmäßig und für die Einzelperson störend, wenn die Einleitung der Hypnose für alle erfolgt, der Hypnotiseur dann aber von einem zum anderen geht, um jedem besondere Suggestionen zu geben. Durch ein solches Vorgehen würde der Vorteil der Gruppenhypnose wieder aufgehoben.

Vorteile der Gruppenhypnose

Neben dem Vorteil der erhöhten Suggestibilität des Individuums in der Gruppe kann der Hypnotiseur seine Zeit viel effektiver nutzen und mit geringerer Anstrengung mehr Patienten gleichzeitig behandeln. Der einzige Nachteil der Gruppenhypnose ist, daß ein einzelner Teilnehmer den gesamten Behandlungsablauf stören und so den Erfolg in Frage stellen kann. Diesen Nachteil kann man aber, wie die Praxis zeigt, durch entsprechende Auswahl der Teilnehmer vermeiden.

Die Massenhypnose

Vom Individuum zur Kollektivseele

Die »Masse« ist mehr als die Summe der seelischen Eigenschaften der Personen, aus denen sie sich zusammensetzt. Diese Masse tritt als ganz neues Wesen in Erscheinung und zeigt Merkmale, welche die einzelnen Personen nicht besitzen. Das Selbstbewußtsein des einzelnen Menschen kommt nicht mehr zur Geltung. Es entsteht eine »Kollektivseele«, ein Zusammengehörigkeitsgefühl, wobei Willen, Vorstellung und Gefühl des Individuums in eine bestimmte, gemeinsame Richtung gedrängt werden. Dabei spielt der Anlaß der Vereinigung der Masse keine Rolle mehr, und auch Beruf, Geschlecht und Gesellschaftszugehörigkeit der Einzelpersonen werden bedeutungslos.

In der Masse besteht die Tendenz, aufkommende Ideen unverzüglich zu verwirklichen. Es scheint, als ob der einzelne Mensch in der Masse durch die zahlenmäßige Überlegenheit ein Gefühl von unüberwindlicher Kraft bekäme und diese Kraft ihn treibe, einfach seinem Gefühl, seinen Trieben zu folgen. In der Masse ist der einzelne zu Taten fähig, die er allein niemals schaffen könnte. Das Einzelindividuum kann hier über sich hinauswachsen – im Guten wie im Bösen.

Die gleichgesinnte Masse

Eine zündende Suggestion kann sich in der Masse explosionsartig in Handlung umsetzen, ohne daß der einzelne zuvor über die Folgen seines Tuns nachdenkt. In der Masse bekommt er die Wildheit und Aggressivität, aber auch die Begeisterungsfähigkeit eines Triebwesens. Hier wird ein primitiver Urkern in uns angesprochen und wirksam, der außerhalb jeder Logik steht. Dies wird besonders deutlich, wenn religiös, weltanschaulich oder politisch Gleichgesinnte zusammenkommen, weil hier die Gleichartigkeit der Anschauungen und der geistigen Schwingungen die Wirkung der Masse auf sich selbst noch steigert.

Die Wirkung der »starken« Persönlichkeit

Zur Massenhypnose braucht man also nur eine Persönlichkeit, die von sich selbst überzeugt, ihre Ansichten überzeugend vorbringen und mit einfachen Worten fast bildhaft plastisch sichtbar machen kann. Sobald der Funken der Begeisterung auf die Masse übergesprungen ist, wird der Gedanke Gemeinschaftsgut. Die gemeinsame Begeisterung reißt Zögernde mit und wird den Gedanken verwirklichen.

Die Wachhypnose

Bei besonders geeigneten Personen werden gegebene Suggestionen auch im Wachzustand ausgeführt, wenn sie sicher und bestimmt gesprochen werden. Nach meinen Erfahrungen sind etwa 15 Prozent der Versuchspersonen so suggestibel, daß Wachhypnose möglich ist. Obwohl hier die Einleitung der Hypnose nicht erkennbar ist, handelt es sich doch um eine ganz normale Hypnose. Lediglich die Tatsache, daß eine Suggestion bestimmt gegeben wird, genügt, um die Hypnose augenblicklich einzuleiten.

Etwa 15 Prozent eignen sich

Um Personen aus einer Gruppe herauszufinden, die für die Wachhypnose geeignet sind, geben Sie zwei nebeneinander sitzenden Personen eine Hand und bitten sie, Ihren Zeige- und Mittelfinger fest zu umfassen. Geben Sie dann etwa folgende Suggestion:

»Sie halten meine Finger ganz fest – noch fester. So halten Sie jetzt meine Finger fest. Sie können Sie nicht mehr loslassen, auch wenn ich jetzt meine Hände langsam zurückziehe. Sie können meine Hände nicht mehr loslassen. – Sie müssen mir folgen.«

Dabei beginnen Sie ganz allmählich Ihre Hände zurückzuziehen und spüren, ob der Händedruck Ihres Partners nachläßt. Sobald Sie dies merken, geben Sie die Suggestion: »Sie können nun meine Hand wieder loslassen – lassen Sie los!«

Spüren Sie aber, daß die Versuchsperson Ihre Hand nicht losläßt, so ziehen Sie sie unter weiteren verstärkenden Suggestionen mit sich und sagen ihr immer wieder: »Sie können meine Hand nicht loslassen – auch wenn Sie es versuchen, es geht nicht. Je mehr Sie es versuchen, desto fester halten Sie meine Hand. Sie können sie nicht loslassen und halten sie ganz fest.«

Natürlich kann Wachhypnose auch als posthypnotischer Auftrag vereinbart werden. Sobald Sie jemanden einmal in Hypnose versetzt haben, geben Sie ihm folgende Suggestion:

Wachhypnose infolge posthypnotischen Auftrags

»Ab sofort werden Sie auch im Wachzustand alle meine Befehle sofort ausführen. Sie können und wollen nicht anders. Alles, was ich Ihnen sage, werden Sie auch im Wachzustand immer sofort tun. Sie lassen sich durch nichts davon abhalten, auch im Wachzustand alles zu tun, was ich Ihnen sage. Sobald ich also in Zukunft nach einem Befehl bis Drei zähle, spüren Sie den unwiderstehlichen Drang, diesen Befehl sofort auszuführen. Sie können und wollen nicht anders und werden das stets tun. Es genügt, daß ich nach einem Befehl bis Drei zähle. Dann werden Sie den Befehl immer sofort ausführen, und nichts kann Sie daran hindern.«

Nach dieser Vorbereitung genügt es, einen Befehl zu geben, danach bis Drei zu zählen, und die Versuchsperson wird diesen Befehl auch ausführen, sehr zur Überraschung von eventuell anwesenden Zuschauern.

Die Fernhypnose

Ich möchte Ihnen ein Fernhypnose-Experiment schildern, das bei den Zuschauern immer wieder starke Beachtung findet und Verblüffung auslöst.

Ein verblüffendes Experiment

Sie behaupten vor einer Gruppe, daß Sie sich aus einem Nebenzimmer auf einen der Anwesenden konzentrieren werden und ihn allein durch Ihre Gedankenkraft zwingen, innerhalb von einer Minute in tiefen Schlaf zu fallen. Sie bestimmen einen aus der Gruppe, auf den Sie sich konzentrieren werden, und sagen ihm etwa folgendes:

»Ich werde jetzt gleich in ein anderes Zimmer gehen und mich auf Sie konzentrieren. Sie werden dadurch einen immer stärker werdenden Zwang spüren zu schlafen. Sie können sich beliebig dagegen wehren, es nützt nichts.

Je mehr Sie sich dagegen wehren, desto schneller werden Sie einschlafen. Wenn ich nach zwei Minuten wieder hereinkomme, werden Sie schon tief und fest schlafen.«

Sie gehen dann hinaus, und innerhalb von einer Minute wird die betreffende Person eingeschlafen sein. Sie brauchen dazu nur eine Person aus der Gruppe, mit der Sie schon vorher gearbeitet haben und in deren Unterbewußtsein Sie den Befehl verankert haben, daß sie auch im Wachzustand jeden Ihrer Befehle stets sofort ausführen wird (siehe Kapitel »Wachhypnose«). Dann genügt die obige Ankündigung, und die Versuchsperson wird entsprechend reagieren. Damit jede Täuschung ausgeschlossen wird, bieten Sie der Gruppe an, jede realisierbare Suggestion per Fernhypnose an die Person weiterzugeben, auf die Sie sich konzentriert haben. Natürlich handelt es sich hierbei nicht um wirkliche Fernhypnose, sondern nur um eine verdeckte Form der Wachhypnose.

Vorbereitendes Gedankentraining

Wirkliche Fernhypnose über jede Entfernung ist jedoch ebenfalls möglich, bedarf aber einer gründlichen Vorbereitung in Form eines Gedankentrainings. Tibetanische Lamas und indische Gurus haben gezeigt, daß sie sich auf große Entfernungen gedanklich verständigen und ihren Anhängern Anweisungen geben können, mitunter sogar, ohne diese jemals gesehen zu haben. Auch hier ist Grundvoraussetzung, daß man die Technik der Imagination sicher beherrscht. Man muß sich also jeden beliebigen Gegenstand oder Vorgang bildlich vor seinem geistigen Auge vorstellen und beliebig lange »festhalten« können. Wenn Ihnen dies jederzeit einwandfrei gelingt, können Sie zur nächsten Übung übergehen.

Die Technik der Imagination

Sobald Sie wieder einmal im Bus oder Zug mit einigen anderen Personen zusammensitzen, ohne jedoch die einzelnen Personen zu kennen, so greifen Sie in Gedanken eine dieser Personen heraus und konzentrieren Sie sich auf sie. Denken Sie ganz intensiv, daß diese Person müde wird und ihr gleich die Augen zufallen werden. Sehen Sie dies bildhaft vor Ihrem geistigen Auge und halten Sie dieses Bild einige Minuten fest. Nehmen Sie als erste Versuchsperson nicht gerade ein Kind, das aktiv spielt, sondern jemanden, der ruhig auf seinem Platz sitzt. Sobald der Versuchsperson die Augen zugefallen sind, geben Sie gedanklich die Gegensuggestion, die Augen wieder zu öffnen und sich dabei ganz frisch zu fühlen. Es ist bei der Konzentration nicht erforderlich, daß Sie die ausgewählte Person anstarren, sondern Sie schauen dabei ganz woanders hin, oder Sie schließen Ihre Augen.

Gezielte Beeinflussung

Sobald Ihnen dieses Experiment gelungen ist, erhöhen Sie die Anforderungen an sich und machen Sie den gleichen Versuch mit mehreren Personen gleichzeitig. Zu Ihrer Kontrolle schließen Sie gedanklich eine Person von dem Experiment aus, damit Sie sich überzeugen, daß Sie wirklich ganz gezielt einzelne Personen beeinflussen können. Hemmen Sie die Wirkung Ihres Versuches nicht dadurch, daß Sie selbst an der Ausführung der gedanklich gegebenen Befehle zweifeln. Sie müssen die Ausführung dieses Befehls als sicher voraussetzen.

Auch das gegenteilige Experiment ist sehr interessant. Versetzen Sie eine Person in Hypnose, stellen Sie sich dann einige Meter von ihr entfernt hin und schauen Sie sie ganz konzentriert an. Denken Sie dabei ununterbrochen: »Gleich werden Sie aufstehen und zu mir herkommen. Sie spüren eine große Unruhe. Sie können nicht anders. Sie stehen jetzt auf und kommen zu mir. Die Augen bleiben geschlossen, aber Sie stehen jetzt auf und kommen zu mir. Stehen Sie jetzt auf und kommen Sie mit geschlossenen Augen zu mir.« Und noch einmal ganz stark und kurz: »Stehen Sie jetzt auf und kommen Sie – los!«

Wenn Ihr geistiger Kontakt stark genug war, wird sich die Versuchsperson unsicher erheben und mit geschlossenen Augen in Ihre Richtung gehen. Geben Sie dann den lautlosen Gedankenbefehl: Halt! und sie wird stehenbleiben. Zur Kontrolle treten Sie nun hinter die Versuchsperson und geben ihr den Befehl: »Sie fallen nach hinten! Sie spüren, wie eine unwiderstehliche Kraft Sie nach hinten zieht und Sie fallen – Sie fallen. Ich stehe hinter Ihnen und werde Sie sicher auffangen.« Wieder wird sich zeigen, daß Ihr Gedankenbefehl ausgeführt wurde.

Ein Experiment berühmter Magier

Wenn Sie auf dieser Stufe angelangt sind, wird Ihnen auch das folgende Experiment gelingen, das von international bekannten Magiern gern und zur Verblüffung des Publikums ausgeführt wird.

Sie stellen Ihre Versuchsperson, die Sie wieder in tiefe Hypnose versetzt haben, mit dem Rücken zum Publikum, damit sie auf keinen Fall sehen könnte, was Sie dann tun werden. Natürlich hat sie die Augen geschlossen und würde ohne Ihren Befehl ohnehin nicht blinzeln. Damit auch für das Publikum erkennbar jede Täuschung ausgeschlossen ist, dreht sie dem Publikum den Rücken zu. Nun nehmen Sie irgendeinen Gegenstand von einem der Anwesenden und stecken diesen einem andern in die Tasche. Dann gehen Sie zu Ihrer Versuchsperson zurück, drehen Sie mit dem Gesicht zum Publikum und geben ihr den Befehl, die Augen zu öffnen, aber weiterhin tief in Hypnose zu bleiben. Sagen Sie ihr: »Ich habe einen bestimmten Gegenstand jemandem in die Tasche gesteckt. Gehen Sie hin und holen Sie diesen Gegenstand.« In Gedanken aber geben Sie ihr den Befehl, zu dem Herrn mit dem braunen Anzug und der gelben Krawatte zu gehen und in seine linke Anzugtasche zu greifen. »Nehmen Sie dort nicht die Autoschlüssel, sondern die Armbanduhr. Seien Sie ganz sicher. Ich begleite Sie in Gedanken.« Führen Sie die Versuchsperson, ohne sie zu berühren, nur mit Ihren Gedanken zu dem betreffenden Gegenstand.

Dieser Versuch gelingt fast immer, wenn Sie die Versuchsperson bis zu dem Gegenstand gedanklich begleiten. Man kann in diesem Zusammenhang auch nicht von einer Täuschung der Zuschauer sprechen, denn es wird ja kein Trick angewandt, sondern Sie geben nur zusätzlich noch einige Gedankenbefehle.

Konzentrationshilfe

Bei Fernhypnosen sollte man sich möglichst immer eine Konzentrationshilfe geben. Die einfachste Hilfe ist ein Bild der zu hypnotisierenden Person. Wenn Sie aber kein Bild haben, genügt es auch, wenn Sie sich einfach ein Bild machen, indem Sie sich die Versuchsperson vor Ihnen in einem Stuhl sitzend vorstellen und alle Suggestionen so geben, als sei sie tatsächlich anwesend. Eine andere recht wirksame Hilfe ist es, der Versuchsperson einen Brief zu schreiben, der alle suggestiven Aufträge enthält. Stellen Sie sich dabei ganz bildhaft vor, wie die betreffende Person den Brief erhält, öffnet und liest. Halten Sie dieses Bild vor Ihrem geistigen Auge so lange und so klar wie möglich fest und begleiten Sie diese Vorstellung mit einem starken Gefühl der Freude über das gelungene Experiment. Nehmen Sie also in diesem Fall den Erfolg vorweg, weil die Freude über das gelungene Experiment eventuelle Zweifel gar nicht erst aufkommen läßt, schicken Sie den Brief aber nicht ab.

Experimente auf der Straße

Auch auf der Straße kann man interessante Experimente machen. Sie kennen ja die Wirkung, wenn man einige Schritte hinter jemandem hergeht und ihm ganz fest in den Nacken sieht und dabei sich lebhaft vorstellt, wie dieser sich umdreht. Wenn Ihre Konzentration ausreichend stark ist, um die Ablenkung der Person durch die anderen Sinneseindrücke zu überlagern, wird dieses Experiment in jedem Fall gelingen. Auf diese Weise kann man eine Person nach Belieben lenken. Es ist nicht erforderlich, daß Sie die Person sich zunächst umdrehen lassen. Sehen Sie ihr konzentriert in den Nacken und stellen Sie sich vor, wo sie hingehen soll. Lassen Sie sie z. B. gedanklich an einem Schaufenster stehenbleiben oder in eine Seitenstraße einbiegen. Sie können sie sogar veranlassen, sich ein Eis oder eine bestimmte Zeitung zu kaufen. Seien Sie nicht zu überrascht, wenn Ihnen dies oft mit einer geradezu verblüffenden Präzision gelingt. Aber seien Sie auch nicht traurig, wenn Sie feststellen müssen, daß Sie an manchen Tagen nicht gut disponiert sind und der Erfolg auf sich warten läßt. Wichtig ist nur, daß Sie Ihr Training unbeirrt fortsetzen und Ihre Fähigkeiten stets weiterentwickeln.

Aufgezwungener oder freier Wille

Es ist übrigens gar nicht so leicht festzustellen, ob man von außen manipuliert wird. Das eigene Ich hält nämlich auch von außen aufgezwungene Verhaltensweisen stets für eigene freie Willensentscheidungen, und wenn Sie einmal eine solche, von Ihnen gesteuerte Person fragen können, warum Sie sich gerade in dem Augenblick z. B. ein Eis gekauft habe, dann wird sie Ihnen sicher einen ganz plausiblen Grund nennen und ganz energisch abstreiten, daß dies nicht ihre eigene Entscheidung gewesen sei. Dies hat sich ganz eindeutig bei Versuchen gezeigt, bei denen man bei Patienten bestimmte Gehirnpartien elektrisch reizte und sie dadurch zu einem bestimmten Verhalten veranlaßte, sie aber trotzdem diese Zwangshandlung als eigene Entscheidung bezeichneten. Mit Ihrer Gedankenkonzentration machen Sie nichts anderes. Sie übertragen ein von Ihnen ausgewähltes Verhaltensmuster unmerklich auf eine andere Person, aber diese ist ganz sicher, selbst den entsprechenden Entschluß gefaßt zu haben.

In Dr. Richard Baerwalds Buch *Die intellektuellen Phänomene* läßt der Verfasser Dr. Dusart folgendes berichten:

Das Experiment des Dr. Dusart

»Ich gab der Patientin (Frl. J.) täglich, wenn ich sie verließ, den Befehl, bis zu einer bestimmten Stunde des nächsten Tages zu schlafen. Eines Tages vergaß ich beim Weggehen diese Vorsichtsmaßregel. Mein Versehen wurde mir erst gewahr, als ich schon 700 Meter weit gegangen war. Da ich nicht zurückkehren konnte, sagte ich mir, mein Befehl würde vielleicht trotz der Entfernung gehört werden, denn auf ein bis zwei Meter waren Mentalsuggestionen (d. h. bloß gedachte Befehle) schon früher ausgeführt worden. Ich sprach also den Befehl aus, bis um acht Uhr des nächsten Tages zu schlafen. Dann setzte ich meinen Weg fort. Als ich am darauffolgenden Morgen um halb acht Uhr bei der Kranken eintraf, schlief sie (unter Hypnose, also so, daß sie Fragen beantworten konnte). Ich fragte sie: ›Wie kommt es, daß Sie noch schlafen?‹ ›Aber Herr Doktor, ich tue doch nur, was Sie mir befohlen haben!‹ – ›Sie sind im Irrtum! Ich bin gestern weggegangen, ohne Ihnen einen Auftrag zu geben.‹ ›Gewiß, aber als Sie fünf Minuten fort waren, habe ich ganz deutlich gehört, wie Sie mir sagten, ich solle bis acht Uhr schlafen. Jetzt ist es aber noch nicht acht.‹

Nun war aber acht Uhr die übliche Stunde des Aufwachens, die ich immer angab. Man konnte denken, die Gewohnheit habe eine Sinnestäuschung veranlaßt und das Ganze wäre nur ein zufälliges Zusammentreffen. Um meinem wissenschaftlichen Gewissen zu genügen und keinem Zweifel Raum zu lassen, befahl ich der Kranken zu schlafen, bis ich sie weckte. Als sich mir während des Tages eine freie Viertelstunde bot, beschloß ich, den Versuch zu Ende zu führen. Ich verließ meine sieben Kilometer vom Haus der Patientin entfernte Wohnung und gab ihr zugleich den Befehl aufzuwachen. Ich sah dabei nach der Uhr, es war zwei. Als ich ankam, fand ich die Patientin wach. Die Eltern hatten auf meinen Wunsch den Moment des Aufwachens genau notiert. Es war gerade derjenige, an dem ich meinen Weckruf hatte ausgehen lassen. Dieser Versuch wurde mehrmals wiederholt. Jedesmal wählte ich eine andere Zeit, der Erfolg blieb sich immer gleich.«

Dieser Bericht wurde bereits am 16. Mai 1875 in der *Tribune Médicale* veröffentlicht. Sie sehen, daß die Technik der Fernhypnose keineswegs neu ist. Es ist jedoch noch immer nicht leicht, seine Konzentrationsfähigkeit und sein Imaginationsvermögen soweit zu trainieren, daß man dazu in der Lage ist.

Die medikamentöse Hypnose

Bei der medikamentösen Hypnose wird an Stelle der üblichen Einleitung der Hypnose ein geeignetes Narkotikum in geringerer Dosierung gespritzt, so daß es nicht narkotisierend, sondern nur enthemmend wirkt. Die Einspritzung erfolgt ganz langsam und gleichmäßig, um den Eintritt der Bewußtlosigkeit zu vermeiden und nur eine Einengung des Bewußtseins zu erreichen. Der so manipulierte Bewußtseinszustand entspricht weitgehend dem der Hypnose. Die Möglichkeit suggestiver Beeinflussung ist deutlich gesteigert und die im Bewußtsein bestehenden Hemmungen sind weitgehend abgebaut.

Wirksame Arzneimittel

Nahezu jeder Therapeut, der sich mit der Einleitung der Hypnose durch Medikamente befaßt hat, berichtet über besondere Erfahrungen und bevorzugt bestimmte Präparate. So berichten Wetterstrand und Krafft-Ebing von guten Erfahrungen mit einer leichten Narkotisierung durch Chloroform, während Moll dem Chlorolhydrat den Vorzug gibt. Schupp verwendet Bromäthyl, und Hallauer berichtet, daß auch Scheinnarkosen geeignet sind, die Hypnose herbeizuführen. Auch ein kurzer Chloräthyl-Rausch leistet gute Dienste bei der Einleitung der Ersthypnose. Besonders wirksam ist das Paraldehyd als Sedativum und Hypnotikum. Hier liegt die Normaldosis bei drei bis fünf Gramm, die Maximal-Einzeldosis bei fünf Gramm und die Maximal-Tagesdosis bei zehn Gramm.

Dem Arzt unbedingt vorbehalten

Diese Angaben sind nur für den ärztlichen Leser bestimmt, denn es ist selbstverständlich, daß die Einleitung der Ersthypnose mit medikamentösen Hilfsmitteln in jedem Fall dem Arzt vorbehalten bleiben muß.

Das Einatmen von Kohlendioxyd, und zwar in einer Mischung von drei Teilen Kohlensäure und sieben Teilen Sauerstoff, ist ebenfalls eine recht wirksame, dabei aber völlig unschädliche Hilfe zur Einleitung der Ersthypnose. Das Einatmen dieser Mischung ruft beim Menschen gewisse seelische Veränderungen hervor, die zu einer Steigerung der Suggestibilität führen.

Die Posthypnose

Bei der Posthypnose handelt es sich um eine Suggestion, die während der Hypnose erteilt wird, jedoch mit dem Auftrag, diese erst zu einem späteren, genau vorherbestimmten Zeitpunkt auszuführen. Die Ausführung eines posthypnotischen Auftrages erfolgt also – zumindest scheint es so – im normalen Wachzustand. Hierbei werden bestimmte Ideen zunächst ohne besondere Reaktion gespeichert und zum vorherbestimmten Zeitpunkt aktiviert. Als längste mir bekannte Zeitspanne wirkte ein posthypnotischer Befehl nach Ablauf von zwei Jahren; er wurde exakt ausgeführt. Es ist jedoch zu beachten, daß posthypnotische Suggestionen mehrmals wiederholt werden müssen, wenn sie erst nach längerer Zeit wirksam werden sollen. Bei einer einmaligen Suggestion kann man nur mit einer Ausführung in den nächsten drei bis vier Stunden rechnen.

Ausführung scheinbar im Wachzustand

Hier ein schon klassischer Fall von Posthypnose, von dem Professor Bernheim berichtet:

Ein klassischer Fall

»Der Versuchsperson, dem altgedienten Feldwebel S., befahl ich in der Hypnose: ›Hören Sie genau zu! Am ersten Donnerstag im Oktober werden Sie zu Dr. Liébeault gehen. Sie werden dort den Präsidenten der Republik treffen. Er wird Ihnen einen Orden überreichen.‹ Das war im August. Ich sah meinen Patienten in der Zwischenzeit zwar noch einige Male, aber weder er noch ich erwähnten den posthypnotischen Befehl mit einem Wort. Am 3. Oktober, dem ersten Donnerstag und 63 Tage nach der Erteilung des posthypnotischen Befehls, erhielt ich von Dr. Liébeault den folgenden Brief:

›S. erschien heute um zehn Minuten nach eins bei mir. Er ging sofort in meine Bibliothek, ohne sich um irgend jemanden zu kümmern. Dort beobachtete ich ihn, wie er sich respektvoll verbeugte, und ich hörte ihn das Wort ›Exzellenz‹ aussprechen. Dann streckte er die Hand aus und sagte: ›Vielen Dank, Exzellenz!‹ Als ich ihn fragte, mit wem er spreche, antwortete er ruhig: ›Wieso? Mit dem Präsidenten der Republik.‹ Dann verbeugte er sich noch einmal und ging davon. Herr F., Zeuge dieser seltsamen Szene, fragte mich natürlich nach diesem Narren – für einen solchen hielt er ihn. Meine Antwort war, daß S. ebenso normal sei wie ich.«

Man sieht daraus, daß der Hypnotisierte keine Kenntnis der Tatsache hat, daß die Ursache seines Tuns ein hypnotischer Befehl war. Vielmehr war er in dem Glauben, alles aus freier Willensentscheidung zu tun. Ja, man kann ihm sogar jede Erinnerung daran nehmen, daß er überhaupt hypnotisiert wurde, so daß er dies auf Befragen verneinen wird.

Ein Experiment mit drei Personen

Von dem Berner Psychologen Dr. H. E. Hammerschlag, der als einer der besten Sachverständigen auf dem Gebiet der Hypnose gilt, möchte ich ein Beispiel aus seiner Forschungsarbeit geben. Es handelt sich um einen Fall von Posthypnose bei drei Personen gleichzeitig. Dr. Hammerschlag berichtet wie folgt:

»Dem Hypnotisierten A gebe ich folgende Suggestion: Nach dem Erwachen werden Sie das Tintenfaß vom Schreibtisch nehmen und es auf die Fensterbank stellen.

Dem Hypnotisierten B gebe ich die Suggestion: Sobald Sie erwacht sind, werden Sie den Stuhl am Fenster nehmen und ihn auf den Schreibtisch stellen.

Dem Hypnotisierten C suggeriere ich: Nach dem Erwachen werden Sie bei dem ersten Wort, das ich an Sie richte, mir die Zunge herausstrecken. Dann geschah folgendes:

A erwachte auf einen entsprechenden Befehl hin, setzt sich neben meinen Schreibtisch und wirft von Zeit zu Zeit einen verstohlenen Blick auf das Tintenfaß, das neben ihm steht. Plötzlich greift er danach und trägt es zur Fensterbank.

B erwacht der Suggestion entsprechend, will sich wie sonst neben meinen Schreibtisch setzen, besinnt sich aber und bleibt am Fenster stehen. Auf meine Frage, ob er nicht Platz nehmen will, antwortet er, er stehe lieber noch etwas. Dabei wirft er einen verstohlenen Blick auf den Stuhl neben sich, blickt dann aber sogleich wieder zum Fenster hinaus. Dann legt er, scheinbar unbeabsichtigt, die Hand auf die Stuhllehne und sieht zu mir herüber. In dem Augenblick, da ich vom Sessel vor dem Schreibtisch aufstehe und etwas zur Seite trete, nimmt B den Stuhl und setzt ihn auf die Schreibtischplatte. Sogleich verliert sein Gesicht den angespannten Ausdruck. Auf meine erstaunte Frage, warum er den Sessel auf einen so ungewöhnlichen Platz gestellt habe, erwidert B lachend, er habe nur einen Spaß machen wollen.

C sitzt nach Beendigung der Hypnose einige Zeit mir gegenüber, ohne daß ich das Wort ergreife. Er berichtet mir von sich aus, daß er sich sehr wohl fühle und keine Müdigkeit mehr verspüre usw. Als ich eine Frage an ihn richte, wird er starr und sieht mich mit aufgerissenen Augen an. Dann schüttelt er den Kopf, als ob er einen Gedanken verjagen wolle. Als ich mich erkundige, was ihm soeben durch den Kopf gegangen sei, erwidert er, es sei ihm der absurde Gedanke gekommen, er müsse mir die Zunge herausstrecken, er wisse selbst nicht, wie er auf solchen Unsinn verfallen sei.«

Ausführung in Hypnose

Wir erkennen daraus, daß die Ausführung des in Hypnose erteilten Befehls scheinbar im Wachzustand erfolgt. Nach meinen Erfahrungen dagegen kann ich sagen, daß dies nicht der Fall ist, sondern daß die Versuchsperson unmittelbar vor Ausführung des hypnotischen Befehls noch einmal in Hypnose fällt, die dann nach der Ausführung endgültig abbricht.

Auch die Verweigerung der Ausführung des posthypnotischen Befehls im Falle des Hypnotisierten C ist ein ganz normaler Vorgang. Hier ist die Kraft der anerzogenen Hemmung stärker als der in Hypnose gegebene Befehl, so daß dieser, obwohl wirksam, nicht sur Ausführung kommen kann. Wir ersehen hieraus noch einmal an einem Beispiel, daß Befehle, die außerhalb der Persönlichkeitsstruktur der Versuchsperson liegen, nicht ausgeführt werden.

Wie aber verhält sich der Hypnotisierte in der Zeit zwischen dem Erwachen aus der Hypnose und der Ausführung des posthypnotischen Befehls? Für gewöhnlich ist das Verhalten ganz normal, und es besteht keine Erinnerung daran, daß zu einer bestimmten Zeit ein Befehl ausgeführt werden soll. Erst unmittelbar vor der Ausführung, dann aber mit fast unwiderstehlicher Gewalt, setzt die Erinnerung und der immer stärker werdende Zwang ein, diesem Befehl auch nachzukommen. Ist im Verhaltensmuster der Versuchsperson keine Hemmung gespeichert, die stärker ist als der gegebene Befehl, wird der Befehl in jedem Fall zur Ausführung kommen. Man kann der Versuchsperson zusätzlich folgende Suggestion geben: »Was Sie zu dem bestimmten Zeitpunkt tun werden, das empfinden Sie so, als ob Sie dies aus freiem Willen tun. Sie erinnern sich auf keinen Fall an eine gegebene Suggestion.«

Verhalten der Versuchsperson

Nach einer solchen Suggestion wird das Unterbewußtsein folgsam die Erinnerung an die gegebene Suggestion blockieren. Es ist jedoch nicht möglich, irgendeine Erinnerung zu löschen. Hier liegt gleichzeitig eine gewisse Sicherheit für die Versuchsperson, denn jede blockierte Erinnerung kann von einem Hypnotiseur wieder aufgehoben werden. Wer daher einer Versuchsperson den posthypnotischen Auftrag zu einer unkorrekten Handlung gibt, muß damit rechnen, daß dies entdeckt wird, auch wenn er die Erinnerung an die Suggestion noch so stark blockiert hat. Ein später gegebener Befehl zur Aufhebung der Erinnerungsblockade ist in jedem Fall wirksam, da das Unterbewußtsein nur zu gern den unnatürlichen Zustand des Nichterinnerns wieder aufhebt.

Sicherheit für die Versuchsperson

Doch selbst wenn die Versuchsperson weiß, daß es sich um einen hypnotischen Befehl handelt, wird sie diesen Befehl befolgen, da dieser Befehl im Gefühlsbereich verankert ist. Wenn Wille und Gefühl im Streit miteinander liegen, wird, wie wir gehört haben, immer das Gefühl siegen. Dies zeigt folgendes Beispiel:

Der berühmte Psychologe G. H. Estabrooks, einer der amerikanischen Experten auf dem Gebiet der Hypnose, suggerierte einer Versuchsperson, daß sie nach dem Erwachen auf ein bestimmtes Signal hin zum Fenster gehen würde, aus dem dort liegenden Kartenspiel das Pik-As heraussuchen und dem Hypnoti-

Ein besonderes Experiment

seur geben werde. Diese Versuchsperson war ein Student der Psychologie, der alles über Hypnose wußte. Es geschah nun folgendes: Er ging zwar zum Fenster und nahm auch das Kartenspiel in die Hand – dann aber hielt er inne und wandte sich um.

»Wissen Sie«, sagte er, »ich glaube, dies ist ein posthypnotischer Befehl.«

»Und was wollten Sie tun?«, fragte der Hypnotiseur.

»Ich wollte das Kartenspiel nehmen, das Pik-As heraussuchen und Ihnen überreichen.«

»Sie haben recht, es ist eine posthypnotische Suggestion. Und nun?«

»Ich werde den Befehl nicht ausführen.«

»Ich wette mit Ihnen, daß Sie dem Befehl nicht widerstehen können.«

»Die Wette gilt.«

Der übermächtige hypnotische Einfluß

»Das Resultat war höchst interessant«, schreibt Estabrooks, der über dieses Experiment in seinem Buch *Spiritism* berichtet. »Die Gruppe blieb während der nächsten zwei Stunden in dem Raum. Von Zeit zu Zeit bewegte sich die Versuchsperson wie abwesend auf das Fenster zu – um dann erschreckt zusammenzuzucken und zu beteuern, daß er dem Befehl nicht nachkommen werde. Nach zwei Stunden erklärte der Professor, daß der Student die Wette gewonnen habe. Aber am Nachmittag des gleichen Tages geschah etwas Seltsames. Die Kraft des hypnotischen Befehls war so stark, daß der Student keine Ruhe fand. Er war unfähig, sich auf eine andere Arbeit zu konzentrieren. Schließlich wurde der Zwang so stark, daß er den Befehl doch noch ausführte. Nur wer solche Fälle selber beobachtet hat, kann den unwahrscheinlichen Einfluß ermessen, den die Hypnose, und durch sie unser Unterbewußtsein, auf einen normalen, gesunden Menschen hat.«

In der Medizin ist der posthypnotische Befehl der wichtigste Bestandteil der Hypnose, denn ohne ihn könnte weder eine Krankheit beeinflußt, noch ein unerwünschtes Verhalten nachhaltig geändert werden.

Hypnose im Schlaf

Der direkte Weg zum Unterbewußtsein

Durch die Hypnose im Schlaf ist uns der einzige Weg gegeben, einen anderen Menschen auch gegen seinen Willen zu hypnoti-

Linke Seite: *Oben links:* Einleitung der Ersthypnose durch die Handwärmtechnik. – *Oben rechts:* Hypnoseeinleitung durch die Stirn-Nackenhandtechnik. – *Unten links:* Hypnoseeinleitung durch die Drehtechnik. – *Unten rechts:* Hypnoseeinleitung durch die Falltechnik.
Rechte Seite: *Oben:* Fraktionierte Hypnose: Die hypnotisierte Patientin wird immer wieder geweckt, bis die gewünschte Hypnosetiefe erreicht ist. – *Unten links:* Schnellhypnose durch die Zählmethode. Nachdem die Augen zugefallen sind, wird die Tiefe der Hypnose durch entsprechende Suggestionen und Striche über die Stirn verstärkt. – *Unten rechts:* Posthypnose: Die Versuchsperson ist aufgrund posthypnotischen Befehls nicht in der Lage, das vor ihr liegende Geld aufzuheben.

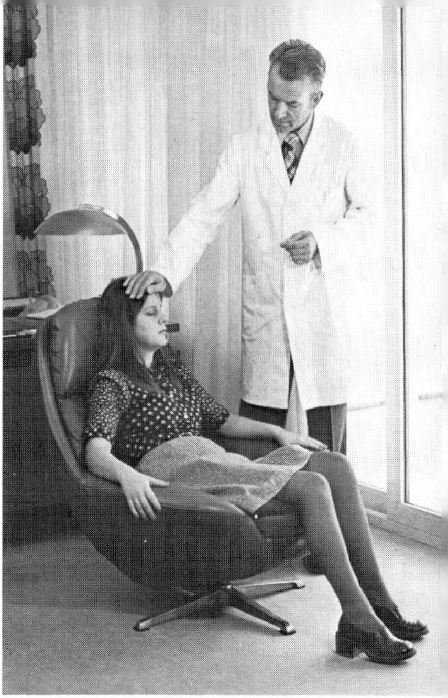

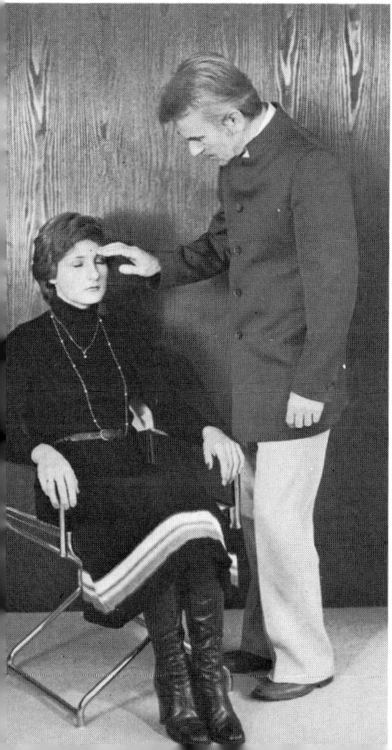

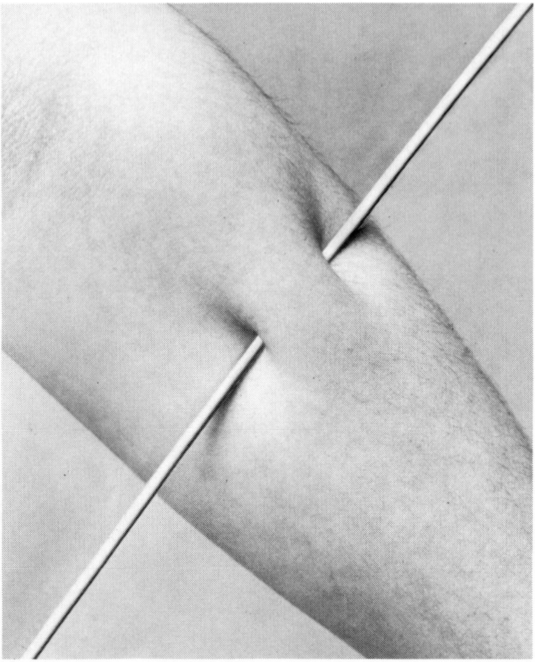

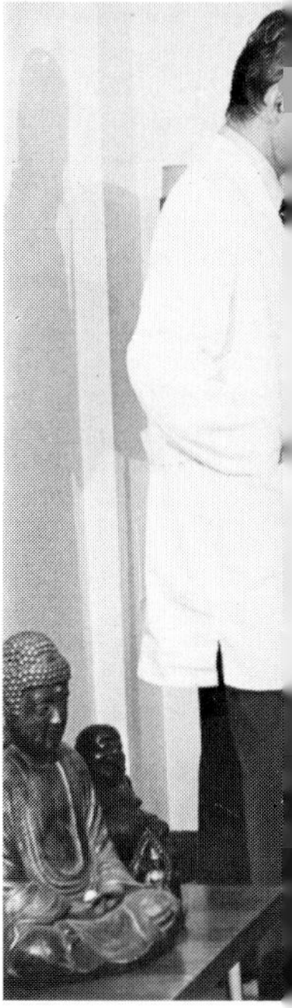

Oben: Tiefenhypnose: Der Patient spürt keinen Schmerz. – *Oben rechts:* Das vorbereitende Gespräch: Es dient vor allem der Schaffung einer Vertrauensbeziehung zwischen dem Hypnotherapeuten und den Patienten. – *Rechts:* Gruppenhypnose.

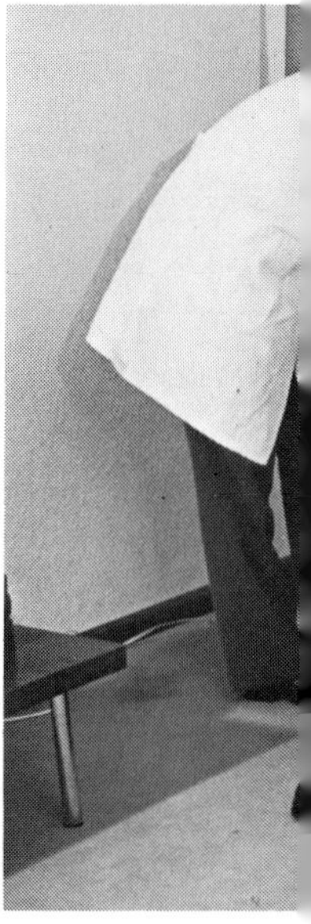

Oben: Ein Selbsthypnosetest: hier das Phänomen der kataleptischen Starre.
Links: Einer der klassischen Hypnosetests: der Händefalttest.

sieren. Wir wenden uns hierbei auf direktem Wege an das Unterbewußtsein, ohne daß Kritik und Zweifel des Bewußtseins unseren Erfolg schmälern können. Wichtig ist, daß wir den richtigen Zeitpunkt wählen. Die ersten zwei Stunden nach dem Einschlafen und die Stunde vor dem Erwachen sind am besten hierfür geeignet.

Die Herstellung des Rapports

Zunächst stellen wir den sogenannten »Rapport« her, also den Kontakt zum Unterbewußtsein des Schläfers. Das geschieht so, daß wir bereits an der Tür beginnen, leise zu ihm zu sprechen, damit er nicht erschrickt, wenn er plözlich aus der Nähe angesprochen wird. Indem Sie immer weiter leise sprechen (flüstern), gehen Sie bis auf knapp einen Meter an den Schläfer heran. Sprechen Sie nicht zum Gesicht, sondern in Richtung der Magengrube des Schläfers. Nennen Sie ihn auf keinen Fall beim Namen, da hiervon die meisten Menschen erwachen.

Beginnen Sie Ihr Flüstern an der Tür etwa mit folgenden Worten: »Laß dich nicht stören. Schlaf ganz ruhig weiter. Dein Schlaf wird immer tiefer und tiefer. Nichts kann dich stören. – Du fühlst dich ganz wohl. Dein Schlaf wird immer tiefer – immer tiefer. Dein Schlaf ist nun ganz tief und fest, aber du kannst mich ganz deutlich hören. Du hörst mir zu, aber dein Schlaf wird dabei immer tiefer und tiefer.«

Der Wunsch zu helfen

Vermeiden Sie dabei selbst jede Willensanstrengung. Vielmehr sollten die Suggestionen von dem starken Wunsch getragen sein, dem Schlafenden zu helfen. Je mehr Ihre Worte von Liebe getragen sind, desto größer wird der Erfolg sein. Die Erteilung von Suggestionen im Schlaf wird Sie selbst keine Nervenkraft kosten. Sie werden im Gegenteil feststellen, daß die guten Worte, die Sie an den Schläfer richten, auf Sie zurückstrahlen und auch Ihnen ungewollt Freude und Harmonie bringen werden.

Auch müssen Eltern nicht befürchten, daß sie bei ihrem Kind durch Schlafsuggestionen Schaden anrichten könnten. Selbst wenn Sie einmal eine Suggestion gegeben haben, die sich als nicht vorteilhaft erweist, können Sie diese selbstverständlich durch entsprechende Gegensuggestionen wieder aufheben. Aber alle Eltern sollten wissen, wie leicht es ist, Kindern mit dieser Methode zu helfen, mit ihren Schwierigkeiten fertig zu werden. Besonders wenn Kinder nicht essen wollen, kann man dies durch Schlafhypnose in ganz kurzer Zeit ändern. Aber auch bei Bettnässen, Nägelkauen oder schlechten Schulleistungen lassen sich in kurzer Zeit erstaunliche Erfolge erzielen.

Positive Suggestionen

Auch bei der Schlafhypnose gilt natürlich, daß alle Suggestionen positiv formuliert werden müssen. Es darf also nicht heißen: Du machst nicht mehr ins Bett, sondern: Ab sofort wachst du immer auf, wenn du mal mußt, und gehst zur Toilette. Im Liegen kannst du nicht mehr machen. Wenn du auf der Toilette warst, kannst du immer sofort wieder einschlafen. Falsch ist es zu sagen: Du hast keine Kopfschmerzen mehr, sondern es muß heißen: Dein Kopf ist immer frei und klar. Nicht: Deine Appetitlosigkeit verschwindet, sondern: Du freust dich aufs Essen und hast großen Hunger.

Auch bei vielen anderen Störungen kann man mit der Schlafhypnose wirksam helfen. So berichtet Dr. Alfred Brauchle in seinem Buch *Hypnose und Autosuggestion* (Reclam, 1961) folgendes:

»Ein älterer Patient sah sich seit Jahren von periodisch wiederkehrenden Attacken einer gestörten Herztätigkeit heimgesucht. Kein Arzt hatte ihm Hilfe zu bringen vermocht. Die regelmäßige nächtliche Einflüsterung der Ehefrau brachte nach vier Wochen einen vollkommenen dauernden Erfolg.

Der fünfjährige Knabe eines Bekannten lutschte unentwegt am Daumen. Keine Belohnung und keine Strafen vermochten ihn davon abzuhalten. Nach einer einmaligen nächtlichen Beeinflussung, die sein Vater vornahm, war der Junge von seinem Übel befreit. Stotternde, bettnässende Kinder und solche, die an anderen Übeln leiden, kann man so erfolgreich behandeln.«

Ein Beispiel

Fritz Lambert berichtet in seinem Buch *Autosuggestive Krankheitsbekämpfung* von einem anderen Erfolg: »Eine Dame, die meine Zirkel besucht, erzählte mir, daß sie bei ihrem Gatten die Schlafsuggestion angewandt habe. Der Mann konnte schon jahrelang gewisse Speisen nur schlecht vertragen, was ihm viel Unannehmlichkeiten bereitete. Nach dreimaliger schlafsuggestiver Behandlung vertrug er alle Speisen, die er vorher nicht ohne Beschwerden genießen konnte; sie schmeckten und bekamen ihm glänzend. Dies war ein sehr rascher Erfolg, wenn man bedenkt, daß nur dreimalige schlafsuggestive Beeinflussung nötig war, um ein jahrelanges Übel voll und ganz zu beseitigen.«

Wünsche beseitigen, nicht unterdrücken

Wir haben damit vor allem ein hochwirksames Mittel in der Hand für Menschen, die sehr skeptisch veranlagt sind und ihre Zweifel nicht überwinden können. Um ein unerwünschtes Erwachen zu verhindern, sollten wir vor allen Dingen den Gedanken verbannen, daß der Schläfer wach werden könnte, denn was wir befürchten, wird leichter geschehen, da sich in dem anbahnenden Kontakt auch unsere Furcht überträgt. Seien Sie daher überzeugt, daß der Schläfer nicht erwacht und Ihre Suggestion den gewünschten Erfolg haben wird.

Wichtig ist noch, daß wir nicht nur ein unerwünschtes Verhalten durch entsprechende Schlafsuggestion unterdrücken, sondern den Wunsch zu dieser Handlung beseitigen. Also nicht nur suggerieren: Du wirst ab sofort nicht mehr rauchen, sondern eher: Du hast kein Interesse mehr zu rauchen. Rauchen ist dir völlig gleichgültig – ganz uninteressant. Würden wir zwar das bisherige Verhalten durch Suggestionen blockieren, aber den Wunsch danach bestehen lassen, so würde der Wunsch mit der Blockierung in Widerstreit stehen. Es wäre deshalb möglich, daß sich die beiden Kräfte gegenseitig aufheben und wir keinen Erfolg haben. Außerdem ist es natürlich eine große Quälerei, ständig einen Wunsch zu spüren, dessen Erfüllung aber durch hypnotischen Befehl verhindert wird.

Wenn Sie bei Anwendung der Schlafhypnose nicht immer gleich Erfolg haben, so ist dies in den meisten Fällen darauf zurückzuführen, daß die Verbindung zu dem Schläfer noch nicht hergestellt wurde. Lassen Sie sich also dadurch nicht entmutigen, sondern versuchen Sie beim nächsten Mal mit dem Schläfer im Schlaf ins Gespräch zu kommen. Geben Sie ihm die Suggestion, daß er weiterhin tief und fest schlafe, aber Sie ganz deutlich höre und auch antworten könne, ohne zu erwachen. Fragen Sie ihn dann ruhig einmal: Schläfst du jetzt tief und fest? Kannst du mich hören? usw. Sobald er einmal antwortet, wissen Sie sicher, daß er Sie hört und daß Ihre Suggestion sein Unterbewußtsein erreicht und diese dann auch ausgeführt wird.

Gewichtsabnahme durch Schlafhypnose

Wenn Sie sich mit dieser Form der Hypnose vertraut gemacht haben, werden Sie in vielen Bereichen erstaunliche Erfolge erzielen können. Ein bekanntes Mannequin erreichte z. B. innerhalb von drei Monaten eine Gewichtsabnahme von 31 Pfund durch Schlafsuggestion. Ein bekannter Fernsehstar erlernte in zehn

Tagen die schwerste Sprache der Welt, das Mandarin-Chinesisch so gut, daß er sich anschließend in einer Fernsehshow mit einem chinesischen Konsul unterhalten konnte. Er hatte sich die einzelnen Lektionen auf Endlostonbandkassetten gesprochen und diese im Schlaf laufen lassen. Inzwischen haben unzählige Menschen mit selbstbesprochenen Tonbandkassetten »im Schlaf« ihr Gewicht nach Belieben reduziert, unerwünschte Verhaltensweisen geändert oder ihre Leistungen in Schule, Beruf und Sport in fast unglaublichem Maße gesteigert.

Die Flüsterhypnose

Erhöhung der Aufmerksamkeit

Wenn irgendwo in unserer Nähe geflüstert wird, richten wir unwillkürlich unsere Aufmerksamkeit darauf. Diesen Effekt können wir nutzen, um die Aufmerksamkeit einer Versuchsperson auf das zu lenken, was wir ihr sagen. In welchem Maße das gelingt, können wir mit einem einfachen Experiment feststellen.

Ein Experiment

Beginnen Sie doch einmal in einem beliebigen Gespräch immer leiser zu sprechen. Das muß ganz unmerklich geschehen, damit Ihr Gesprächspartner Ihre Absicht nicht merkt. Sprechen Sie immer leiser, bis Sie endlich nur noch flüstern. Sie werden überrascht sein, denn in den meisten Fällen wird auch Ihr Gesprächspartner mit Ihnen immer leiser sprechen, bis Sie beide nur noch flüstern. Bei einem solchen Experiment frage ich dann meist meinen Gesprächspartner: »Warum flüstern Sie eigentlich?« Obwohl ich damit angefangen habe, wird er meist selbst keine Erklärung dafür haben. Oft wird er sich erst bei dieser Frage bewußt, daß wir beide flüsterten.

Geeignet für nervöse Menschen

Diese Methode eignet sich besonders gut für Personen, die gehetzt und nervös sind und nicht die Ruhe finden, auf eine normale Einleitung einer Hypnose zu reagieren. Auch hierbei lassen Sie Ihre Versuchsperson bequem liegen. Die Augen können zunächst ruhig offenbleiben. Beginnen Sie mir normaler Lautstärke mit den üblichen beruhigenden Worten. Dann werden Sie in wenigen Sätzen so leise, daß Sie nur noch flüstern. In den meisten Fällen wird die Versuchsperson nach einigen Minuten Flüstern ganz von selbst die Augen schließen. Sollte dies nicht der Fall sein, so geben Sie dann einfach die Suggestion: »Schließen Sie jetzt bitte Ihre Augen und lassen Sie sich mit jedem Atemzug noch tiefer in ein angenehmes Gefühl der Ruhe und Entspannung sinken.«

Fahren Sie dann mit den üblichen Worten fort, aber flüstern Sie weiter, bis die Hypnose eingetreten ist. Danach können Sie Ihre Stimme allmählich wieder bis zur normalen Lautstärke erheben oder die Hypnose flüsternd weiterführen.

Die Kettenhypnose

Direkter Kontakt

Bei der Kettenhypnose werden ähnliche Kräfte wirksam wie bei der Gruppenhypnose, jedoch sind diese Kräfte durch den direkten Kontakt der einzelnen Teilnehmer deutlich verstärkt. Hierbei fassen sich etwa sechs Personen, die im Kreis sitzen, an den Händen, schließen die Augen und stellen sich ein immer stärker werdendes Gefühl der Ruhe vor. Dieses Ruhegefühl kann durch den Hypnotiseur mit entsprechenden Verbalsuggestionen vertieft werden.

»Ansteckung« durch Beispiel

Es hat sich gezeigt, daß die sogenannte »Ansteckung« durch Beispiel in der Kette am stärksten wirkt. Habe ich einmal einen ganz schwierigen Patienten, so nehme ich ihn in eine Kette von leichter zu hypnotisierenden Patienten auf. Wenn dann auf die entsprechenden Suggestionen einer nach dem anderen in Hypnose sinkt, kann sich kaum jemand der Übertragung der Hypnosewirkung entziehen und wird in fast allen Fällen ebenfalls in Hypnose fallen.

Ein Fall

Einmal hatte ich fünf schwierige Personen und nur eine Person, die leicht zu hypnotisieren war, zu einer Kette zusammengefaßt, weil es sich terminlich so ergab. Fast wollte ich wegen der Ungleichheit der Kräfte die Behandlung vertagen, ließ mich dann aber überreden, doch wenigstens den Versuch zu machen, nachdem wir schon einmal alle zusammengekommen waren. Als dann nach wenigen Sätzen erwartungsgemäß die eine Person in Hypnose sank, sahen die anderen fünf Teilnehmer zunächst erstaunt auf sie und blickten sich dann verstohlen gegenseitig an. Aber nach acht Minuten sank auch der letzte in Hypnose. Die Übertragungswirkung einer einzigen leicht verlaufenden Hypnose hatte ausgereicht, um die anderen fünf Patienten ebenfalls in Hypnose zu versetzen, was vorher in mehreren Einzelversuchen nicht gelungen war. Wie ist das zu erklären?

Hierzu schreibt der Zürcher Professor Mathias: »Das ganze vegetative wie auch geistige Leben beim Menschen kann nur auf Grund einer elektrophysiologischen Bipolarität in Gang gehalten werden, Kationen und negativ geladene Anionen. Das ganze biologische Geschehen beruht auf atombedingten elektronischen Vorgängen.«

Es handelt sich also um ein ständig ineinander übergehendes Wechselspiel positiver und negativer Kräfte, die durch die sich in jeder Zelle des Organismus ständig ablaufenden Ladungs- und Entladungsvorgänge bedingt sind.

Die Gleichschaltung der Kräfte

Es ist daher nicht abwegig anzunehmen, daß durch den persönlichen Kontakt mehrerer Personen eine gewisse Gleichschaltung dieser Kräfte erfolgt. Wenn bei einem oder mehreren der Teilnehmer sich diese Kräfte zugunsten der positiven oder negativen Seite verschieben, dann wird dies auch für die restlichen Teilnehmer spürbar und wirkt sich entsprechend aus.

Auch die gegenteilige Beobachtung kann man machen. Ein unbeteiligter Zuschauer kann bei einem Patienten den Eintritt der Hypnose verhindern, der sonst stets ganz leicht und zuverlässig zu erreichen war. Hier muß ein noch nicht näher bekannter Faktor wirksam werden.

Wenn wir auch diese Kräfte noch nicht befriedigend erklären können, so kennen wir doch ihre Wirkung und können diese nach unseren Wünschen einsetzen.

Hypnose durch Magnetismus

Was ist Magnetismus?

Magnetismus ist die Summe der Konzentrationsenergie der Materie. Die Bezeichnung »Magnetismus« ist allerdings unzutreffend, wenn nicht irreführend, denn mit dem Magnetismus des Eisens hat der hier gemeinte Magnetismus nichts zu tun. Vielmehr handelt es sich auch hier um die Auswirkung des Wechselspiels positiver und negativer Kräfte, die durch die sich in jeder Zelle des Organismus ständig ablaufenden Ladungs- und Entladungsvorgänge bedingt sind. Die hier gemeinte Art Magnetismus hat also jeder Mensch in mehr oder weniger hohem Maße in sich. Jeder kann diese Kraft bedeutend vermehren und unter die Kontrolle seines Willens bringen, um sie nach Belieben einsetzen zu können.

Ohne Magnetismus kein Körper

Ohne Magnetismus ist kein Körper denkbar, denn erst durch ihn entsteht eine ordnungsgemäße Gliederung einer großen Anzahl von Molekülen. Jeder Körper ist eine Ansammlung von Atomen und Molekülen, die auf ein gemeinsames Ziel ausgerichtet sind. Der Magnetismus ist die Kraft, die aus dieser Ansammlung einen Körper macht. Besonders beim Bewegungsnaturell ist die magnetische Ausstrahlung stark ausgeprägt. Diese Ausstrahlung ist es, die Menschen mit schwächerer Strahlung in den Bann des Stärkeren geraten läßt. Man kann sagen, sobald zwei Menschen zusammen sind, steht der eine schon unter dem stärkeren Einfluß des anderen. Der magnetische Einfluß des Menschen auf einen anderen kann so stark und ausgeprägt sein, daß der eine wie befangen und nicht mehr Herr seines Willens ist, obwohl er dies oft selbst nicht zu erkennen vermag.

Positive und negative Ausstrahlung

Aber auch Tiere und Pflanzen haben diesen Magnetismus. Treten Sie doch einmal an einen schönen alten Baum heran und gehen Sie langsam näher, wobei Sie Ihre Sinne schärfen und sich ganz öffnen für dessen Ausstrahlung. Etwa in einem Abstand von drei bis vier Metern vom Stamm werden Sie in die Kraftlinien des Baumes geraten, und dort können Sie sich selbst wieder »aufladen«, wenn Ihre eigene »Batterie« erschöpft ist.

Das Gegenteil ist der Fall, wenn Sie einem Menschen begegnen, der Sie abstößt, ohne daß er Gelegenheit hatte, Ihnen etwas zu tun. Seine Ausstrahlung steht in Disharmonie zu Ihrem eigenen Magnetismus, und Sie spüren dies ganz deutlich.

Addition der Kräfte

Bei der Ansammlung einer größeren Menge von Menschen addiert sich der Magnetismus der Einzelpersonen zu einer neuen Kraft, in der der einzelne mehr und mehr seine Individualität verliert und dem neuen Gesetz gehorcht. Es dauert nach einer solchen Erfahrung oft Tage, bis man dieses unsichtbare Band wieder abgeschüttelt und sich von seiner Wirkung befreit hat.

Wir können also davon ausgehen, daß jeder Körper über diese biologische Ausstrahlung verfügt. Beim Menschen trifft das in einem besonders hohen Maße zu, obwohl es gerade hier große Unterschiede gibt. Bei manchen Menschen ist diese Ausstrahlung so stark entwickelt, daß sie allein damit Pflanzen und kleine Tiere konservieren können. Bei jedem Menschen ist sie aber ausreichend stark, um die Einleitung der Hypnose wirksam zu unterstützen.

In einem alten Buch fand ich eine besondere »Magnetisierungsbehandlung« wie folgt beschrieben:

Eine »magnetische Behandlung« als Hypnoseeinleitung

»Bei der magnetischen Behandlung lasse man den Patienten die Augen schließen und gebe ihm im Stuhl eine bequeme Lage. Die Füße sollen flach und voll auf dem Fußboden ruhen: die Hände auf den Oberschenkeln. Der Magnetiseur steht oder sitzt vor dem Patienten und konzentriert seinen Willen nur auf sein Vorhaben. Hierauf magnetisiert er den Kranken vom Kopf bis zu den Füßen. Die Finger hält er dabei etwas einwärts gekrümmt. Am Ende des Striches schüttelt er die Hände, gleichzeitig dadurch anzeigend, daß er damit die angezogenen Krankheitsstoffe beseitige. Dieses Verfahren wird öfters wiederholt, währenddessen der Patient in den meisten Fällen die wohltuende Wirkung verspüren wird. In den meisten Fällen legt der Magnetiseur nur die Hände auf. Der magnetische Strom fließt hierbei von der rechten Hand durch den Körper des Kranken zu der linken Hand, wobei dieser Körper den sogenannten Widerstand des Stromes bildet. Der Heilmagnetiseur wird sich desselben durch ein leichtes Prickeln in den Händen bewußt. Bei den meisten Krankheiten legt der Magnetiseur seine rechte Hand auf den Plexus solaris (das Sonnengeflecht, die Magengrube) und die linke auf den Rücken oder den Hinterkopf. Die positive, d. h. die rechte Hand soll stets auf der bloßen Haut der Magengrube ruhen. Wo eine direkte Berührung der Haut nicht passend erscheint, läßt man seine Hände etwas länger auf der Kleidung aufliegen. Vom Plexus solaris aus kann sich die übertragene magnetische Kraft durch den ganzen Körper nach Kopf und Füßen verteilen. Die meisten Patienten fühlen, wenn das magnetische Fluidum in sie überströmt, entweder Kühle oder Wärme, auch bei Strichen ohne Berührung des Körpers. Hochsensitive Personen kommen dabei mitunter in einen Zustand von Somnabulismus (Tiefenhypnose), in welchem ihre geistigen Fähigkeiten oft sehr gesteigert sind.«

Steigerung der Sensitivität

In jedem Fall wird durch ein solches Verfahren eine deutliche Steigerung der Sensitivität erreicht, was die Einleitung der Ersthypnose sehr erleichtert. Wenn in diesem Zusammenhang und auch an anderen Stellen dieses Buches stets nur von der Einleitung der Ersthypnose die Rede ist, dann deshalb, weil die Einleitung einer späteren Hypnose keine Schwierigkeiten bereitet, da hier durch posthypnotischen Befehl bei der Ersthypnose das leichte Erreichen des hypnotischen Zustands ermöglicht wird.

Die fraktionierte Hypnose

Anpassung an die Reaktionen

Dieses Verfahren wurde etwa um die Jahrhundertwende von O. Vogt ausgebaut und hat sich inzwischen vor allem bei schwierigen Patienten hervorragend bewährt. Hierbei wird die Hypnose auf beliebige Art eingeleitet, aber stets nach einigen Minuten wieder abgebrochen (fraktioniert), um den Patienten nach seinen Reaktionen zu befragen. Dadurch erhält der Hypnotiseur vom Patienten selbst wesentliche Anhaltspunkte, vor allem darüber, welche Teile der von ihm angewandten Technik angenehm und welche eventuell störend empfunden werden. So ist er in der Lage, sein Vorgehen ganz den individuellen Reaktionen seines jeweiligen Patienten anzupassen. Das läßt sich am besten an einem Beispiel demonstrieren. Nehmen wir einmal an, Sie hätten die Ersthypnose wie folgt eingeleitet:

Ein Beispiel

»Bitte machen Sie es sich nun ganz bequem. Lassen Sie Arme und Beine ganz locker und entspannen Sie sich völlig. Sie atmen ganz ruhig und gleichmäßig. Mit jedem Atemzug sinken Sie tiefer und tiefer in dieses angenehme Gefühl der Ruhe und Entspannung. Nichts kann stören.

Und nun konzentrieren Sie sich bitte auf Ihre Beine. Ganz einfach auf Ihre Beine konzentrieren. Sie spüren, fühlen, empfinden jetzt ganz deutlich, wie Ihre Beine schwer werden. Immer schwerer werden Ihre Beine – immer schwerer – immer schwerer. Ihre Beine sind nun ganz schwer, bleiern schwer, ganz bleischwer.

Nun werden auch Ihre Arme ganz schwer. Immer mehr Schwere fließt in Ihre Arme und läßt Ihre Arme immer schwerer werden – immer schwerer. Auch Ihre Arme sind jetzt ganz bleiern schwer.

Auch Ihre Augenlider sind ganz schwer und werden immer schwerer – immer schwerer und schwerer. Die Augen sind fest geschlossen. Sie können die Augen jetzt nicht mehr öffnen, aber das wollen Sie auch gar nicht. Sie lassen sich immer tiefer sinken in dieses wunderbare Gefühl der Müdigkeit und Schwere. Sie werden immer müder – Sie werden immer müder.«

Hier machen Sie eine Minuten Pause, dann fahren Sie fort:

»Spüren Sie noch einmal diese wunderbare Ruhe. In diesem wunderbaren Ruhezustand hat sich jede Zelle Ihres Körpers erfrischt, und Sie fühlen sich ganz wohl. Gleich werde ich bis Drei zählen, dann sind Ihre Arme und Beine wieder leicht und frei beweglich. Sie öffnen die Augen und fühlen sich ganz frisch und wohl. Eins – zwei – drei! Augen auf. Sie fühlen sich ganz frisch und wohl.«

Kontrollfragen

Nun befragen Sie die Versuchsperson, wie die einzelnen Suggestionen gewirkt haben. Nehmen wir an, Sie erhalten folgende Schilderung:

»Die Entspannung habe ich eben ganz deutlich gespürt, besonders als Sie sagten: ›Sie sinken mit jedem Atemzug tiefer und tiefer.‹ Auch meine Arme sind ganz schwer geworden. Die kann ich jetzt noch nicht richtig hochheben. Aber meine Beine waren überhaupt nicht schwer, und auch die Augen hätte ich ganz leicht aufmachen können.«

Diese Informationen nutzen Sie bei der nun folgenden zweiten Hypnose aus, indem Sie die wirksamen Suggestionen ausbauen und mehrmals wiederholen (die Schwere der Beine und den Augenschluß) und die unwirksamen einfach weglassen.

Beschränkung auf wirksame Suggestionen

Die zweite Hypnose könnte also etwa mit folgenden Worten erfolgen:

»Bitte machen Sie es sich nun ganz bequem. Lassen Sie Arme und Beine ganz locker und entspannen Sie sich völlig. Sie atmen ganz ruhig und gleichmäßig. Mit jedem Atemzug sinken Sie tiefer und tiefer in dieses angenehme Gefühl der Ruhe und Entspannung. Sie atmen ganz ruhig und gleichmäßig – ganz ruhig und gleichmäßig. Sie sind vollkommen entspannt. Sie sind vollkommen entspannt und fühlen sich ganz wohl. Sie fühlen sich ganz wohl und sinken mit jedem Atemzug tiefer und tiefer – immer tiefer – in dieses angenehme Gefühl der Müdigkeit und Schwere. Mit jedem Atemzug lassen Sie sich tiefer sinken in ein wunderbares Gefühl der Müdigkeit und Schwere. Spüren Sie, wie sich dieses wunderbare Gefühl der Ruhe in Ihrem ganzen Körper ausbreitet.

Und nun konzentrieren Sie sich bitte auf Ihre Arme. Einfach nur auf Ihre Arme konzentrieren. Sie spüren, fühlen, empfinden jetzt ganz deutlich, wie Ihre Arme schwer werden. Immer schwerer werden Ihre Arme – immer schwerer – immer schwerer. Ihre Arme sind jetzt ganz schwer, bleiern schwer, ganz bleischwer. Ihre Arme sind jetzt so schwer, daß Sie sie nicht mehr hochheben können. Sie können Ihre Arme überhaupt nicht mehr bewegen. Es ist, als ob Gewichte an Ihren Armen hingen. Beide Arme sind bleiern schwer und völlig bewegungslos. Sie können Ihre Arme jetzt nicht mehr bewegen.

Die Augen sind geschlossen und bleiben zu. Die Augen bleiben fest geschlossen. Sie atmen ganz ruhig und gleichmäßig, und mit jedem Atemzug sinken Sie tiefer und tiefer in ein angenehmes Gefühl der Ruhe und Entspannung. Mit jedem Atemzug lassen Sie sich tiefer und tiefer sinken in ein wunderbares Gefühl der Müdigkeit und Schwere. Sie werden immer müder – immer müder.«

Hier wieder eine Minute Pause.

»Spüren Sie noch einmal diese wunderbare Ruhe. In dieser wunderbaren Ruhe hat sich jedes meiner Worte unauslöschlich tief Ihrem Unterbewußtsein eingeprägt, und Sie werden ganz strikt danach handeln. Gleich werde ich bis Drei zählen. Dann sind Ihre Arme und Beine wieder ganz locker, leicht und frei beweglich. Sie öffnen die Augen und fühlen sich ganz frisch und wohl. Sobald ich Sie danach aber wieder in diesen Zustand versetzen werde, sinken Sie noch leichter und tiefer als jetzt in diesen angenehmen Zustand der Ruhe und Entspannung. Ihre Ruhe wird dann so tief wie nie zuvor.

Eins – zwei – drei! Augen auf. Arme und Beine sind jetzt wieder locker, leicht und frei beweglich, und Sie fühlen sich ganz frisch und wohl.«

Zweiter Kontrollgang

Fragen Sie den Patienten wieder, ob er diese Formulierungen angenehm empfunden hat und ob Sie nicht zu schnell oder zu langsam vorgegangen sind. Ist alles in Ordnung, können Sie zur dritten Hypnose und anschließenden Konditionierung übergehen. In der Konditionierung der Versuchsperson wird dem Unterbewußtsein ein Auslöser für jede folgende Hypnose eingeprägt, so daß Sie dann den hypnotischen Zustand ohne lange Einleitung herbeiführen können. Dann leiten Sie mit folgenden Worten die dritte Hypnose ein:

Dritter Hypnosegang

»Bitte machen Sie es sich nun ganz bequem. Lassen Sie Arme und Beine ganz locker und entspannen Sie sich völlig. Atmen Sie ganz ruhig und gleichmäßig. Sie atmen ganz ruhig und gleichmäßig, und mit jedem Atemzug lassen Sie sich tiefer und tiefer in ein angenehmes Gefühl der Ruhe und Entspannung sinken. Sie atmen ganz ruhig und gleichmäßig – ganz ruhig und gleichmäßig. Sie sind vollkommen entspannt. Sie sind vollkommen entspannt und fühlen sich ganz wohl. Sie fühlen sich ganz wohl und sinken mit jedem Atemzug tiefer und tiefer – immer tiefer – immer tiefer in dieses angenehme Gefühl der Müdigkeit und Schwere. Mit jedem Atemzug lassen Sie sich tiefer sinken in ein wunderbares Gefühl der Müdigkeit und Schwere. Spüren Sie, wie sich dieses wunderbare Gefühl der Ruhe in Ihrem ganzen Körper ausbreitet. Diese wunderbare Ruhe breitet sich nun in Ihrem ganzen Körper aus.«

Hier machen Sie dreißig Sekunden Pause.

»Und nun konzentrieren Sie sich bitte auf Ihre Arme. Einfach nur auf Ihre Arme konzentrieren. Sie spüren, fühlen, empfinden jetzt ganz deutlich, wie Ihre Arme schwer werden. Immer schwerer werden Ihre Arme – immer schwerer – immer schwerer und schwerer. Ihre Arme sind jetzt ganz schwer, bleiern schwer, ganz bleischwer. Ihre Arme sind jetzt so schwer, daß Sie sie nicht mehr hochheben können. Sie können Ihre Arme überhaupt nicht mehr bewegen. Es ist, als ob Gewichte an Ihren Armen hingen. Beide Arme sind bleiern schwer und völlig bewegungslos. Sie können Ihre Arme jetzt überhaupt nicht mehr bewegen.

Die Augen sind geschlossen und bleiben zu. Die Augen bleiben fest geschlossen. Sie atmen ganz ruhig und gleichmäßig. Mit jedem Atemzug sinken Sie tiefer und tiefer in ein angenehmes Gefühl der Ruhe und Entspannung. Mit jedem Atemzug lassen Sie sich tiefer und tiefer sinken in ein wunderbares Gefühl der Müdigkeit und Schwere. Sie werden immer müder – immer müder.«

Hier wieder eine Minute Pause.

»Nichts kann stören. Sie hören jetzt nur noch meine Stimme. Nichts kann stören. Sie hören jetzt nur noch meine Stimme, und Sie spüren, fühlen, empfinden jetzt ganz deutlich, wie Sie allmählich noch tiefer sinken – immer tiefer – immer tiefer, in eine tiefe, tiefe wohltuende Ruhe.

Die Konditionierung der Versuchsperson

In diesem wunderbaren Ruhezustand öffnet sich jetzt ganz weit das Tor zu Ihrem Unterbewußtsein. Ganz weit öffnet sich jetzt das Tor zu Ihrem Unterbewußtsein. Alles, was ich Ihnen sage, dringt ganz leicht und tief in Ihr Unterbewußtsein, prägt sich dort unauslöschlich ein, und Sie werden ganz strikt danach handeln.

Jedesmal, wenn ich zu Ihnen das Wort KI-AI sage, fallen Ihnen unwiderstehlich sofort die Augen zu. Sie versinken dann sofort wieder in diesen angenehmen Zustand der Ruhe und Entspannung. Sobald ich zu Ihnen das Wort KI-AI sage, spüren Sie den unwiderstehlichen Drang, die Augen zu schließen. Sie versinken dann sofort wieder in diesen angenehmen Zustand der Ruhe und Entspannung. Und Ihre Ruhe und Entspannung werden jedesmal tiefer – jedesmal immer tiefer und tiefer. Es genügt, daß ich zu Ihnen einmal das Wort KI-AI sage: Sofort schließen sich Ihre Augen, und Sie versinken wieder in diesen angenehmen Ruhezustand. Das ist ein absoluter Zwang, und Sie werden immer danach handeln. Sie wollen und werden immer danach handeln!«

Hier wieder eine Minute Pause.

»Gleich werde ich bis Drei zählen, dann öffnen Sie die Augen, sind wieder hellwach und fühlen sich ganz frisch und wohl; aber alles, was ich Ihnen gesagt habe, sitzt tief und fest in Ihrem Unterbewußtsein, und Sie werden immer danach handeln. Sobald ich zu Ihnen das Wort KI-AI sage, fallen Ihnen unwiderstehlich die Augen zu, und Sie versinken sofort wieder in diesen angenehmen Zustand der Ruhe und Entspannung. Das ist ein absoluter Zwang, und Sie werden immer danach handeln.

Ich zähle jetzt also bis Drei. Dann öffnen Sie Ihre Augen und fühlen sich ganz frisch und wohl, aber alles, was ich Ihnen gesagt habe, sitzt tief und fest in Ihrem Unterbewußtsein, und Sie werden immer danach handeln.

Eins – zwei – drei! Augen auf. Sie fühlen sich wieder ganz frisch und wohl. Arme und Beine sind wieder ganz locker, leicht und frei beweglich. Sie sind voller Kraft und Energie und fühlen sich ganz frisch und wohl.«

Damit haben Sie ein Beispiel für eine maßgeschneiderte Hypnose mit anschließender Konditionierung, so daß jede weitere Hypnose in wenigen Sekunden einzuleiten ist.

Hypnose per Fernsehen

Ein amerikanischer Versuch

Vor einiger Zeit machte eine private amerikanische Fernsehanstalt einen interessanten Versuch. Sie kündigte an, daß ein bekannter Hypnotiseur den Versuch unternehmen wolle, per Fernsehen zu hypnotisieren. Jeder, der daran nicht interessiert sei, möge rechtzeitig seinen Apparat abschalten, damit er nicht ungewollt in Hypnose falle.

Zur festgesetzten Zeit sprach der Hypnotiseur in die Fernsehkamera seine Suggestionen. Da er sein Publikum nicht sehen konnte, sprach er nach einigen Minuten die Suggestion für die Beendigung der Hypnose. Die Sendeanstalt wartete nun gespannt auf die Reaktion der Fernsehzuschauer auf das ungewöhnliche Experiment.

Die Reaktionen

In den nächsten Tagen gingen einige tausend Zuschriften ein, die sich teils begeistert, teils recht böse äußerten. Besonders böse waren diejenigen, die nur mitgemacht hatten, weil sie sicher damit rechneten, daß dies bei ihnen doch nicht klappen könne, und dann doch prompt auch in Hypnose gefallen waren. Einige hatten die Beendigung der Hypnose nicht mehr gehört und ihre Angehörigen zunächst in Sorge versetzt, weil sie nicht mehr wach wurden. Spätestens am nächsten Morgen aber waren alle wieder erwacht – gesund und munter.

Latente Bereitschaft

Ein solches Experiment ist zwar nicht zu verantworten, aber es zeigt doch, daß kein geheimnisvolles Fluidum und auch keine magnetische Ausstrahlung erforderlich sind, um eine Hypnose einzuleiten. Jeder Mensch hat eine latente, passive Bereitschaft, sich in Hypnose versetzen zu lassen. Bei dem einen ist sie nur leicht, bei dem anderen schwerer zu aktivieren. Bei genügender Ausdauer dürfte es wohl keinen Menschen geben, der nicht in Hypnose zu versetzen wäre.

Tiefenhypnose

Wann wendet man Tiefenhypnose an?

Etwa 20 Prozent der Menschen eignen sich für Tiefenhypnose. Jeder Fünfte ist also in einen Zustand zu bringen, in dem das Bewußtsein weit in den Hintergrund tritt und das Unterbewußtsein sich willig vom Hypnotiseur führen läßt. Auch in der Tiefenhypnose gilt jedoch, daß nur Befehle ausgeführt werden, die innerhalb der Verhaltensstruktur der Versuchsperson liegen. Sobald ein anderer Befehl gegeben wird, wird er entweder nicht ausgeführt, oder die Hypnose bricht sofort zusammen.

Im Anschluß an eine Tiefenhypnose besteht fast immer Erinnerungslosigkeit (Amnesie), d. h. die Versuchsperson kann sich nach Abbruch der Hypnose an nichts mehr erinnern, was sie in der Hypnose gesagt oder getan hat.

In der Medizin spielt die Tiefenhypnose jedoch keine besondere Rolle, da der Kontakt zum Unterbewußtsein schon bei einer leichten Hypnose hergestellt werden kann und damit fast jede gewünschte Beeinflussungsmöglichkeit gegeben ist.

Altersregression

Ich wende die Tiefenhypnose praktisch nur noch im Experiment an, wenn ich z. B. eine Versuchsperson in ihre Kindheit zurückversetzen möchte (Altersregression). Wenn ich einer Versuchsperson in Tiefenhypnose suggeriere, daß sie immer jünger werde und nun wieder drei Jahre alt sei, dann wird sie sich genau so verhalten, wie sie es im Alter von drei Jahren getan hat. Auch Sprache und Gang werden dann wieder diesem Alter entsprechend sein. Sie kann sich wieder genau an alles erinnern, was zu dieser Zeit passierte. Selbst unbedeutende Informationen können im Gedächtnis wieder aktiviert werden, z. B. kann man fragen: »Was für ein Kleid hatte deine Mutter an deinem Geburtstag an?« – und man wird mit Sicherheit die richtige Antwort erhalten, wie wir mitunter an alten Bildern genau feststellen konnten.

Experimente mit der Zukunft

Aber auch interessante Experimente mit der Zukunft lassen sich in der Tiefenhypnose machen. So hatte ich einmal vor Jahren eine Versuchsperson in Tiefenhypnose in die Zukunft versetzt, indem ich ihr suggerierte, daß sie immer älter werde und nun 25 Jahre alt sei. Zum Zeitpunkt der Befragung war sie 17 Jahre alt.

Auf meine Frage, wie denn die letzten Jahre verlaufen seien, erzählte sie mir, daß sie mit 18 ihren späteren Mann kennengelernt habe, daß sie mit ihm vier Jahre befreundet gewesen sei, sie sich nach einem Jahr jedoch einmal nach einem Streit von ihm getrennt habe, daß er aber doch der richtige Partner sei. Nach zweieinhalb Jahren habe sie sich dann verlobt und nach vier Jahren geheiratet. Sie nannte seinen Namen und erzählte, daß er das Abitur nachgemacht habe und Ingenieur sei und jetzt bei einer bekannten Firma in der Umgebung arbeite. Vor einem Jahr sei ihr Sohn Jochen geboren worden. In einem Nachbarort hätten sie sich ein Grundstück gekauft. In den letzten Wochen hätten sie nun angefangen zu bauen. Weihnachten wollten sie einziehen.

Als ich einige Jahre später Gelegenheit hatte, mich wieder einmal mit ihr zu unterhalten, stellte sich heraus, daß alle Vorhersagen bis in jede Einzelheit eingetroffen waren. Auch die Tatsache, daß sie sich nach einem Streit vorübergehend von ihrem späteren Mann getrennt hatte. In der Tiefenhypnose war die junge Frau eindeutig der Präkognition (Vorauswissen) fähig gewesen.

Ich war tief beeindruckt und überzeugt, nun ein gutes Medium zur Erforschung der Zukunft gefunden zu haben. Auch sie war einverstanden, weitere Experimente mitzumachen. So versetzte ich sie noch einige Male in die Zukunft und fragte sie genau über alle Dinge aus, die mich interessierten. Leider stellte sich bald heraus, daß keiner ihrer späteren Zukunftsberichte eintraf. Durch einen mir bis heute nicht bekannten Umstand hatte ich den Schleier, der vor der Zukunft liegt, lüften können – aber eben nur für einen kurzen Moment.

Die Einleitung der Tiefenhypnose

Die Einleitung der Tiefenhypnose erfolgt genau so, wie bei jeder normalen Hypnose. Man versucht lediglich die Hypnose durch häufige Wiederholung und entsprechende Suggestionen zu vertiefen. Das erreicht man am besten mit der fraktionierten Hypnose, die bereits ausführlich besprochen wurde.

Die Leerhypnose

Unter Leerhypnose versteht man eine spezielle Form der Hypnose, bei der außer den Suggestionen zur Erreichung des hypnotischen Zustands keine weiteren therapeutischen Suggestionen gegeben werden. Sie soll, besonders bei vegetativen Störungen, zu einer Umschaltung oder Umstimmung dieser Vorgänge führen.

Ruhehypnose und Nachschlaf

Hierzu gehören die »verlängerte Ruhehypnose«, bei der nach Erreichen des hypnotischen Zustands dieser Zustand ohne weitere Suggestionen für eine halbe bis zu mehreren Stunden beibehalten wird, sowie der »hypnotische Nachschlaf«. Hierbei werden nach Erreichen des hypnotischen Zustands zwar die gewünschten therapeutischen Suggestionen gegeben, aber danach der hypnotische Zustand ohne Suggestionen noch eine halbe bis zu mehreren Stunden bestehen gelassen, um die Wirkung der gegebenen Suggestionen zu vertiefen.

Auch die sogenannte »Dauerhypnose« gehört hierzu. Diese Form der Hypnose ist nur stationär durchzuführen, weil sich der Patient ständig in einem hypnotischen Schlaf befindet, aus dem er nur zu den Mahlzeiten kurz geweckt wird.

Ziel: Selbstbestimmung

Sämtliche Formen der Leerhypnose führen zu einer Besinnung auf sich selbst, da alle Außenreize für einige Zeit abgeschaltet sind, die sonst ablenken könnten. Dieses Besinnen auf sich selbst führt zu einer seelischen Verarbeitung angestauter, unverarbeiteter Erlebnisse, was besonders heute in der Zeit der Reizüberflutung sehr wichtig und wirksam sein kann.

Tierhypnose

Bei Tieren kann es zu manchen, der Hypnose ähnlichen Erscheinungen kommen. Das Erstarren der Hasen oder Rehe im Autoscheinwerfer oder auch der »Totstell-Reflex« – wenn ein kleineres Tier vor einem größeren nicht mehr rechtzeitig flüchten kann – sind Beispiele hierfür.

Instinktgebundene Schreckstarre

Nach heutiger Auffassung handelt es sich bei der sogenannten Tierhypnose jedoch um einen instinktgebundenen reflektorischen Immobilisationszustand (Schreckstarre), der vor allem bei Gefahr auftritt. Sie können einen solchen Zustand leicht einmal im Experiment selbst herbeiführen. Nehmen Sie z. B. ein Huhn, legen Sie es sachte auf den Rücken und halten es so noch einige Sekunden fest, bis es sich beruhigt hat. Wenn Sie dann Ihre Hände ganz sacht wegnehmen, wird es liegen bleiben, und zwar in der Haltung, in der Sie es liegen ließen. Erst ein anderer Reiz wird es erschreckt aufspringen lassen.

Ein Experiment

In meiner Jugend habe ich diese Reaktion der Hühner bereits gekannt und mitunter dazu benutzt, um meiner Tante einen gehörigen Schrecken einzujagen. Sie wohnte auf dem Lande, und ich durfte dort manchmal meine Ferien verbringen. Sie hielt einige Hühner, die sehr zutraulich waren und die sie sehr liebte. Ich machte mir dann gelegentlich den Spaß und fing eines nach dem anderen ein, legte es behutsam auf die Haustreppe, und hielt es fest, bis es in dieser Haltung liegen blieb. Es sah schon sonderbar aus, wenn so sieben oder acht Hühner wie tot in den unmöglichsten Stellungen auf der Treppe lagen. Sie können sich den Schrecken meiner Tante vorstellen, wenn ich ihr dann scheinheilig die Frage stellte, ob ihre Hühner vielleicht etwas Giftiges gegessen haben könnten. Natürlich genügte es, einmal fest in die Hände zu klatschen. Dann sprangen alle gleichzeitig auf und flogen gackernd davon.

Verfahren

Dieses und ähnliche Experimente lassen sich mit vielen Tieren machen. Die Verfahren, diesen Zustand hervorzurufen, sind das Erschrecken, die Augenfixation mit starrem Blick und die Behinderung der freien Bewegung.

Schon I. P. Pawlow hat jedoch ausdrücklich betont, daß man bei der Tierhypnose und allgemein bei an Tieren vorgenommenen »Bedingten-Reflex«-Experimenten mit den verschiedensten individuellen Reaktionen von seiten des Tieres rechnen müsse, so daß man auch beim Tier bei Anwendung einer bestimmten Technik nicht immer mit der gleichen Reaktion rechnen könne. Auch reagiert jedes Tier auf verschiedene Experimentatoren mit unterschiedlichen Reaktionen.

7. Hypnose bei schwierigen Personen

Hypnose bei Kindern

Suggestibilität und Hypnotisierbarkeit

Kinder sind zwar sehr suggestibel, aber ihre Hypnotisierbarkeit hängt weitgehend vom Alter ab. Ich glaube, daß sie von dem Entwicklungsgrad der zerebralen Reife abhängig ist. Im allgemeinen kann man sagen, daß Kinder ab neun Jahren leicht zu hypnotisieren sind. Während der Pubertät verringert sich die Hypnotisierbarkeit vorübergehend, um sich danach wieder deutlich zu steigern.

Wegen der schnellen Ansprechbarkeit der Kinder auf alle Reize ist eine gleichbleibende Bewußtseinssenkung kaum zu erreichen. Es lassen sich jedoch trotzdem sehr wirkungsvolle Beeinflussungen erreichen. Man muß aber beachten, daß Kinder auf die geringste Veränderung im Verhalten des Hypnotiseurs reagieren.

Jede Unsicherheit ausschalten

Bei der Hypnose mit Kindern muß man daher seine Gedanken besonders unter Kontrolle halten, da diese sich unbewußt äußern und auf das zu hypnotisierende Kind übertragen werden können. Insbesondere Gedanken der Unsicherheit sind für ein Kind meist so deutlich spürbar, daß dadurch der Erfolg der Hypnose in Frage gestellt wird. Wenn Sie jedoch eine unerschütterliche Sicherheit ausstrahlen, dann gelingt Ihnen mitunter auch eine Hypnose bei sehr kleinen Kindern. In vielen Fällen konnte ich siebenjährige Kinder in Hypnose versetzen. Einmal ist mir sogar eine Hypnose bei einem vierjährigen Mädchen gelungen.

Anpassung der Einleitungstechnik

Hier kommt es natürlich besonders auf eine angepaßte Einleitungstechnik an, die der kindlichen Vorstellungswelt entspricht.

Bei Kindern unter zehn Jahren wende ich meistens eine indirekte Einleitung an. Ich bitte die Eltern, zur ersten Sitzung das Lieblingsspielzeug ihres Kindes mitzubringen und dem Kind auf keinen Fall zu sagen, daß es selbst in Hypnose versetzt werden soll. Vielmehr sollen die Eltern scheinbar zur Behandlung kommen und dem Kind sagen, daß sein Teddy oder die Puppe auch krank sei und gleich mit behandelt werden könne.

Beispiel einer indirekten Einleitung

Nach einem kurzen Gespräch mit den Eltern wende ich mich dann dem Teddy zu, und frage ihn, was er denn habe. Bereitwillig erhalte ich dann Auskunft von dem Kind über die angebliche Krankheit des Teddys. Darauf eingehend spreche ich weiter mit dem Teddy und sage zu ihm: »Du bist krank, und ich will dich wieder ganz gesund machen. Lege dich bitte einmal hin und mach deine Augen zu.« Das Kind wird den Teddy hinlegen. Aber er kann ja seine Augen nicht zumachen.

Hier fasse ich dann nach und spreche weiter zu dem Kind: »Der Teddy ist noch so klein und dumm, der kann die Augen noch gar nicht zumachen und ruhig liegen. Ich glaube, du mußt ihm das einmal zeigen, damit er das lernt. Mach doch bitte einmal dem Teddy vor, was ich dir jetzt sage.«

Bereitwillig wird das Kind seinem Teddy zeigen, wie man das macht, sich hinlegen und die Augen schließen. Dann leite ich ganz normal die Hypnose ein, wobei ich jedoch immer wieder auf den Teddy Bezug nehme, etwa so:

»Du zeigst jetzt einmal dem Teddy, wie man ganz still liegt und die Augen zumacht. Der Teddy lernt das jetzt von dir, aber du mußt es ihm ganz lange vormachen, damit er es richtig lernt. So – jetzt schön die Augen zumachen und ganz lange zulassen, bis ich dir sage, daß du sie wieder aufmachen kannst, damit dein Teddy das richtig lernt von dir.

Du liegst jetzt ganz ruhig, und nun zeigst du deinem Teddy einmal, wie man ganz ruhig atmet. Du atmest ganz ruhig und gleichmäßig – ganz ruhig und gleichmäßig und läßt deine Arme und Beine ganz locker. Arme und Beine sind jetzt ganz locker, und du atmest ganz ruhig und gleichmäßig – ganz ruhig und gleichmäßig. Die Augen bleiben die ganze Zeit geschlossen, und du wirst immer ruhiger – immer ruhiger. Auch dein Teddy ist jetzt ganz ruhig geworden, weil du es ihm so schön vormachen kannst. Du zeigst dem Teddy nun, wie man ganz lange die Augen zuhalten und ruhig liegen kann. Du bist jetzt ganz ruhig – du atmest ganz ruhig und gleichmäßig. Deine Arme und Beine sind ganz locker und entspannt. Und nun träumst du etwas ganz Schönes, aber alles, was ich dir sage, kannst du weiter ganz deutlich hören, und du wirst alles genau befolgen. Alles, was ich dir sage, wirst du immer sofort tun. Das ist ganz wichtig, damit dein Teddy wieder gesund wird. Deshalb wirst du alles, was ich dir sage, immer sofort tun. Du kannst nicht anders. Alles, was ich dir sage, wirst du immer sofort tun. Du willst das auch tun, damit dein Teddy schnell wieder gesund wird.«

In fast allen Fällen ist damit die Hypnose eingeleitet. Wir können nun direkt die Beschwerden des Kindes ansprechen. Geht es z. B. um Schulleistungssteigerung bei dem Kind, dann könnte dies etwa mit folgenden Worten geschehen:

Steigerung der Schulleistung

»Dein Teddy paßt jetzt immer in der Schule auf, damit er ein ganz kluger Teddy wird. Auch du paßt in der Schule ab sofort genau auf und hörst nur auf das, was der Lehrer sagt. Du läßt dich durch nichts mehr ablenken und arbeitest intensiv im Unterricht mit. Du meldest dich auch jedesmal, wenn du die Antwort weißt, damit der Lehrer merkt, daß du fleißig bist und richtig mitarbeitest. Auch zu Hause machst du deine Schularbeiten ganz konzentriert und läßt dich nicht ablenken. Du gehst erst spielen, wenn du deine Aufgaben gemacht hast. Ab sofort schreibst du auch noch viel schöner als vorher. Du gibst dir von Tag zu Tag immer noch mehr Mühe, immer schöner zu schreiben. Du kannst ganz schön schreiben und schreibst von Tag zu Tag immer noch schöner – immer schöner« (usw.).

Konditionierung und Aufhebung

Nachdem Sie die gewünschte Suggestion gegeben haben, vergessen Sie nicht die Konditionierung für die Einleitung der nächsten Hypnose. Sagen Sie etwa folgendes:

»Alles, was ich dir gesagt habe, hast du dir genau gemerkt, und du wirst alles genau befolgen. Auch das, was ich dir jetzt sage, wirst du genau befolgen. Ab sofort genügt es, daß ich dir über das Haar streiche, und schon fallen deine Augen zu. Dann wirst du wieder genauso ruhig wie jetzt. Sobald ich dir einmal über das Haar streiche, fallen dir immer sofort die Augen zu. Du kannst die Augen dann nicht mehr offenhalten. Du wirst dann sofort wieder so ruhig wie jetzt. Das hast du dir ganz tief eingeprägt, und du wirst immer danach handeln. Sobald ich dir also das nächste Mal über die Haare streiche, fallen dir sofort die Augen su. Du läßt dich dann wieder in diesen wunderbaren Ruhezustand sinken wie jetzt. Das hast du dir ganz fest eingeprägt, und das wirst du auch immer tun. Nun zähle ich gleich bis Drei. Dann machst du deine Augen wieder auf. Arme und Beine sind wieder ganz locker, und du fühlst dich ganz frisch und wohl. Eins – zwei – drei. Augen auf. Du bist wieder ganz munter und fühlst dich frisch und wohl.«

Zweithypnose nach der Konditionierung

Wenn Sie so vorgehen, genügt es beim nächsten Mal, dem Kind über die Haare zu streichen. Sofort werden seine Augen zufallen, und die Hypnose ist eingeleitet. Ich sage dem Kind aber stets vorher, was ich gleich machen werde, damit das Vertrauensverhältnis nicht gestört wird. Etwa so:

»Ich freue mich, daß du mich wieder einmal besuchst. Gleich werde ich dir über die Haare streichen, und dann fallen dir sofort wieder die Augen zu. Du sinkst wieder in diesen angenehmen Ruhezustand wie beim letzten Mal. Sobald ich dir gleich über die Haare streiche, fallen dir sofort die Augen zu – Arme und Beine werden dann wieder ganz locker, und du sinkst wieder in diesen wunderbaren Ruhezustand. Diesmal noch tiefer als beim letzten Mal – noch viel tiefer.«

Hypnose-einleitung durch Märchen

Bei ganz kleinen Kindern empfiehlt es sich, die Einleitung der Hypnose in ein Märchen zu kleiden. Hier ein Beispiel:

»Heute will ich dir einmal ein Märchen erzählen. Es ist ein Märchen von einem ganz kleinen Mädchen in deinem Alter, das nicht lernen wollte. Lege dich einmal ganz ruhig hin, schließe deine Augen und hör mir einmal ganz genau zu.

Es war einmal ein Mädchen, das wollte nicht zur Schule gehen, und es hatte auch keine Lust, seine Aufgaben zu machen. Viel lieber wollte es auf die Straße gehen und spielen. Die Eltern waren ganz traurig, denn sie wollten ja ein kluges Kind haben. Eines Tages traf dieses kleine Mädchen einen klugen alten Mann. Dem erzählte es, daß es nicht gern zur Schule gehen möchte. Der alte Mann aber schüttelte seinen Kopf und sagte zu dem Mädchen: ›Du kannst es zwar jetzt noch nicht einsehen, aber wenn du einmal älter bist, dann brauchst du alle diese Dinge, die du jetzt in der Schule lernst. Dann wirst du weinen, daß du nicht auf deine Eltern gehört hast. Dann findest du keine Arbeit, weil du nichts gelernt hast, und du verdienst auch kein Geld. Du kannst dir nichts zu essen kaufen und auch keine schönen Spielsachen. Aber heute bist du noch klein und kannst alles ändern. Wenn du immer fleißig lernst und deine Aufgaben ordentlich machst, dann verdienst du später viel Geld und kannst dir alle schönen Sachen kaufen, die du haben möchtest. Und eines Tages kommt ein schöner und kluger Mann, der dich sehr gern hat und dich heiratet. Der ist dann auch ganz stolz, daß er eine so kluge und fleißige Frau hat, und weil er dich so lieb hat, verwöhnt er dich so richtig. Du siehst, wie wichtig es ist, immer zur Schule zu gehen und seine Aufgaben ordentlich zu machen. Und weil du das einsiehst, wirst du ab heute sogar gern zur Schule gehen und immer deine Aufgaben ordentlich machen und fleißig lernen.‹

Das kleine Mädchen versprach dem alten weisen Mann, fleißig zu lernen und immer die Schulaufgaben ordentlich zu machen. Es bedankte sich für den guten Rat, ging mit Freuden zur Schule und wurde eine ganz kluge Frau, die sich alle Wünsche erfüllen konnte. Und weil du das alles auch möchtest, wirst du es genauso machen. Auch du gehst gern zur Schule und machst immer deine Aufgaben zuerst, bevor du spielen gehst. Darüber werden sich deine Eltern sehr freuen. So wirst auch du dir später alle Wünsche erfüllen können.«

Sie werden bei der Hypnose selten aufmerksamere »Mitmacher« haben als Kinder, wenn Sie auf deren Vorstellungswelt eingehen. Auf diese Art werden Sie in jedem einzelnen Fall erfolgreich sein.

Hypnose bei älteren Menschen

Basissuggestionen

Mit zunehmendem Alter läßt die Hypnotisierbarkeit deutlich nach. Zur Einleitung der Hypnose bei älteren Menschen sollte man daher zunächst einige Basissuggestionen geben, die sicher verwirklicht werden. Ich sage in einem solchen Fall, daß ich zunächst einen Test machen möchte, um den Grad der Hypnotisierbarkeit festzustellen. Dann lasse ich meinen Patienten sich setzen und die Augen schließen. Nun bitte ich ihn, die Arme waagerecht vorzustrecken und beginne mit der Suggestion, daß seine Arme immer schwerer werden:

»Immer schwerer werden Ihre Arme. Sie können die Arme kaum noch halten. Immer mehr Schwere fließt in Ihre Arme. Sie können Ihre Arme nicht mehr hochhalten. Ihre Arme beginnen zu sinken. Immer schwerer werden Ihre Arme und sinken immer tiefer und tiefer. Ihre Arme sinken immer tiefer – immer tiefer. Gleich sinken Ihre Arme in Ihren Schoß. Sie können die Arme nicht mehr hochhalten. Jetzt sinken Ihre Arme in Ihren Schoß.«

Diese Suggestion setzen Sie solange fort, bis die Arme in den Schoß gesunken sind. Kaum jemand wird die Arme länger als fünf Minuten waagerecht hochhalten können. Sobald die Arme in den Schoß gesunken sind, geben Sie den Befehl, die Augen zu öffnen, und sagen der Versuchsperson, daß sie auf die Hypnose gut anspreche, wie sie ja eben selbst gesehen habe. Dann leiten Sie die Hypnose ganz normal ein.

Ein sehr wirksamer Test

Ein anderer sehr wirksamer »Test« wird so durchgeführt: Die Versuchsperson sitzt auf einer Couch, die Beine ausgestreckt. Am einfachsten lassen Sie die Versuchsperson zuerst liegen und bitten sie dann, sich aufzurichten, bis sie sitzt. Die Beine bleiben ausgestreckt. Diese Position ist, zumal für ältere Menschen, nicht lange zu halten. Bitten Sie sie dann, die Augen zu schließen. Nehmen Sie dann beide Hände der Versuchsperson in Ihre Hände. Beginnen Sie nun mit folgender Suggestion:

»Sie spüren, wie es Sie ganz deutlich nach hinten zieht. Immer stärker zieht es Sie nach hinten. Sie können sich kaum noch halten, und immer stärker zieht es Sie nach hinten. Sie spüren, wie Sie langsam nach hinten sinken. Immer stärker zieht es Sie nach hinten. Sie spüren, wie Sie immer mehr nach hinten sinken.«

Dabei geben Sie unmerklich einen leichten Druck über die Hände nach hinten und verstärken so das natürliche Bestreben, sich aus dieser Position nach hinten sinken zu lassen. Die geschlossenen Augen erschweren die Orientierung, so daß jeder innerhalb von wenigen Minuten nach hinten sinken wird. Nach dieser Einleitung der Hypnose fahren Sie mit einigen Basissuggestionen fort:

Ruhe, Wärme, Sicherheit

»Sie spüren, wie eine wunderbare Ruhe sich in Ihrem ganzen Körper ausbreitet. Ihr ganzer Körper ist erfüllt von diesem wunderbaren Gefühl der Ruhe und Entspannung. Sie fühlen sich ganz wohl und lassen sich immer tiefer und tiefer sinken in dieses wunderbare Gefühl der Ruhe und Entspannung. Sie sind ganz ruhig und müde – ganz ruhig und müde. Sie werden immer müder – immer müder.

Ich lege nun meine Hand auf Ihren Magen, und Sie spüren, wie eine wohlige Wärme von meiner Hand ausgeht. Diese angenehme Wärme breitet sich immer weiter aus. In diesem angenehmen Wärmegefühl werden alle Muskeln ganz locker – ganz locker und entspannt. Sie fühlen sich ganz wohl – ganz wohl und geborgen.

Sie wissen, daß ich nur Ihr Bestes will. Ich will Ihnen nur helfen. Bei mir sind Sie in guten Händen, und Sie geben sich ganz diesem Gefühl der Sicherheit und Geborgenheit hin. Ihre Sicherheit und Ihr Selbstvertrauen wachsen immer mehr. Nichts kann Sie stören. Sie fühlen sich ganz sicher und geborgen. Sie sind eingehüllt in ein wunderbares Gefühl der Sicherheit und Geborgenheit.«

Verstärkung durch Handkreisen

Sollten Sie es nun noch für erforderlich halten, so können Sie die eingeleitete Hypnose durch »Handkreisen« am Kopf verstärken. Hierbei machen Sie im Abstand von einigen Zentimetern über dem Hinterkopf kreisende Bewegungen mit Ihrer rechten Hand. Diese kreisförmigen Bewegungen können auch direkt auf den Haaren ausgeführt werden (wie beim Kopfwaschen). Hierdurch wird eine deutliche Vertiefung der bereits eingetretenen Hypnose erreicht. Danach können Sie sofort mit den eigentlichen Suggestionen beginnen.

Hypnose bei schwierigen Erwachsenen

Die Motivation

Die Hypnotisierbarkeit einer Person ist abhängig von ihrer Empfänglichkeit für Suggestionen. Die Suggestibilität ist sehr situationsabhängig. Insbesondere spielt hier das Alter eine große Rolle – aber auch der Grad der physischen Ermüdung und natürlich die Motivation für eine Hypnose sind wichtige Faktoren. Bei kranken Menschen ist die Motivation aus dem Wunsch heraus, gesund zu werden, sicher gegeben, so daß wir hier mit einer deutlich erhöhten Suggestibilität rechnen können.

Die Überwindung der Angst

Doch auch an sich besonders schwierige Versuchspersonen sind hypnotisierbar. Bei ihnen muß man nur langsamer und stufenweise vorgehen, ähnlich wie bei älteren Menschen. Wenn eine Versuchsperson zu Ihnen Vertrauen hat und sich körperlich und seelisch entspannen kann, dann wird auch die Einleitung der Hypnose keine Schwierigkeiten bereiten. Der größte Feind der

Entspannung aber ist die Angst. Sorgen Sie also zunächst dafür, daß Ihre Versuchsperson keine Angst hat. Versuchen Sie in einem verständnisvollen Gespräch festzustellen, woher diese Angst kommt, und versuchen Sie, die Ursache hierfür zu beseitigen. Vor allem bauen Sie ein partnerschaftliches Verhältnis zu Ihrer Versuchsperson auf. Geben Sie schwierigen Personen keine direkten Befehle, sondern regen Sie sie zur Mitarbeit an. Sagen sie etwa:

»Wir werden nun gemeinsam versuchen, zwischen uns einen hypnotischen Rapport herzustellen. Ohne Ihre Mitarbeit kann ich dabei nicht erfolgreich sein.«

Die Tagtraum-Technik

Eine gute Einleitung bei schwierigen Versuchspersonen ist die »Tagtraum-Technik«. Hierbei fordern Sie die Versuchsperson auf, sich entspannt hinzulegen oder zu setzen, die Augen zu schließen und einfach vor sich hinzuträumen, dabei aber alle Eindrücke und Bilder laufend zu schildern. Sie können den Traum in eine bestimmte Richtung lenken, indem Sie die Versuchsperson bitten, sich vorzustellen, wie sie in Urlaub fährt, einen Spaziergang macht oder einen Berg besteigt. Lassen Sie sich sämtliche Eindrücke laufend in allen Einzelheiten schildern und stellen Sie ruhig zwischendurch Fragen. So wird der Patient daran gewöhnt, auf seine bildhaften Vorstellungen zu achten und die Fähigkeit der Imagination zu trainieren. Gleichzeitig haben Sie hier die Möglichkeit einer kleinen Psychoanalyse, denn aus der Art seiner Eindrücke und der Form der Schilderung können Sie schon wertvolle Rückschlüsse auf seine vorhandenen Probleme ziehen.

Das Spielen einer Rolle

Eine andere Technik zur Einleitung der Hypnose bei schwierigen Personen ist das »Spielen einer Rolle«. Hierbei kommt es nur darauf an, daß die Versuchsperson einfach so tut, als sei die gegebene Suggestion bereits voll wirksam. Sobald Sie also die Suggestion geben: »Ihre Augen sind ganz schwer. Sie können die Augen jetzt nicht mehr offenhalten. Ihre Augen fallen zu«, läßt die Versuchsperson die Augen ganz langsam zufallen, als ob sie sie wirklich nicht mehr offenhalten könnte. Folgt dann Ihre Suggestion: »Sie können die Augen nun nicht mehr öffnen, auch wenn Sie es versuchen, es geht nicht, Sie können die Augen jetzt nicht mehr öffnen«, dann tut die Versuchsperson so, als ob sie die Augen öffnen wolle, sie runzelt die Stirn wie bei einer großen

Anstrengung, hält aber die Augen geschlossen. Wenn Sie auf diese Art mehrmals eine wirksame Hypnose durchgespielt haben, werden Sie feststellen, daß auf einmal die bisher gespielte Wirkung wirklich eintritt.

Während des letzten Krieges kam es wiederholt vor, daß Soldaten eine Krankheit simulierten, um als dienstunfähig entlassen zu werden. In vielen Fällen gelang dies auch, und wenn alle Behandlungen der »Krankheit« erfolglos blieben, mußten sie entlassen werden. Dann aber war es oft unmöglich, die wochenlang nur gespielten Symptome wieder abzuschütteln. Aus dem Spiel war Ernst geworden.

Die beschleunigte Atmung

Auch die »Hyperventilation«, also die stark beschleunigte Ein- und Ausatmung (Hechelatmung), hilft bei der Einleitung der Hypnose. Vor Anwendung dieser Technik ist jedoch die Versuchsperson gründlich zu befragen, ob sie zu tetanischen Anfällen neigt, weil ein solcher Anfall hierdurch begünstigt werden kann. Die beschleunigte Atmung sollte allerdings auch nur solange fortgesetzt werden, bis ein leichtes Schwindelgefühl eingetreten ist. Sobald dies der Fall ist, sollte man in jedem Fall wieder normal atmen. Ist das Schwindelgefühl vorbei, kann man eventuell noch einmal die Schnellatmung einsetzen und bei erneutem Eintreten des Schwindelgefühls die Hypnose einleiten. Falls erforderlich, kann auch der Augenschluß in mehreren Stufen trainiert werden. Suggerieren Sie, daß die Augen immer schwerer werden und gleich zufallen. Sobald dies geschehen ist, geben Sie die Suggestion, daß dies beim nächsten Versuch viel schneller der Fall sein werde. Wenn Sie so mehrere Versuche hintereinander machen, werden Sie erreichen, daß die Augen schon nach wenigen Sekunden zufallen.

Die Vorführung einer echten Hypnose als Hilfe

Eine gute Hilfe für eine schwierige Versuchsperson ist natürlich auch die Vorführung einer echten Hypnose. Dies schafft bei fast jedem Menschen eine optimale Hypnosebereitschaft. Dabei können eventuell vorhandene Befürchtungen abgebaut werden. Man sollte jedoch darauf achten, daß man die Hypnose auf die gleiche Weise einleitet, wie man dies später bei der schwierigen Person tun möchte, da durch das Beispiel eine Vorprogrammierung auf einen bestimmten Ablauf erfolgt. Wichtig ist auch eine ausführliche Befragung der Demonstrationsperson nach der Hypnose über die subjektiven Eindrücke während der Hypnose, z. B. wie schwer die Arme und wie schwer die Beine wurden, ob dies unangenehm gewesen sei, ob sie Sie auch ständig gehört habe usw.

Weitere vorbereitende Maßnahmen

Als Vorbereitung zur Hypnoseeinleitung kann auch eine elektrische Sedierung mit dem Dormed-Gerät über eine Elektrodenbrille wirkungsvoll sein. Zusätzlich kann man über Kopfhörer per Tonband oder Kassettenrecorder noch beruhigende Musik abspielen und den Patienten so eine halbe Stunde zur Ruhe kommen lassen. Dies bewährt sich insbesondere bei Personen, die aus starkem beruflichen Streß unvorbereitet zu Ihnen kommen, um sich hypnotisieren zu lassen.

Fußreflexzonen-Massage

Als weitere Unterstützung des Beruhigungseffektes kann eine Massage der Fußreflexzonen (nach Marquardt) sehr nützlich sein. Hierbei wird der Endpunkt des Sonnengeflechtes pulsierend mit abnehmendem Druck und abnehmender Frequenz massiert, was innerhalb weniger Minuten zu einer wohltuenden Beruhigung führt. Setzt man die Massage fort, schläft der Patient meist darüber ein. Dieser Reflexpunkt liegt etwa in der Mitte der Fußsohle, unterhalb der mittleren Zehe. Diese Massage sollte stets an beiden Füßen gleichzeitig mit beiden Daumen durchgeführt werden, und zwar von innen nach außen kreisend, aber stets auf dem gleichen Punkt bleibend. Verringern Sie unmerklich den Druck und massieren Sie immer langsamer, bis Sie zuletzt nur noch mit Ihren Daumen die beiden Punkte sanft berühren. Die Wirkung wird Sie überraschen. Außerdem kann auch hier der »Barbiersesseleffekt« genutzt werden. Die genaue Durchführung dieser Technik habe ich bereits im Kapitel »Hypnosetechniken« ausführlich geschildert.

Die Technik der »elektrisierenden Hand«

Nun möchte ich Ihnen noch eine überaus wirkungsvolle Methode beschreiben, und zwar die Technik der »elektrisierenden Hand«. Hierbei gebe ich dem Patienten eine Elektrode eines kleinen Elektrisiergerätes in die linke Hand und nehme selbst die andere Elektrode in meine linke Hand. Die Stromstärke beträgt 2 Milliampere bei einer Spannung von 50 Volt. Sobald ich nun mit meiner rechten Hand die Versuchsperson berühre, schließe ich damit den Stromkreis, und sie spürt an der Berührungsstelle ein angenehmes Kribbeln, das besonders am Hals, an der Stirn und im Nacken eine wunderbar beruhigende Wirkung hat. Das ist völlig ungefährlich und hat auch bei häufigem Gebrauch für den Hypnotiseur keinerlei Nachteile – bestenfalls einen anregenden Effekt. Oft genügt allein die Berührung mit der »elektrisierenden Hand«, um Schmerzen beim Patienten zum Verschwinden zu bringen. In Verbindung mit den entsprechenden Suggestionen kann man damit wahre Wunder wirken.

Da sich manche Personen vor der Berührung mit elektrischem Strom fürchten, gebe ich der Versuchsperson meist den Regler in die Hand, stelle auf Null und fordere sie auf, die Stromstärke nach Belieben zu regulieren. Da ich durch die Elektrode in meiner linken Hand eine ständige Kontrolle über die jeweils eingestellte Stromstärke habe, kann ich verhindern, daß die Stromstärke mehr als ein beruhigendes Maß erreicht, im andern Fall aber die Versuchsperson bitten, den Regler nicht weiter zu betätigen.

Besonders wirksam ist es, wenn Sie beim Patienten mit der »elektrisierenden Hand« mesmersche Striche mit der gleichzeitigen Suggestion machen, daß sich die berührten Körperteile völlig entspannen. So genügen meist wenige Striche, um eine völlige Entspannung zu erreichen. Auch bei Patienten, die bereits von anderen Hypnotiseuren mehrfach erfolglos hypnotisiert wurden, erziele ich mit dieser Methode meist schon beim ersten Versuch der Hypnoseeinleitung einen vollen Erfolg. In den meisten Fällen empfinden die Patienten das leichte Elektrisieren als so angenehm, daß sie sofort fragen, warum ich diesmal keinen Gebrauch davon mache, wenn ich es nicht mehr für erforderlich halte, so daß ich denn oft dabei bleiben muß, wenn ich die Hypnose auf diese Weise eingeleitet habe.

Einleitung durch Biofeedback

Ein anderer Weg, bei schwierigen Personen die Hypnose einzuleiten, ist der Einsatz eines »Biofeedback«-Gerätes. Hierbei wird die Versuchsperson über zwei Fingerelektroden an ein Psychogalvanometer angeschlossen. An dem Zeigerausschlag des Gerätes kann man dann die Wirkung der soeben gegebenen Suggestion ablesen, so daß man bei jedem Patienten die weniger wirksamen Suggestionen weglassen, stark wirkende Suggestionen aber mehrfach wiederholen kann. Wir haben damit eine Möglichkeit, aus jeder Hypnose eine »Maßhypnose« für den jeweiligen Patienten zu entwickeln.

Außerdem können wir die Wirkung einer Suggestion, die gut aufgenommen wurde, noch weiter verstärken, indem wir z. B.

sagen: »An dem Zeigerausschlag des Gerätes kann ich ganz klar erkennen, daß sich das Schweregefühl in Ihren Armen bereits ganz deutlich zeigt. Nun fließt noch mehr Schwere in Ihre Arme. Sie spüren ganz deutlich, wie Ihre Arme immer noch schwerer werden.« Im Gegensatz zu der »elektrisierenden Hand« spürt der Patient von der Arbeitsweise des Biofeedback-Gerätes nicht das geringste, was Sie jedem Patienten zuvor sagen sollten, damit er nicht möglicherweise Angst davor hat.

Biofeedback-Einsatz als Lügendetektor

Da es sich bei dem Biofeedback-Gerät um eine Art »Lügendetektor« handelt, können Sie ihn auch bei der Befragung in der Hypnose gut einsetzen, um zu prüfen, ob in jedem Fall die Wahrheit gesagt wurde. Testen Sie zuvor, wie die Versuchsperson auf richtige und auf falsche Antworten reagiert, indem Sie ihr einige Fragen stellen, deren Antwort Sie kennen. Fordern Sie sie auch auf, einmal eine falsche Antwort zu geben, und merken Sie sich die jeweilige Reaktion am Gerät. Sobald Sie wissen, wie das Gerät bei einer bestimmten Person bei richtiger und bei falscher Antwort anzeigt, können Sie mit an Sicherheit grenzender Wahrscheinlichkeit feststellen, ob eine erhaltene Antwort richtig oder falsch ist, auch wenn der Versuchsperson gar nicht bewußt ist, eine falsche Antwort gegeben zu haben. Das Unterbewußtsein wird doch entsprechend reagieren, und diese Reaktion können Sie am Gerät erkennen.

Das abschließende Kurzgespräch

Mit einer dieser Techniken werden Sie auch bei an sich schwierigen Personen die Hypnose einleiten können. Vergessen Sie jedoch in keinem Fall, nach dem Aufwachen mit der Versuchsperson ein abschließendes Kurzgespräch zu führen, in dem Sie sie über ihre subjektiven Empfindungen während der Hypnose befragen. Hieraus werden Sie in jedem Fall wertvolle Informationen für die nächste Hypnose erhalten.

Blitzhypnose auch bei schwierigen Personen

Wichtig: der Auslöser

Vielleicht haben Sie schon einmal gesehen, wie ein Hypnotiseur eine Person durch ein einziges Wort oder eine einfache Geste in tiefen hypnotischen Schlaf versetzt hat, und haben sich gewünscht, das auch zu können. Das aber ist ganz einfach. Es handelt sich hierbei in jedem Fall um eine durch posthypnotischen Auftrag ausgelöste Hypnose, wobei in einer vorherigen Hypnose ein bestimmtes Wort oder eine Geste als Auslöser der Hypnose vereinbart wurde. Ich habe die Vereinbarung eines solchen Auslösers, die sogenannte Konditionierung, bereits im Abschnitt »Die fraktionierte Hypnose« ausführlich beschrieben. Ein einmal gefundener Auslöser funktioniert auch bei an sich schwierigen Personen.

Die Wahl des auslösenden Wortes

Auch Sie sollten genauso verfahren, wenn Sie eine bestimmte Person häufiger hypnotisieren möchten, damit Sie beim nächsten Mal nicht die ganze Hypnoseeinleitung wiederholen müssen. Es ist jedoch wichtig, daß Sie als Auslöser ein Wort nehmen, das nicht in der Alltagssprache vorkommen kann, damit sie nicht bei Ihrer Versuchsperson einmal aus Versehen eine Hypnose auslösen.

Außerdem sollten Sie bei der Konditionierung darauf achten, ebenfalls zu vereinbaren, daß dieses Wort nur dann eine Hypnose auslöst, wenn *Sie* es zu der Versuchsperson sagen, damit es bei einem anderen mit Sicherheit wirkungslos bleibt. Sonst könnte in Zukunft ja jeder eine Hypnose auslösen, der das vereinbarte Stichwort kennt.

Gruppenhypnose

Es ist immer sehr eindrucksvoll, wenn Sie mit einem Wort eine ganze Gruppe von Personen plötzlich in Hypnose versetzen. Auch hier ist es jedoch erforderlich, vorher mit jedem einzelnen das entsprechende Wort als Auslöser zu vereinbaren. In diesem Fall müssen Sie jedoch bei allen das gleiche Wort vereinbaren. Ich habe so einmal eine ganze Klasse mit einem Wort einschlafen lassen. Der anwesende Lehrer war sprachlos.

Die Hypnodiagnose bei Kranken

Anzapfung des Supergedächtnisses

Es ist eine bekannte Tatsache, daß man in der Hypnose über ein Supergedächtnis verfügt. Selbst unbedeutende Einzelheiten können dann abgefragt werden, auch wenn sie schon Jahre zurückliegen. Man kann z. B. einen Erwachsenen in der Hypnose nach dem Inhalt seiner Schultüte am ersten Schultag befragen und wird von ihm eine genaue Aufzählung des Inhaltes bekommen. Im Wachzustand ist eine solche Leistung kaum möglich. So genügt mitunter schon eine leichte Hypnose, um die Versuchsperson zu veranlassen, auf Befragen die Art ihrer Erkrankung und deren Ursache anzugeben. Dieses Wissen war zwar stes im Unterbewußtsein vorhanden, aber durch eine Mitteilungshemmung blockiert.

Die Traumsuggestion

Führt eine direkte Befragung nicht zum Erfolg, so kann man auch einen Traum suggerieren, der auf etwas längst Vergessenes aufmerksam macht, das in direktem Zusammenhang zu den jetzigen Schwierigkeiten steht. Gleichzeitig gibt man die Suggestion, daß dieser Traum nur einige Minuten dauern und die Versuchsperson aus diesem Traum dann erfrischt aufwachen werde, sich aber an alles genau erinnert. Manchmal kann ein solcher Traum jedoch nicht ohne Mithilfe der Versuchsperson gedeutet werden, weil das Unterbewußtsein nicht mit gebräuchlichen, sondern mit sehr individuellen Traumsymbolen gearbeitet hat. Für die Versuchsperson aber ist der Sinn der Symbole meist sofort klar.

Die Technik der »geführten Imagination«

Manche Menschen können aber nicht auf Kommando träumen – oder behaupten dies zumindest von sich, weil sie es sich einfach nicht zutrauen. In diesem Fall hilft die Technik der »geführten Imagination«. Hierbei wird die Versuchsperson zunächst in ein möglichst tiefes Stadium der Hypnose geführt. Dann gibt man etwa folgende Suggestion:

»Sie sind ganz ruhig. Ihre Hypnose ist tief und fest. Ganz tief und fest, aber Sie können sprechen. Wenn ich Sie gleich fragen werde, dann werden Sie mir ganz klar antworten, aber bei jedem Wort wird Ihre Hypnose noch tiefer. Es macht Ihnen keine Schwierigkeiten, mit mir zu sprechen, es geht ganz leicht – wie von selbst, aber mit jedem Wort lassen Sie sich noch tiefer sinken in diesen angenehmen Zustand der Ruhe und Entspannung. Bei jedem Wort wird Ihre Hypnose noch tiefer – so tief wie nie zuvor. Sie sehen nun vor Ihrem geistigen Auge die damalige Situation ganz klar vor sich. Es ist, als ob alles noch einmal geschieht. Sie erleben alles noch einmal und sehen alles ganz deutlich vor sich. Schildern Sie bitte ganz genau, was Sie sehen. Schauen Sie genau hin und erleben Sie alles noch einmal. Schildern Sie aber bitte gleichzeitig alles, was Sie sehen und erleben.«

Unrealistische Suggestionen

In dieser Phase kann der Hypnotiseur ruhig Fragen stellen und so die Versuchsperson immer näher an die zu klärenden Ereignisse heranführen, bis alle Fragen befriedigend geklärt sind. Man kann in diesem Zustand auch scheinbar unrealistische Suggestionen geben. Wenn Sie z. B. eine Krankheitsursache klären wollen, so können Sie durchaus sagen: »Ihr Körper ist für Sie ganz durchsichtig. Sie stehen vor einem Spiegel, in dem Sie Ihren Körper ganz durchschauen können. Sie sehen, wie Ihr Herz schlägt und Ihre Lunge arbeitet. Sie erkennen auch Ihre Galle. Sehen Sie nach, ob vielleicht Steine in der Galle sind« usw. Natürlich kann man nicht wirklich in seinen Körper hineinsehen, aber durch diese Suggestionen werden mitunter Informationen aus dem Unterbewußtsein freigesetzt, die die gestellte Frage einwandfrei beantworten.

Schreiben in Hypnose

Es ist auch möglich, dem Patienten die Suggestion zu geben, in der Hypnose die gewünschte Situation schriftlich zu schildern, ohne daß dadurch der hypnotische Zustand gestört wird. Es genügt auch hier die Suggestion, daß mit jedem Wort, das er schreibt, die Hypnose immer tiefer und tiefer werde. Oft wird nach dem Abbruch der Hypnose der Inhalt dieser schriftlichen Schilderung dem Autor völlig fremd erscheinen, so als ob dies ein Fremder geschrieben hätte. Dann wird nur die eigene Schrift den Patienten überzeugen, daß wirklich er selbst dies alles geschrieben und somit auch gewußt hat.

Das Tonbandprotokoll

Bei der Umsetzung der bildhaften Vorstellung in die Schrift geht jedoch mitunter wichtiges Material verloren. Deshalb ziehe ich den Weg vor, ein Tonbandprotokoll anzufertigen, also eine genaue Befragung der Versuchsperson vorzunehmen, wobei jedes Wort auf Tonband aufgenommen wird. Außerdem stört es den Fluß der Gedankenbilder weniger, wenn man das Geschaute nur aussprechen braucht.

Ein Fallbeispiel

Einmal fertigte ich ein solches Tonbandprotokoll an, um die Ursache eines hartnäckigen Leidens bei einer jungen Frau herauszufinden. Sie litt seit zwei Jahren an einer linksseitigen Trigeminus-Neuralgie, die allen bisherigen medikamentösen Behandlungen unbeeinflußbar widerstanden hatte. Dabei handelt es sich um fast unerträgliche Schmerzen im Unterkiefer, die schon manchen zum Selbstmord getrieben haben. Auch die junge Frau war nervlich völlig am Ende, als sie zu mir in die Praxis kam. Da sie fast ständig Schmerzen hatte, mußte ich mit Hilfe der Hypnose zunächst einmal eine zeitweilige Schmerzfreiheit erreichen, damit wir eine ausreichend tiefe Hypnose herbeiführen konnten.

Schon auf meine erste Frage nach der Ursache der entsetzlichen Schmerzen sagte sie ganz spontan, daß ihr Mann sie vor drei Jahren betrogen habe, als sie sich allein im Urlaub befand. Es handelte sich um eine Gastarbeiterin, die auf der gleichen Etage wohnte. Sie hatte es erst ein halbes Jahr später erfahren. Sie wollte sich damals scheiden lassen, brachte es aber nicht übers Herz, zumal ihr Mann ihr versicherte, daß sich der Vorfall nicht wiederholen würde und daß er selbst unter seinem Seitensprung mehr leiden würde als sie. Trotzdem konnte sie kaum noch etwas essen und magerte stark ab. Sie begab sich in ärztliche Behandlung und bekam Medikamente, so daß sie allmählich wieder Appetit bekam. Der steigerte sich jedoch so sehr, daß sie inzwischen 42 Pfund zugenommen hatte und immer noch weiter zunahm, weil sie ständig essen mußte. Einige Monate, nachdem sie ihre Appetitlosigkeit überwunden hatte, begannen plötzlich diese entsetzlichen Schmerzen im Unterkiefer. Zunächst im Abstand von einigen Tagen, allmählich aber immer häufiger, bis sie zuletzt praktisch ständig diese Schmerzen hatte.

Ich erkannte schnell, daß ihr Haß gegen die andere Frau die Schmerzen verursachte, und riet ihr, diese Frau einmal zum Kaffee einzuladen und dann die ganze Sache zu vergessen. Diesen Rat wies sie jedoch als unannehmbar von sich. Darauf mußte ich ihr sagen, daß ich ihr dann nicht helfen könne. Nach einigen Tagen kam sie erneut in meine Praxis und war bereit, der Nachbarin zu verzeihen und sie auch zum Kaffee zu bitten, wenn ich nur meine Behandlung fortsetzen würde. Ich habe das mit Freuden zugesagt und sie mit Hilfe der Hypnose für einige Tage schmerzfrei machen können. Ich riet ihr, in dieser Zeit die Einladung vorzunehmen und sich auszusöhnen. Eine Woche später rief sie mich an, daß sie meinen Rat befolgt habe und seither schmerzfrei sei. Ich habe nie wieder von ihr gehört.

8. Möglichkeiten und Grenzen der Hypnose

Erstaunliche Phänomene

Steigerung der Vitalität und Schärfung der Sinne

Die verborgenen Möglichkeiten im menschlichen Nervensystem sind sehr viel größer, als wir uns das im allgemeinen vorstellen. Der Mensch kann in der Hypnose seine Muskulatur weit stärker beanspruchen, als dies im Wachzustand möglich wäre. Andererseits kann er sich in der Hypnose in einem Maß entspannen, wie dies bei vollem Bewußtsein nicht erreicht werden kann.

In der Hypnose kann die Leistung der Sinnesorgane vorübergehend gesteigert, und Bewegungsabläufe können enorm beschleunigt werden. Auch die Herztätigkeit kann erhöht oder gedämpft werden. Darüber hinaus ist es möglich, die innere Sekretion, die Darmfunktion und die Funktionen der Haut zu beeinflussen.

Ein Experiment

In welch hohem Maße die Sinne in der Hypnose geschärft werden können, können Sie aus folgendem Experiment erkennen: Nehmen Sie ein neues Kartenspiel, bei dem die Rückseiten völlig gleich sein müssen. Bestimmen Sie eine der Karten und notieren Sie sich Farbe und Wert der Karte. Versetzen Sie eine Versuchsperson in tiefe Hypnose und lassen Sie sie dann die Augen öffnen. Zeigen Sie ihr die ausgesuchte Karte (aber nur deren Rückseite) und suggerieren Sie ihr, daß sie beim nächsten Vorzeigen auf deren Rückseite ein schwarzes Kreuz sehen würde und die Karte daran sofort erkennen könne. Sie stecken dann die ausgewählte Karte ins Spiel zurück und mischen gründlich. Dann zeigen Sie der Versuchsperson nacheinander alle Karten mit der Rückseite und bitten Sie sie, die Karte mit dem (angeblichen) schwarzen Kreuz herauszufinden. In fast allen Fällen wird die Versuchsperson die vorher ausgewählte Karte einwandfrei bestimmen können.

Wir sehen aus diesem Experiment, daß die Versuchsperson keineswegs passiv den Anweisungen des Hypnotiseurs gehorcht, sondern ohne besondere Suggestion die zur Lösung der Aufgabe erforderlichen Fähigkeiten hervorbringt.

Erzeugung einer Brandblase durch Suggestion

Ein anderes Hypnoseexperiment möchte ich hier noch einmal anführen, weil es lückenlos von einem Ärzteteam beobachtet und das Ergebnis in einem Protokoll festgehalten wurde. Es handelt sich um die Erzeugung einer Brandblase durch Suggestion. Es wird folgendermaßen durchgeführt: Der Hypnotiseur berührt die Haut der Versuchsperson mit einem kalten metallischen Gegenstand (also z. B. einer Münze) und gibt dabei die Suggestion, die Münze sei glühend heiß und verbrenne die Haut. Nach dieser Suggestion beendet man die Hypnose und weckt die Versuchsperson wieder auf. Schon zwei bis drei Stunden später zeigt sich genau an der Stelle, die mit der Münze in Berührung kam, das typische Bild einer Hautverbrennung mit Blase.

Das Experiment

Über dieses Experiment berichtet Platonow in seinem Buch *Das Wort als physiologischer und heilender Faktor:*

»Versuchsperson M., 38 Jahre alt, die gut zu hypnotisieren war, wurde von V. I. Finne in suggerierten Schlaf versetzt. Danach legte man auf die Innenseite ihres linken Unterarms eine Kupfermünze und suggerierte ihr: ›Man hat einen glühenden Metallring auf Ihren Arm gelegt; Sie werden von ihm eine Verbrennung davontragen, das tut Ihnen weh.‹ Diese Suggestionsformel wurde einige Male wiederholt. Nach dem Erwachen beobachtete einer der Ärzte die Versuchsperson M. ununterbrochen. Laut Behandlungsprotokoll erschien 25 Minuten nach der oben genannten Suggestion und dem Erwachen aus dem suggerierten Schlaf an der ›Verbrennungsstelle‹ eine diffuse Hautrötung, nach 55 Minuten bemerkte man eine Schwellung, nach zweieinhalb Stunden zeigte sich im Zentrum der ›Verbrennung‹ ein weißer Fleck, und nach dreieinhalb Stunden bildete sich an dieser Stelle eine Brandblase.«

Wie schwierig solche weitgehenden Veränderungen zu erklären sind, ersehen Sie aus den nachfolgenden Ausführungen Schäfers:

»Einen anderen Charakter trägt die Erklärung der suggestiv herbeigeführten ›Verbrennung‹, die mit der Bildung einer Blase verbunden ist. Da diese Verbrennung ohne jede Aktivität der Versuchsperson, wie z. B. Kratzen der Haut, auftritt, muß sie durch nervöse Impulse bedingt sein. Eine derartige Erklärung zu akzeptieren, erscheint jedoch aus zwei Gründen schwierig. Zunächst ist unbekannt, auf welche Weise die Reizung sympathischer Nerven – der einzigen, die zur Haut führen – eine Blasenbildung bewirken kann. Wir waren immer der Ansicht, daß solche Blasen als Resultat einer lokalen Zelldestruktion und einer Schädigung der Blutgefäße durch Einwirkung hoher Temperaturen auftreten. Diese Fakten fehlen hier jedoch. Zweitens ist unverständlich, wieso der sympathische Effekt lokal begrenzt bleibt. Wenn wir diese Wirkungen untersuchen, so sehen wir, daß das sympathische Nervensystem zur gleichen Zeit immer in allen seinen Verzweigungen mit der gleichen Intensität erregt wird. Möglicherweise sind jene Impulse, die zur Blasenbildung führen, noch nicht erkannt.« (Zitiert nach V. Safonov, *Wissenschaft und Religion*, 1967.)

Das Phänomen des »Feuergehens«

Aber auch die entgegengesetzte Wirkung läßt sich in der Hypnose oder in Trance erzielen. Es handelt sich um das Phänomen des »Feuergehens«, das bei vielen Völkern beobachtet werden kann. In der *Deutschen Medizinischen Wochenschrift,* Nr. 32/1940, gibt B. Buschan eine Übersicht.

Danach stammen die frühesten Beschreibungen des Feuergehens von *Saporta,* der diesen Brauch in Polynesien, auf der Insel Raja-Taja beobachtete. Er erlebte mit, wie Priester betend über heiße Steine schritten, ohne auch nur die geringsten Verletzungen zu erleiden. Die Priester behaupten, daß die ganze Welt in der Flamme untergehen würde, wenn einer der Teilnehmer an der Zeremonie aus Furcht umkehre.

Kellog berichtet von dem Brauch des Feuergehens auf Tahiti. Dort wurden Steine zwei Tage und Nächte lang erhitzt, bis sie weißglühend waren. Dann schritten die Eingeborenen barfuß über den zwölf Meter langen glühenden Steinhaufen. Manche gingen dreimal über die Steine. Auch *Kellog* versuchte, sich zumindest dem Steinhaufen zu nähern, mußte aber wegen der großen Hitze einige Schritte Abstand halten. Er warf jedoch einen alten Schuh auf die Steine, der augenblicklich verbrannte. An den Füßen der Feuergeher waren jedoch nicht die geringsten Verletzungen zu erkennen.

Wirtz hat in Indien das Feuergehen an religiösen Festtagen beobachtet. Dort schritten die Pilger mit bloßen Füßen über glühende Kohlen zu den Götterbildern, um sie mit Blumen und Girlanden zu schmücken. Keiner von ihnen trug auch nur die geringste Verletzung davon.

Johnson berichtet vom Feuergehen auf der Insel Martinique. Dort wird ein sieben Meter langer »Weg« aus glühenden Kohlen bereitet, der eine solche Hitze ausstrahlt, daß die Zuschauer noch in zehn Meter Entfernung Mühe haben, sie auszuhalten. Auf beiden Seiten der Glut werden Götterbilder aufgestellt und Opfer gebracht, dann tritt der oberste Priester auf die Glut. In den Händen hält er Talismane. Sein Blick ist starr auf die Götterbilder gerichtet. Er scheint die Glut gar nicht zu bemerken. Dabei sinkt sein Fuß bei jedem Schritt knöcheltief ein. Aber er geht ruhig und unbeirrt weiter, obwohl sein Gesicht deutlich an Kraft verliert, je länger er über die Kohlen schreitet.

Der nächste Priester, der über das Feuer geht, trägt Blumen auf dem Kopf. Seine Schritte sind kraftvoll und sicher. Aber in der Mitte des Weges schwinden anscheinend seine Kräfte. Fast scheint es, als werde er hinfallen, aber er strengt sich an und schafft es ebenfalls.

Dann kommen drei Männer und drei Frauen. Es sind Novizen, die den Brauch zum ersten Mal ausführen. Sie sehen aus wie im Fieber, den Mund offen, die Augen geistesabwesend und glasig. Als eine der Frauen auf halbem Weg stehenbleibt und Schreie ausstößt, schlägt ihr ein Priester mit einem nassen Strick auf den Kopf. Danach geht sie weiter. Sie kann sich nur mühsam auf den Beinen halten, aber sie schafft es. Bei keinem der Teilnehmer ist eine Verletzung zu erkennen.

Sogar in Japan ist das Feuergehen Tradition. Der englische Gelehrte *Lowell* berichtet von einer solchen Zeremonie, die nach seinen Worten zweimal im Jahr in einem kleinen Tempel in Ontacka ausgeführt wird. Dort werden glühende Kohlen so ausgelegt, daß sie einen vier Meter langen und etwa einen Meter breiten Weg bilden. Auf allen Seiten sind heilige Texte aufgehängt. Das Feuer wird ständig mit Fächern an langen Stangen angefacht. Zunächst schreitet eine Gruppe von Priestern um die Glut, dann löst sich eine kleinere Gruppe von Priestern daraus, geführt von dem obersten Priester, die sicher durch die Glut schreitet.

Ein überwachtes Experiment

Im Jahr 1935 wurde von den Mitgliedern der Gesellschaft für psychologische Forschung mit dem indischen Fakir *Kuda Baks* ein streng kontrollierter Versuch durchgeführt und genau protokolliert (H. Price, University of London, Council for Psychological Investigations). Hier ein Auszug aus dem Protokoll:

»Vor dem Experiment wurden die Füße des Fakirs genau untersucht und gewaschen. Es waren keine Spuren einer Vorbereitung zu erkennen. Die Fußsohlen waren weich und trocken, und die Hauttemperatur betrug 27 Grad. Man benutzte für das Experiment zwei Öfen, die jeweils 3,35 Meter lang und 1,80 Meter breit waren, und füllte sie mit Zeitungspapier, Paraffin und Brennholz. Dann bedeckte man das Brennmaterial oben mit Holzkohle. Um 16 Uhr sollte das Experiment stattfinden. Um 8 Uhr morgens wurde das Feuer angezündet. Um 16 Uhr glühten die Öfen vorschriftsmäßig. Das ganze Experiment wurde fotografiert und gefilmt. Der Fakir schritt ohne Hast mit fünf Schritten über den Ofen und wieder zurück. Danach wurde die Hauttemperatur gemessen. Sie war immer noch 27 Grad. Die Fußsohlen waren unversehrt. Der Fakir machte sich bereit, über den zweiten Ofen zu gehen, als er sich plötzlich erregt mit den Worten an die Mitglieder der Untersuchungskommission wandte: ›In mir ist etwas verletzt worden. Ich habe dadurch den Glauben an mich verloren und kann das Experiment nicht wiederholen.‹

Ein Mitglied der Kommission, das die Demonstration gesehen hatte, versuchte nun selbst dies zu wiederholen. Als er jedoch einige Schritte getan hatte, sprang er zur Seite und mußte ärztlich behandelt werden, denn an seinen Fußsohlen traten sofort starke Verbrennungen auf.«

Eigene Erlebnisse

Ich selbst habe in diesem Zusammenhang ein unvergeßliches Erlebnis gehabt. Um einmal selbst Augenzeuge dieser Vorgänge zu sein, ließ ich einen indischen Yogi aus seiner Heimat kommen. Er blieb einige Wochen mein Gast, so daß ich in Ruhe die verschiedenen Vorführungen studieren und fotografieren konnte. Wir haben ihn für zwei Stunden in Plastik gehüllt und luftdicht vergraben, ohne daß ihm dies erkennbar geschadet hätte. Mit verbundenen Augen schoß er mit Pfeil und Bogen auf sieben pendelnde Fäden, an denen Gewichte hingen – und durchschoß alle Fäden gleichzeitig.

Dann bereitete ich das Experiment des Feuergehens vor. Ich entzündete einen Stapel trockenes Buchenholz, das nach vier Stunden eine ungeheure Hitze verbreitete. Der Yogi *Ram Prija Dass* ging einmal betend um das Feuer und schritt dann dreimal durch die Glut. Einige Sekunden war ich wie gelähmt, dann lief ich zu ihm, um ihm zu helfen. Aber er benötigte keine Hilfe – seine Füße waren unversehrt.

Gegen Schmerzen

Hypnose – Fremdhypnose wie auch Selbsthypnose – wirkt in Bereiche, die kaum noch faßbar sind. Besonders segensreich kann ihre Wirkung jedoch bei der Schmerzlinderung sein. Viele schmerzhafte Operationen sind unter hypnotischer Narkose ausgeführt und ausführlich beschrieben worden, so daß es bezüglich der Zuverlässigkeit bei sachgemäßer Ausführung keine Zweifel mehr geben kann. Es zeigt uns, daß auch der stärkste Schmerzreiz durch Hypnose blockiert werden kann. Insbesondere bei dem sogenannten »Phantomschmerz« ist sie meist der einzige Weg, der Hilfe bringen kann. Aber auch bei der Beseitigung von Kopfschmerzen und Migräne ist sie eine große Hilfe, denn der Erfolg bleibt selten aus.

Die objektive Grenze

Flucht in die Krankheit

Bei den zahlreichen Möglichkeiten, die uns die Hypnose bietet, dürfen wir allerdings auch nicht ihre Grenzen übersehen. Insbesondere bei der »Flucht in die Krankheit« kann man auch mit der Hypnose nicht helfen, denn die starken Schmerzen sind ja durch den eigenen Wunsch entstanden. Nicht umsonst sagt der Volksmund: »Wir machen uns Kopfschmerzen.« Die meisten Kopfschmerzen machen wir uns tatsächlich selbst, auch wenn uns das nicht bewußt ist. Hier kann auf die Dauer nur eine Änderung der geistigen Einstellung helfen. Jedes Medikament und auch die Hypnose müssen hier versagen.

Der der Wirkung entgegenstehende Wunsch

Man kann also sagen, die Hypnose kann in den Fällen eine Hilfe sein, in denen nicht ein Wunsch der Wirkung entgegensteht. Hier beschränkt sich ihre Anwendung keineswegs nur auf psychische Erkrankungen. Auch eine Wunde heilt z. B. schneller, wenn die entsprechende hypnotische Suggestion gegeben wird. Man kann durchaus ganz allgemein sagen, daß jeder Kranke mit Hilfe positiver Suggestionen viel rascher zu genesen vermag, insbesondere etwa im Anschluß an erfolgte Operationen. Menschen, die zu Hause oder im Berufsleben unglücklich sind und die Umsorgtheit im Krankenhaus »genießen«, werden länger krank sein als vom Wunsch nach rascher Heilung und baldiger Entlassung beseelte Patienten. Dieses Phänomen kennt jeder Arzt.

9. Ihre Praxis in Fremd- und Selbsthypnose

Der Rapport

Wir haben dieses Thema bereits im Kapitel »Vorgangsweise in der Praxis« kurz gestreift. Hier wollen wir uns nun näher damit befassen. Unter Rapport versteht man, wie gesagt, den Kontakt des Hypnotisierten zum Hypnotiseur. Alle anderen Umwelteindrücke treten zurück, und das Bewußtsein konzentriert sich ganz auf die Stimme des Hypnotiseurs.

In vielen Fällen kommt es dabei zu dem sogenannten »Isolierrapport«. Hierbei kann die Versuchsperson nur noch von dem Hypnotiseur beeinflußt werden. Versuchen andere Personen die Versuchsperson zu beeinflussen, so werden deren Suggestionen nicht ausgeführt bzw. gar nicht zur Kenntnis genommen. Ein solcher Isolierrapport kann spontan während einer Hypnose entstehen, er kann aber auch jederzeit leicht durch entsprechende Suggestionen hervorgerufen werden.

Rapportverlust

Auch das Gegenteil ist möglich, nämlich der sogenannte »Rapportverlust«, d. h. der Hypnotiseur verliert den Kontakt zu der Versuchsperson. Das kann besonders leicht bei psychisch sehr passiven Menschen passieren, die sich autosuggestiv in den hypnotischen Zustand hineinsteigern, daß sie sich nur noch auf sich selbst konzentrieren und dadurch nichts anderes mehr wahrnehmen, also auch die Stimme des Hypnotiseurs nicht mehr hören. Das kommt nicht sehr häufig vor und ist auch kein Grund zur Aufregung.

Wenn Sie bei einer Hypnose bemerken, daß die Versuchsperson Ihrer Kontrolle entglitten ist und auf Suggestionen von Ihnen nicht mehr reagiert, dann ist es allein wichtig, daß Sie die Ruhe bewahren. Versuchen Sie nicht, die Hypnose schnell abzubrechen, sondern vertiefen Sie den hypnotischen Zustand durch entsprechende Suggestionen zunächst noch mehr. Auch beruhigende Striche über die Stirn und den Körper fördern die Wiederherstellung des Kontaktes. Während Sie über die Stirn der Versuchsperson streichen, sagen Sie etwa folgendes:

»Sie sind ganz ruhig. Sie atmen ruhig und gleichmäßig und lassen sich immer tiefer in einen angenehmen Zustand der Ruhe und Entspannung sinken. Immer tiefer sinken Sie – immer tiefer. Sie fühlen sich ganz wohl. Sie waren einen Augenblick mit sich selbst beschäftigt, aber Sie können mich ganz deutlich hören. Alles, was ich Ihnen sage, können Sie ganz deutlich hören. Sie konzentrieren sich jetzt wieder auf meine Stimme, damit wir gemeinsam nun den hypnotischen Zustand beenden. Sie lassen sich durch nichts ablenken und konzentrieren sich nur noch auf meine Stimme. Nichts sonst ist wichtig. Sie hören jetzt nur noch auf meine Stimme. Sie spüren, wie eine wunderbare Frische durch Ihren Körper zieht. Arme und Beine werden wieder ganz locker. Sie sind voller Kraft und Energie und fühlen sich ganz wohl. Gleich werde ich bis Drei zählen, und dann öffnen Sie die Augen und fühlen sich wieder ganz frisch und wohl:

Eins – zwei – drei. Augen auf! Arme strecken! Sie sind hellwach und fühlen sich wieder ganz frisch und wohl.«

Ich habe in meiner langjährigen Praxis viele tausend Hypnosen durchgeführt, aber ich habe nur in zwei Fällen einen Rapportverlust erlebt. In beiden Fällen aber ließ sich der verlorene Kontakt auf die oben geschilderte Weise leicht und sicher wiederherstellen, indem ich die Hypnose zunächst vertiefte, um sie dann langsam zu beenden.

Interessante Möglichkeiten bietet auch ein »Rapportwechsel«. *Rapportwechsel* Hierbei versetzt der Hypnotiseur die Versuchsperson zunächst ganz normal in Hypnose und gibt ihr dann etwa folgende Suggestion:

»Ab sofort werden Sie auch alles, was Herr X zu Ihnen sagt, ganz strikt befolgen, so als ob ich es zu Ihnen gesagt hätte. Alles, was Herr X zu Ihnen sagt, werden Sie ab sofort tun. Sie können und wollen nicht anders, sondern werden ab sofort alles, was Herr X zu Ihnen sagt, befolgen, genauso, als ob ich es zu Ihnen gesagt hätte. Das sitzt jetzt ganz tief und unauslöschlich in Ihrem Unterbewußtsein. Sie werden immer danach handeln und alles, was Herr X zu Ihnen sagt, ganz strikt befolgen.«

Bei dieser Formulierung wird die Versuchsperson in Zukunft auch im Wachzustand einen Befehl des Herrn X befolgen, so daß Wachsuggestionen möglich sind. Es ist daher zweckmäßig, auch hier einen bestimmten Auslöser zu vermeiden, damit nicht jede Äußerung des Herrn X von der Versuchsperson als Befehl verstanden wird. Natürlich kann die Übertragung, der sogenannte Rapportwechsel, nicht nur auf einen Herrn, sondern ebensogut auf eine Dame erfolgen.

Selbsthypnose durch Rapportwechsel

Besonders interessant ist eine Übertragung auf die Versuchsperson selbst, so daß sie sich in Zukunft selbst hypnotische Befehle geben kann. Wenn jemand z. B. mit der Selbsthypnose Schwierigkeiten hat, so kann er sich zunächst von einem Hypnotiseur hypnotisieren lassen und danach den Rapport auf sich übertragen lassen, so daß er in Zukunft beim Aussprechen eines bestimmten Wortes als Auslöser ohne Schwierigkeiten in Hypnose fällt. Auf diesem Umweg läßt sich das Erlernen der Selbsthypnose sehr vereinfachen.

Die Anpassung an die Versuchsperson

Erarbeitung von Standardtechniken

Um eigene Erfahrungen zu sammeln, sollten Sie die gebräuchlichsten der in diesem Buch beschriebenen Techniken zur Einleitung der Hypnose durcharbeiten und einige Male anwenden. Schon sehr bald werden Sie feststellen, daß Ihnen die Anwendungen einiger Techniken besonders gelingen, während Ihnen die anderen weniger liegen. Dies ist ein wichtiger Schritt, um sich zunächst zwei oder drei eigene Standardtechniken zu erarbeiten, die sicher beherrscht werden müssen. Damit werden Sie auch in den meisten Fällen Erfolg haben. Trotzdem finden Sie immer wieder einmal eine Versuchsperson, die auf die von Ihnen angewandte Technik nicht oder nicht ausreichend reagiert. Hier kommt es jetzt darauf an, sich der Erwartung der Versuchsperson anzupassen, um auch in einem solchen Fall erfolgreich zu sein.

Anpassung der Technik an die Versuchsperson

Die erste Frage in dieser Situation sollte immer die nach eventuellen früheren Hypnoseerfahrungen sein. Ist die Versuchsperson bereits früher einmal hypnotisiert worden, dann lassen Sie sich von ihr beschreiben, welche Technik der Hypnotiseur damals angewandt hat. Hier ist nämlich bereits eine Prägung entstanden, eine Fixierung auf eine bestimmte Methode. Die Versuchsperson kann sich nicht mehr vorstellen, daß man Hypnose auch anders einleiten kann. Sie wird andere Versuche auf Grund ihrer »Erfahrung« als falsch ansehen und deshalb nicht darauf reagieren.

Aber auch wenn bisher keine Hypnose erfolgt ist, kommt fast jeder mit einer bestimmten Erwartung zu Ihnen. Viele Menschen erwarten z. B. in der Hypnose eine Art Bewußtlosigkeit und sind ganz enttäuscht, wenn diese Erwartung dann nicht erfüllt wird. Auch wenn die Hypnose sehr gut verlaufen ist, werden sie fest behaupten, gar nicht in Hypnose gewesen zu sein.

Die Anpassung der Sprache

Ein wichtiger Faktor ist auch die Anpassung Ihrer Formulierungen an den Bildungsgrad der Versuchsperson. Eine Suggestion kann ja nur wirksam werden, wenn sie von der Versuchsperson in die Sprache des Unterbewußtseins, d. h. in Bilder umgesetzt wird. Dafür ist wieder Voraussetzung, daß die Suggestion auch richtig verstanden wurde. Formulieren Sie also grundsätzlich alle Suggestionen in einfachen und bildhaft einprägsamen Worten, damit Sie in jedem Fall richtig verstanden werden.

Da die Versuchspersonen stets wechseln, ist jede Hypnose ein individueller Vorgang, der vom Hypnotiseur sehr viel Einfühlungsvermögen verlangt, will er nicht nur durchschnittliche Ergebnisse erzielen. Ein guter Hypnotiseur wird stets versuchen, sich zunächst möglichst umfassend in sein Gegenüber einzufühlen, sich auf die »Schwingungen« des anderen einzustellen, bevor er die Hypnose einleitet. Das erfordert natürlich ein hohes Maß an Konzentration von ihm. Aber ohne diese Assimilation ist eine Übertragung der eigenen Persönlichkeitswirkung auf die Versuchsperson nicht möglich.

Ausschaltung der eigenen Persönlichkeit

Unbedingte Voraussetzung ist neben der Konzentration die Fähigkeit, die eigene Persönlichkeit vollständig auszuschalten, damit nicht eigene Persönlichkeitsmerkmale mitübertragen werden, um nur die neutrale Kraft der eigenen Persönlichkeit wirksam werden zu lassen. Nur dann gelingt es, eine Atmosphäre des Vertrauens zu schaffen, in der die Versuchsperson sich ohne Vorbehalte gehen und treiben lassen kann.

Es dauert jedoch lange, bis man ausreichend Erfahrung hat, sich innerhalb von wenigen Minuten der Beobachtung und konzentrierten Zuwendung an die Persönlichkeitsstruktur und in die besondere Problematik eines anderen Menschen einfühlen zu können. Dann aber genügen mitunter Sekunden, um die gesamte Situation, die Sorgen und Wünsche des anderen mit einem Blick intuitiv zu erfassen.

Die »Redaktion« wirksamer Suggestionen

Der Patient schildert seine Wünsche

In dem einleitenden Gespräch vor der Hypnose schildert der Patient seine Wünsche. Das wird selten in einer brauchbaren Form geschehen, so daß Sie diese Informationen zunächst ordnen und in eine bildhaft plastische Form bringen müssen, die einfach zu verstehen und leicht einprägsam sein sollte. Diese »Redaktion« der Suggestion will ich Ihnen an einem Beispiel erklären. Nehmen wir einmal an, der Patient schildert seine Wünsche wie folgt:

»Vor allen Dingen möchte ich keine Kopfschmerzen mehr haben und besser schlafen können. Ohne Tabletten geht das schon jahrelang nicht mehr. Ich wache nachts immer auf und kann dann so schwer wieder einschlafen. Tagsüber bin ich sehr unruhig und abgespannt. Manchmal rast mein Herz so, daß ich denke, es kommt mir zum Hals heraus. Wissen Sie, ich habe auch überhaupt kein Selbstvertrauen mehr – so richtige Depressionen, die manchmal tagelang anhalten. Ich kann auch keinem ins Gesicht sehen. Ja, und dann im Fahrstuhl oder in einem kleinen Zimmer mit mehreren Menschen, da werde ich verrückt, da muß ich einfach raus.«

Umsetzung der Informationen in Suggestionen

Beginnen wir nun, die einzelnen Informationen in wirksame Suggestionen umzuformen:

Information: »Vor allen Dingen möchte ich keine Kopfschmerzen mehr haben.«

Suggestion: Ihr Kopf ist immer frei und klar!

Information: »Ich möchte besser schlafen können.«

Suggestion: Jeden Abend, wenn Sie zu Bett gehen, fallen alle störenden Gedanken von Ihnen ab. Sie spüren dann sofort ein wunderbares Gefühl des Friedens und der Harmonie und schlafen sofort ein. Sie haben einen gesunden, natürlichen und erholsamen Schlaf und schlafen jede Nacht tief und fest durch. Sie wachen immer erst am Morgen ganz frisch und erholt auf. Beim Erwachen spüren Sie dann sofort wieder dieses wunderbare Gefühl des Friedens und der Harmonie. Sie sind dann ganz heiter und aus tiefstem Herzen froh und glücklich.

Information: »Tagsüber bin ich dann so unruhig und abgespannt.«

Suggestion: Sie sind ganz ruhig – Sie sind vollkommen ruhig und fühlen sich ganz wohl!

Information: » . . . manchmal rast mein Herz so, daß ich denke, es kommt mir zum Hals heraus.«

Suggestion: Ihr Herz schlägt ruhig und gleichmäßig – ganz ruhig und gleichmäßig. Ihr Kreislauf ist stabil. Sie fühlen sich in jeder Situation ganz wohl.

Information: »Ich habe auch überhaupt kein Selbstvertrauen mehr – so richtige Depressionen, die manchmal tagelang anhalten.«

Suggestion: Ihre Sicherheit und Ihr Selbstvertrauen wachsen von Tag zu Tag. Sie werden immer sicherer und selbstbewußter. Sie fühlen sich ganz wohl in Ihrer Situation.

Information: »Ich kann auch keinem ins Gesicht sehen.«

Suggestion: Sie sind gern mit anderen Menschen zusammen und schauen jedem frei und offen ins Gesicht.

Information: »Ja, und dann im Fahrstuhl oder in einem kleinen Zimmer, da werde ich verrückt, da muß ich einfach raus.«

Suggestion: Sie sind gern mit anderen Menschen zusammen, und auch in einer Gruppe von Menschen fühlen Sie sich ganz wohl. Nichts kann Sie stören.

Die geordnete Gesamtsuggestion

Nun ordnen wir die Suggestionen und fassen Sie etwa zu folgender Gesamtsuggestion zusammen:

»Sie sind ganz ruhig – Sie sind vollkommen ruhig. Ein wunderbares Gefühl des Friedens und der Harmonie breitet sich in Ihrem ganzen Körper aus. Sie sind aus tiefstem Herzen froh und glücklich. Ihr Kopf ist frei und klar. Ihre Sicherheit und Ihr Selbstvertrauen wachsen von Tag zu Tag. Sie werden von Tag zu Tag immer sicherer und selbstbewußter. Sie fühlen sich ganz wohl in Ihrer Situation. Ihr Herz schlägt ruhig und gleichmäßig – ganz ruhig und gleichmäßig, und Ihr Kreislauf ist stabil. Sie fühlen sich in jeder Situation ganz wohl. Sie sind gern mit anderen Menschen zusammen und schauen jedem frei und offen ins Gesicht. Auch in einer Gruppe von Menschen fühlen Sie sich ganz frei und wohl. Nichts kann Sie stören. Sie fühlen sich in jeder Situation ganz wohl.

Ihr Kopf ist immer frei und klar. Ihr Herz schlägt ruhig und gleichmäßig. Ihre Sicherheit und Ihr Selbstvertrauen wachsen von Tag zu Tag. Nichts kann Ihre Ruhe stören, und Sie fühlen sich ganz wohl.

Verbindende Formulierungen

Und jeden Abend, wenn Sie zu Bett gehen, fallen alle störenden Gedanken von Ihnen ab. Sie spüren dann sofort wieder dieses wunderbare Gefühl des Friedens und der Harmonie und schlafen dann sofort ein. Sie haben einen gesunden, natürlichen und erholsamen Schlaf. Sie schlafen jede Nacht tief und fest durch. Sie wachen immer erst am Morgen ganz frisch und erholt auf. Beim Erwachen spüren Sie dann sofort wieder dieses wunderbare Gefühl des Friedens und der Harmonie. Sie sind dann ganz heiter und gelöst und aus tiefstem Herzen froh und glücklich. Den ganzen Tag über bleiben Sie ganz heiter und gelöst, und es geht Ihnen von Tag zu Tag in jeder Hinsicht immer besser und besser. Sie werden immer heiterer und fröhlicher und fühlen sich von Tag zu Tag immer besser – immer besser.

Sie sind gern mit anderen Menschen zusammen. Ihre Sicherheit und Ihr Selbstvertrauen wachsen von Tag zu Tag. Sie werden immer sicherer und selbstbewußter. Ihr Kopf bleibt in jeder Situation frei und klar. Ihr Herz schlägt ruhig und gleichmäßig. Sie fühlen sich ganz wohl in Ihrer Situation – Sie fühlen sich ganz wohl.«

Standardformulierungen

Wie Sie sehen, habe ich die einzelnen Suggestionen mit verbindenden Formulierungen zu einer Gesamtsuggestion zusammengefügt. Besonders für den noch unerfahrenen Hypnotiseur ist es empfehlenswert, wenn er einige sinnvolle Standardformulierungen geistig griffbereit hat, für den Fall, daß er während der Hypnose eine kleine »schöpferische Pause« benötigt. Auf keinen Fall sollte eine längere Pause ohne Suggestionen entstehen, da sonst leicht der Rapport abreißen kann. Hier einige Beispiele:

- Sie sind ganz ruhig und gelöst.
- Sie atmen ruhig und gleichmäßig und fühlen sich ganz wohl.
- Nichts kann stören. Sie achten nur noch auf meine Stimme.

○ Nichts mehr wollen jetzt – völlig passiv sein. Einfach treiben lassen, geschehen lassen, wirken lassen. Nichts ist wichtig.
○ Sie fühlen sich ganz wohl und lassen sich immer tiefer sinken – immer tiefer, in eine tiefe, wohltuende Ruhe.

Damit können Sie eine mögliche Pause überbrücken und gleichzeitig die bestehende Hypnose noch weiter vertiefen.

Das imaginäre Erfolgserlebnis

Eine andere wichtige Technik ist das »imaginäre Erfolgserlebnis«. Hierbei führen Sie den Patienten in der Hypnose in eine sonst gefürchtete Situation und lassen ihn diese erfolgreich durchstehen. Bleiben wir bei dem vorigen Beispiel, Angst vor Menschen, besonders in der Gruppe und im Fahrstuhl.

Leiten Sie zunächst die Hypnose in der gewohnten Weise ein und geben Sie dann etwa folgende Suggestion:

»Sie sind ganz ruhig und gelöst und fühlen sich ganz wohl. Sie befinden sich inmitten einer großen Hotelhalle. Um Sie herum stehen kleine Gruppen von Menschen. Manche sind in ein Gespräch vertieft, andere gehen hierhin und dorthin. Nicht weit von Ihnen entfernt ist der Fahrstuhl. Gerade öffnet sich die Tür, und Sie sehen Ihren besten Freund im Fahrstuhl. Sie gehen zu ihm in den Fahrstuhl. Er sagt Ihnen, daß er zum Restaurant in die oberste Etage fährt. Sie fahren mit ihm und freuen sich, daß Sie ihn überraschend getroffen haben. In jeder Etage steigen einige Personen aus, andere kommen herein, aber Sie beachten dies kaum. Sie freuen sich, daß Sie Gelegenheit haben, einige Zeit mit Ihrem Freund zusammen zu sein.

Oben im Restaurant wird gerade ein schöner Fensterplatz frei. Sie setzen sich dorthin. Es ist ein wunderschöner Tag, und die Aussicht ist herrlich. Die ganze Stadt liegt Ihnen zu Füßen. Sie bestellen sich eine Kleinigkeit. Dabei fällt Ihnen ein, daß Sie eben im Fahrstuhl ganz ruhig und gelöst waren. Sie haben sich ganz wohl gefühlt und sich gar nicht daran gestört, daß Sie mit anderen Menschen in einem kleinen Raum zusammen waren. Sie freuen sich darüber, daß es Ihnen gar nichts mehr ausmacht, im Fahrstuhl zu fahren. Schnell ist die Zeit vergangen. Ihr Freund muß wieder weiter. Sie zahlen und fahren wieder mit dem Fahrstuhl hinunter.

Imagination als erlebte Realität

Eine Etage tiefer steigt eine ganze Reisegesellschaft mit in den Fahrstuhl, so daß es recht eng wird. Alle sind fröhlich, und ihre Heiterkeit wirkt richtig ansteckend. Unten angekommen gibt es eine richtige Drängelei, bis alle aus dem Fahrstuhl raus sind. Wieder stellen Sie erfreut fest, daß Ihnen auch die Drängelei und die Enge überhaupt nichts ausmachen. Sie sind genauso ruhig und gelassen wie sonst und fühlen sich ganz wohl. Herzlich verabschieden Sie sich nun von Ihrem Freund und machen sich auf den Weg. Sie wissen jetzt, daß Fahrstuhlfahren eine ganz alltägliche Sache ist. Sie fühlen sich dabei genau wie sonst auch. Das wird sich auch in Zukunft nicht ändern.«

Wenn eine solche Suggestion ausreichend oft gegeben wird, dann wird dieses Erfolgserlebnis Teil der eigenen Persönlichkeit und Erfahrung, da das Unterbewußtsein zwischen Imagination und Realität nicht unterscheidet und der Patient sich bald in der gewünschten Weise verhalten wird. Bisweilen muß man nur das ganze Problem in mehrere Teilprobleme unterteilen, wie wir es hier gemacht haben, da sich alle Wünsche gleichzeitig nicht immer in einem solchen »imaginären Erfolgserlebnis« darstellen lassen.

Übereinstimmung von Stimme und Suggestion

Noch ein Hinweis zum Abschluß. Es ist eigentlich selbstverständlich, aber gerade hierbei werden oft schlimme Fehler gemacht, die den Erfolg schmälern. Stimme und Suggestion müssen stets übereinstimmen. Es ist natürlich völlig wirkungslos, wenn Sie Suggestionen der Ruhe geben, dabei aber ganz unruhig und gehetzt sprechen. Ruhesuggestionen sollten mit ruhiger, fester Stimme gegeben werden, wobei man auch darauf achten sollte, nicht zu laut zu sprechen. Außerdem wirkt es sehr beruhigend, wenn man am Ende eines jeden Satzes die Stimme etwas senkt. Achten Sie also darauf, daß Sie nicht zu laut und nicht zu leise sprechen und daß Ihre Stimme weder heiser noch näselnd, noch schrill klingt. Auch mehrfaches Versprechen ist unbedingt zu vermeiden, denn gerade durch häufiges Versprechen und unsicheres Zögern zerstört der Hypnotiseur beim Patienten den unbedingt erforderlichen Eindruck absoluter Sicherheit und Vertrauenswürdigkeit. Tun Sie daher alles, um bei dem Patienten den Glauben an Sie und Ihre Fähigkeiten zu festigen.

Einige wirksame Methoden zur Vertiefung der Hypnose

Eine sehr einfache, dabei aber wirkungsvolle Möglichkeit, die bestehende Hypnose zu vertiefen, besteht darin, die Versuchsperson einige Minuten nicht mehr anzusprechen. Um zu verhindern, daß sie in dieser Zeit einfach einschläft, geben Sie ihr vorher die entsprechenden Suggestionen. Sagen Sie etwa folgendes:

Die wirkungsvolle Pause

»Ich werde gleich aufhören, zu Ihnen zu sprechen. In dieser Zeit atmen Sie ruhig und gleichmäßig weiter. Mit jedem Atemzug sinken Sie noch tiefer in Hypnose – so tief wie nie zuvor. Mit jedem Atemzug lassen Sie sich noch tiefer sinken, und nach fünf Minuten ist Ihre Hypnose so tief wie nie zuvor. Sie werden mich aber ganz deutlich hören, sobald ich wieder zu Ihnen spreche, und alles ganz strikt befolgen.«

Nach Ablauf der fünf Minuten ist die Versuchsperson in tieferer Hypnose als vorher, wird Sie aber deutlich hören, so daß Sie die Hypnose weiterführen können.

Eine gute Hilfe zur Vertiefung einer bestehenden Hypnose bietet sich auch für Sie im Einsatz eines Biofeedback-Gerätes, weil hierbei jede Vertiefung sofort an der Anzeigeskala des Gerätes abgelesen werden kann.

Sehr wirksam ist es auch, der Versuchsperson in der Hypnose die Suggestion zu geben, sich selbst in hypnotischem Zustand zu sehen, wobei sie in einer Hypnose auch mehrere Hypnosen erleben kann. Hier ein Beispiel für eine Suggestion zur Mehrfachhypnose in Hypnose:

Mehrfachhypnose in Hypnose

Leiten Sie zunächst die Hypnose wie üblich ein und geben Sie danach folgende Suggestion:

»Alles, was ich Ihnen nun sagen werde, sehen Sie ganz deutlich und bildhaft plastisch vor Ihrem geistigen Auge. Sie kommen zu mir in die Praxis, und ich begrüße Sie an der Tür. Wir gehen gemeinsam in den Hypnoseraum. Ich bitte Sie, sich ganz bequem hinzulegen. Sie sehen sich ganz deutlich auf der Couch liegen und ruhig und gleichmäßig atmen. Mit jedem Atemzug sinken Sie tiefer und tiefer in Hypnose. Ihre Hypnose wird ganz tief und fest. Sie fühlen sich ganz wohl und spüren deutlich, wie Sie tiefer und tiefer in das angenehme Gefühl des hypnotischen Zustandes sinken. Nun lasse ich Sie eine Weile in diesem angenehmen Zustand liegen, ohne mit Ihnen zu sprechen. Dabei sinken Sie noch tiefer in diesen angenehmen Zustand tiefer Hypnose. Sie sehen nun, wie ich zu Ihnen an die Couch trete und Ihnen die gewünschten Suggestionen gebe. Sie öffnen sich ganz meinen Worten und lassen diese auf sich wirken. Sie spüren, wie sich meine Worte tief und unauslöschlich in Ihr Unterbewußtsein eingeprägt haben, und Sie sollen und werden ganz strikt danach handeln. Meine Suggestionen sind nun ein Teil Ihrer Persönlichkeit geworden. Sie werden sie genau befolgen. Sie hören, wie ich die Hypnose wieder beende und langsam bis Drei zähle. Bei Drei öffnen Sie die Augen und recken die Arme. Sie fühlen sich ganz wohl und spüren deutlich dieses wunderbare Gefühl des Wohlbefindens.

Die zweite Phase

Dann führe ich Sie zum zweiten Mal in einen hypnotischen Zustand. Sie spüren deutlich, wie ich über Ihre Stirn und Ihre Arme streiche und wie Ihre Augen und die Arme dabei ganz bleiern schwer werden. Sie versuchen die Augen zu öffnen, aber das geht nicht mehr. Sie sind ganz müde geworden. Ihre Arme und Beine sind bleischwer. Wieder atmen Sie ganz ruhig und gleichmäßig und lassen sich mit jedem Atemzug tiefer und tiefer sinken in dieses wunderbare Gefühl der Müdigkeit und Schwere. Sie spüren, wie diese Müdigkeit sie umfängt – Sie fühlen sich ganz wohl und geborgen. Die Hypnose ist so tief wie nie zuvor. So tief waren Sie noch nie in Hypnose. Sie sinken noch tiefer – immer tiefer – immer tiefer. Sie hören meine Worte nur noch aus ganz weiter Ferne, aber ganz deutlich. Nichts ist mehr wichtig. Sie wollen nur noch ruhen und sich ganz diesem wohligen Gefühl der Müdigkeit und Schwere hingeben. In diesem wunderbaren Ruhezustand hören Sie nun, wie ich Ihnen die gewünschten Suggestionen gebe.

Meine Worte scheinen Sie zu durchdringen und prägen sich unauslöschlich in Ihr Gedächtnis und Ihr Unterbewußtsein ein. Sie haben das Gefühl, diese Worte können Sie nie mehr vergessen. Sie wollen und werden immer danach handeln. Wieder lasse ich Sie einige Minuten in diesem wunderbaren Ruhezustand liegen, ohne mit Ihnen zu sprechen. Dadurch prägen sich meine Worte noch tiefer ein, und Sie wissen, daß Sie immer danach handeln werden. Vor Ihrem geistigen Auge sehen Sie sich ganz deutlich bequem auf der Couch liegen. Gleichzeitig spüren Sie, daß die Hypnose so tief ist wie nie zuvor. Sie erkennen, wie ich wieder zu Ihnen an die Couch trete und mit ruhigen Worten die Hypnose abbreche. Sie haben das Gefühl, aus einer ganz anderen Welt zu kommen, aber Sie fühlen sich unsagbar wohl.«

(Wenn es angebracht erscheint, können Sie die Versuchsperson ein weiteres Mal in der Hypnose in Hypnose führen.)

Beendigung der Hypnose

Auch jetzt noch befindet sich die Versuchsperson in tiefer Hypnose. Sie hat nur in Hypnose ihr eigenes Aufwachen erlebt. Nun beenden Sie die Hypnose, indem Sie folgende Suggestion geben:

»Gleich werde ich bis Drei zählen, dann sind Ihre Arme und Beine wieder ganz leicht und locker, Sie öffnen die Augen und fühlen sich ganz frisch und wohl. Eins – zwei – drei. Augen auf! Sie fühlen sich wieder ganz frisch und wohl. Ihre Arme und Beine sind wieder ganz leicht und frei beweglich. Sie fühlen sich frisch und wohl. Strecken Sie Arme und Beine und stehen Sie auf. Sie sind wieder voller Kraft und Energie und fühlen sich ganz frisch und wohl.«

Sprechen und Schreiben in Hypnose

Wenn Sie die gegebene Suggestion noch weiter vertiefen und in der Wirkung verstärken wollen, dann lassen Sie die Versuchsperson in der Hypnose die Suggestion mehrmals sprechen. Geben Sie zunächst die Suggestion, daß die Hypnose tief und fest sei, sie aber dabei sprechen könne, und lassen Sie dann die wichtigsten Suggestionen in der Hypnose zehn- bis zwanzigmal langsam sprechen. Eine noch stärkere Wirkung erzielen Sie, wenn Sie die Versuchsperson die Suggestionen in der Hypnose zehn- bis zwanzigmal schreiben lassen. Auch hier müssen Sie zunächst die Suggestion geben, daß die Versuchsperson die Augen öffnen und schreiben kann, ohne aus der Hypnose zu erwachen. Sagen Sie: »Mit jedem Wort, das Sie schreiben, wird die Hypnose immer noch tiefer.«

Hypnose in Hypnose

Der beste Weg eine Hypnose zu vertiefen, ist selbst in Hypnose zu gehen, während Sie den anderen hypnotisieren. Sobald Sie selbst tief in Hypnose sind, wirken Ihre Suggestionen sehr viel stärker, so daß ich fast stets von dieser Möglichkeit der Vertiefung Gebrauch mache. Voraussetzung hierfür ist, daß Sie die Selbsthypnose einwandfrei beherrschen. Diese Technik nennt man »Hypnose in Hypnose«.

Die Altersregression

Eines der interessantesten hypnotischen Phänomene ist die Altersregression. Hierbei wird eine Versuchsperson in Hypnose in ein beliebiges Alter versetzt und zeigt dann genau das Verhalten, das diesem Alter angemessen ist. Mehr noch: sie kann sich an alle Einzelheiten ganz deutlich erinnern.

Wer könnte einige Jahre später noch genau sagen, welches Kleid die Mutter an einem bestimmten Tag angehabt hat oder wer genau vor zehn Jahren vormittags um zehn Uhr zu Besuch gekommen ist? Wohl kaum jemand! Sobald die Versuchsperson in der Hypnose jedoch in dieses Alter zurückversetzt wurde, sind diese Eindrücke wieder ganz lebendig. Es ist, als ob man das Ganze noch einmal in allen Einzelheiten erlebte, wobei alle Sinne beteiligt sind, so daß auch z. B. der Geruch oder die Geräusche von damals noch einmal erlebt werden.

Wir stehen also vor der wunderbaren Tatsache, daß unser Unterbewußtsein selbst die geringste Einzelheit früherer Erlebnisse ganz genau und scheinbar zeitlich unbegrenzt speichert, wenngleich es uns normalerweise nicht möglich ist, diese Informationen jederzeit ins Bewußtsein zu rufen.

Die totale Altersregression

Wir unterscheiden zwei Arten von Altersregression. Die eine ist total, d. h. die Versuchsperson ist sich der Tatsache, daß sie eigentlich älter ist, nicht mehr bewußt. Sie fühlt sich wieder ganz als Kind und handelt und reagiert dementsprechend. Als ich einmal eine neugierige Journalistin von 22 Jahren in das Alter von drei Jahren zurückversetzte und sie bat, mit mir ins Erdgeschoß zu kommen, da nahm Sie ganz selbstverständlich meine Hand und ging an meiner Hand die Treppe hinunter, wie dies kleine Kinder tun, indem sie immer mit dem gleichen Fuß auf die nächste Stufe trat und dann erst den anderen Fuß nachzog.

Die partielle Altersregression

Neben dieser totalen Form der Altersregression gibt es auch eine Form der »partiellen Regression«, die nur einen leichten Hypnosezustand erfordert. Hierbei erlebt die Versuchsperson zwar ebenfalls alle Einzelheiten der suggerierten Zeit, ist sich dabei aber stets auch der augenblicklichen Situation bewußt. Es liegt also eine Art Dualismus vor. Die Versuchsperson kann mit dem Hypnotiseur sprechen, ist sich sowohl über dessen Identität im klaren als auch über das eigene richtige Alter, erlebt aber gleichzeitig noch einmal die damalige Zeit in allen Einzelheiten und kann so Auskunft geben über mögliche Erlebnisse, die für die Jetztzeit von Bedeutung sind.

Ein Fall aus der Praxis

Ich hatte einmal einen Patienten, den ich vor vier Jahren vom Stottern befreit hatte. Er war damals 24 Jahre alt und stotterte, seit er mit seinen Eltern im Alter von acht Jahren einen Autounfall erlitten hatte, bei dem er allein unverletzt blieb. Beide Eltern trugen schwere Verletzungen davon. Als ich ihn noch einmal in die Zeit vor meiner Behandlung zurückversetzte, stotterte er wieder – wie damals. Ich setzte die Altersregression fort und siehe da: als wir beim Alter von acht Jahren angekommen waren, konnte er wieder flüssig sprechen. Auch als ich ihn in sein heutiges Alter zurückführte, blieb seine Sprache flüssig. Ich hatte ihn damals dadurch geheilt, daß ich ihn in der partiellen Regression mehrmals den Unfall erleben ließ, bis er ihn schließlich seelisch verarbeitet hatte.

Eine totale Altersregression ist in einem solchen Fall nicht zu empfehlen, weil dieses Erlebnis von damals auch heute noch nicht plötzlich auf der Bewußtseinsebene verkraftet werden könnte. Ein neuer Schock wäre die Folge. Hier hilft die partielle Regression, weil man zwar auch die Situation in allen Einzelheiten noch einmal erlebt, aber gewissermaßen als Zuschauer, da man sich ja seiner derzeitigen Situation ständig bewußt bleibt. So kann man unbewältigte Erlebnisse verarbeiten, ohne erneut Schaden zu nehmen.

»Erinnerungen« an ein früheres Leben

Eine andere sehr interessante Variante der Altersregression ist es, bis zum Zeitpunkt der Geburt zurückzugehen und sogar über diesen Zeitpunkt hinaus. In einigen Fällen konnte ich so Personen in ein früheres Leben zurückversetzen. Zumindest schilderten sie in allen Einzelheiten das Leben von anderen Personen, die vor 100, 200 oder 300 Jahren gelebt haben sollen, und behaupteten, diese Personen gewesen zu sein.

Auch hierbei ist keine besondere Technik erforderlich. Es genügt, wenn Sie die entsprechenden Suggestionen geben und die Versuchsperson langsam durch die Jahre zurückführen.

Testen Sie ihre Hypnotisierbarkeit

Jeder Mensch ist suggestibel, aber nicht jeder ist hypnotisierbar, so lautet eine alte Regel. Auf Grund meiner Erfahrungen glaube ich sagen zu können, daß praktisch jeder Mensch zu hypnotisieren ist, vorausgesetzt er möchte es selbst und er ist geistig gesund. Es ist jedoch erforderlich, die günstigsten Voraussetzungen zu schaffen.

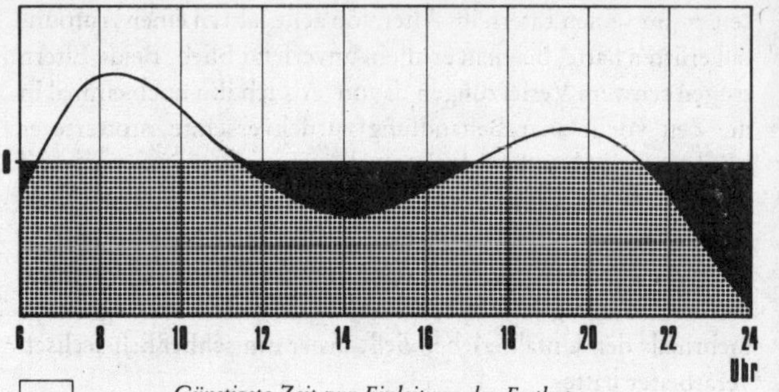

Günstigste Zeit zur Einleitung der Ersthypnose

Maßgebende Faktoren

Eine der Voraussetzungen ist die Wahl der günstigsten Tageszeit. Es ist zu empfehlen, die Ersthypnose zeitlich so zu legen, daß sie in eine natürliche Ermüdungsphase fällt, weil dies in hohem Maße die Suggestionen der Müdigkeit und Schwere unterstützt. Aus der abgebildeten Grafik können Sie die günstigsten Zeiten für die Einleitung der Ersthypnose ersehen. Es handelt sich hierbei um eine Umkehrung der physiologischen Leistungskurve. Bei einer Wiederholung der Hypnose spielt die Tageszeit keine so wichtige Rolle mehr.

Doch auch andere Faktoren beeinflussen die Hypnotisierbarkeit. Vor allem, ob Sie bereits andere Ruheübungen beherrschen, wie Yoga, Meditation, Autogenes oder ASW-Training*. In diesem Fall kann man davon ausgehen, daß Sie selbst in der Lage sind, sich jederzeit wirkungsvoll zu entspannen, und so die Arbeit des Hypnotiseurs wesentlich erleichtern können.

Anleitungen zum Testbogen

Beantworten Sie die Fragen des abgebildeten Testbogens spontan und ohne lange nachzudenken mit Ja oder Nein. Für jedes Ja geben Sie sich einen Punkt. Sollten Sie bei einer Frage im Zweifel sein, so notieren Sie lieber ein Nein. Wenn Sie alle Fragen beantwortet haben, zählen Sie zusammen, wieviel Punkte Sie insgesamt haben. Nur wenn Sie weniger als fünf Punkte haben, sind Sie schwer zu hypnotisieren. Das heißt jedoch nicht, daß es bei Ihnen unmöglich ist. Um jedoch auch bei Ihnen er-

---

* *ASW-Training* nach Dr. Milan Ryzls Werk (Ariston Verlag). ASW = außersinnliche Wahrnehmung.

TESTBOGEN: SIND SIE LEICHT ZU HYPNOTISIEREN?

	JA	NEIN
1. Sie beherrschen bereits Entspannungsübungen, beispielsweise Yoga, eine Form der Meditation oder Autogenes oder ASW-Training.	O	O
2. Sie sind in der Lage, sich jederzeit völlig zu entspannen, auch wenn Sie nervös sind.	O	O
3. Sie haben eine eigene Technik, die Ihnen das Einschlafen erleichtert.	O	O
4. Sie leben manchmal in einer Traumwelt, die Sie weit von der Realität entfernt.	O	O
5. Sie können jemandem zuhören, ohne daß Ihnen der Sinn des Gesagten bewußt wird.	O	O
6. Sie haben eine lebhafte Phantasie.	O	O
7. Sie haben eine ausgeprägte bildhafte Vorstellungskraft.	O	O
8. Angenehme Erlebnisse und Vorstellungen lösen in Ihnen starke Empfindungen aus.	O	O
9. Wenn Sie einen Film sehen, erleben Sie das Geschehen intensiv mit.	O	O
10. Ihre Gefühle sind ganz spontan, flauen aber auch schnell wieder ab.	O	O
11. Sie werden leicht unruhig und ungeduldig, wenn Sie warten müssen.	O	O
12. Sie lassen sich schnell zu unkontrollierten Reaktionen hinreißen.	O	O
13. Sie lassen sich leicht einschüchtern.	O	O
14. Sie sind in Ihrer Meinung sehr stark beeinflußbar.	O	O
15. Sie lassen sich schnell durch andere von einer Arbeit ablenken.	O	O
16. Wenn es um Initiative oder wichtige Entscheidungen geht, verhalten Sie sich gerne passiv.	O	O
17. Ihnen imponiert das selbstbewußte Auftreten anderer.	O	O
18. Sie brauchen ständigen Kontakt zu anderen Menschen.	O	O
19. Sie können anderen nur schwer Wünsche abschlagen.	O	O
20. Es gibt Menschen, denen Sie blind vertrauen.	O	O

Nun zählen Sie bitte alle JA-Antworten zusammen.

Für jedes JA rechnen Sie sich einen Punkt an.

0–4 Punkte: Sie sind sehr schwer zu hypnotisieren.
4–11 Punkte: Ihre Hypnosebereitschaft entspricht dem Durchschnitt.
12–20 Punkte: Bei Ihnen ist es ganz leicht, Sie zu hypnotisieren.

folgreich zu sein, muß der Hypnotiseur einige Erfahrung haben und in allen Bereichen die günstigsten Voraussetzungen schaffen. Vor allem wird es hier auf den Grad seiner Assimilationsfähigkeit ankommen, inwieweit es ihm also gelingt, sich in Ihre spezielle Situation einzufuhlen, um mit seinen Suggestionen an den günstigsten Punkten anzusetzen. Haben Sie dagegen mehr als fünf Punkte, so kann es nicht allzu schwer sein, Sie in Hypnose zu versetzen.

Die Änderung der Persönlichkeit eines Menschen durch Hypnose

Veränderung von Hypnotiseur und Versuchsperson

Ihr erster gelungener Versuch, einen anderen Menschen zu hypnotisieren, ist ein Erlebnis, das unvergeßlich bleiben wird. Die Tatsache, daß es Ihnen gelungen ist, auf einen anderen Menschen durch suggestive Worte Ihren Willen zu übertragen, wird auch Ihre Sicherheit und Ihr Selbstvertrauen in einem Maße stärken, daß es Ihrer Umgebung auffällt. Sie sind nicht mehr der gleiche Mensch, der Sie vorher waren; Sie haben für sich eine neue Dimension entdeckt.

Damit also der erste Versuch zu einem Erfolgserlebnis für Sie wird, machen Sie sich zunächst gründlich mit der Theorie vertraut. Ferner suchen Sie sich für den ersten Versuch eine besonders geeignete Versuchsperson aus. Sie können heute noch gar nicht abschätzen, welchen Nutzen Sie selbst aus der Anwendung der Hypnose ziehen werden. Man kann natürlich aber nicht nur die eigene Person durch die Hypnose weiterentwickeln: in weit höherem Maße ist der Hypnotisierte zu beeinflussen, ja Sie können seine ganze Persönlichkeitsstruktur ändern.

Aus diesem Grund müssen Sie sich vor jeder Hypnoseanwendung fragen, ob Sie ganz sicher sein können, daß Sie der Versuchsperson damit auch nutzen. Wer egoistische Ziele mit der Hypnoseanwendung verfolgt oder nur seine Eitelkeit befriedigen möchte, der zahlt sehr bald einen hohen Preis dafür, denn sein eigenes Unterbewußtsein wird dies nicht zulassen. Es hat ein hohes Gerechtigkeitsgefühl und greift sehr oft unmittelbar ein, um einen Mißbrauch zu verhindern.

Die zwei Arten der Persönlichkeitsänderung

Wir müssen zwei Arten der Persönlichkeitsänderung unterscheiden.

1. Die Veränderung der Persönlichkeit innerhalb des eigenen Lebens, also Rückgriff in eine andere Altersstufe.
2. Die Verwandlung der Persönlichkeit in eine andere Persönlichkeit.

Befassen wir uns zunächst einmal mit der Veränderung der Persönlichkeit innerhalb des eigenen Lebens. Die eine Möglichkeit haben wir bereits in einem vorherigen Kapitel ausführlich besprochen, nämlich die Rückführung einer Person in die eigene Kindheit. Wir haben jedoch auch die Möglichkeit, eine Person in ihre eigene Zukunft zu führen.

So wie eine Person, die man in ihre Kindheit zurückgeführt hat, sich entsprechend kindlich verhalten wird, so wird das Verhalten dieser Person reifer und sicherer werden, wenn Sie sie einige Jahre in die Zukunft führen. Es wird hier gewissermaßen ein Teil der eigenen Entwicklung vorweggenommen, und es ist möglich, die so erreichte Reife hypnotisch zu festigen, so daß dieses Verhalten bestehen bleibt, auch nachdem Sie die Hypnose wieder aufgehoben haben.

Eine andere Möglichkeit besteht darin, einen Menschen in eine andere Persönlichkeit zu verwandeln. In diesem Zusammenhang ist ein Experiment interessant, nämlich eine Versuchsperson in eine bekannte geschichtliche Persönlichkeit zu verwandeln, z. B. in Napoleon. Ein bekannter Psychologe erzählte einmal von einem solchen Experiment. Er hatte einen Studenten in tiefe Hypnose versetzt und gab ihm dann die Suggestion, er sei Napoleon. Dieser nahm zunächst äußerlich, dann aber mehr und mehr auch innerlich die Haltung Napoleons an. Dann gab ihm der Psychologe die Suggestion, er solle einen Tagesbefehl auf eine Schiefertafel schreiben. Zunächst weigerte sich der Student energisch, das zu tun, aber auf den ebenso energischen hypnotischen Befehl des Psychologen trat er zur Tafel und schrieb mit kräftigen Schriftzügen: »Soldaten! Wenn man jetzt dem Kaiser befehlen darf, etwas auf eine Tafel zu schreiben, lege ich mein Amt nieder. Napoleon.« Aus diesem Beispiel sehen wir, in welch hohem Maße wir uns in der Hypnose mit einem anderen Menschen identifizieren können.

Gezielte Veränderung bestimmter Eigenschaften

Aber auch einzelne Eigenschaften eines Menschen kann man ganz gezielt verändern oder sogar ins Gegenteil verkehren, wie dies in der medizinischen Hypnose oft genug erforderlich wird, wenn man einen Menschen vor sich selbst bewahren will, denn viel öfter, als man glauben sollte, ist man selbst sein größter Feind.

Auch hier ist keine besondere Technik erforderlich, sondern man leitet wie gewöhnlich die Hypnose ein und gibt dann die entsprechenden Suggestionen. Nehmen wir einmal an, Sie möchten eine Versuchsperson in die Zukunft versetzen. Das könnten Sie etwa mit folgenden Worten erreichen:

Der »Gang« in die Zukunft

»Sie sind ganz ruhig. Sie atmen ruhig und gleichmäßig und fühlen sich ganz wohl. Ihre Ruhe ist tief und fest – so tief wie nie zuvor. Nichts kann stören – nichts ist wichtig. Sie hören jetzt nur noch auf meine Stimme. Alles, was ich Ihnen jetzt sage, werden Sie ganz strikt befolgen. Sie sind 25 Jahre alt und werden jetzt immer älter. 26 Jahre, 27, 28 Jahre. Sie werden immer älter. Jetzt sind Sie 29 Jahre alt und werden immer noch älter. Sie sind nun 30 Jahre alt. Alles ist genau so, wie mit 30 Jahren. Sie fühlen und denken ganz genau so. Sie können sich ganz deutlich an die letzten Jahre erinnern. Sie sind jetzt 30 Jahre alt. Jetzt sind Sie 30 Jahre alt! Ihre Ruhe ist tief und fest, aber Sie können sprechen. Beantworten Sie nun meine Fragen. Sie können sprechen, aber Ihre Ruhe bleibt ganz tief und fest und wird immer noch tiefer – immer tiefer. Sie erinnern sich ganz genau an die Ereignisse der letzten Jahre. Schildern Sie mir bitte genau, was in den letzten fünf Jahren passiert ist. Sprechen Sie jetzt.«

Sie können nun nach Belieben Fragen stellen, ohne dadurch die Tiefe der Hypnose zu beeinflussen. Voraussetzung hierfür ist jedoch eine Hypnosetiefe, wie sie sicher selten beim ersten Versuch erreicht werden kann. Auch ist nicht jeder hierfür geeignet. Doch im Laufe der Zeit werden auch Sie so manche Versuchsperson finden, die Sie leicht in Vergangenheit und Zukunft versetzen können.

Das automatische Schreiben

Wenn Sie einen weichen Bleistift in Ihre Hand nehmen und sie ganz locker auf ein Blatt Papier legen, dann kann es sein, daß Ihr Unterbewußtsein die Kontrolle über die Handmuskeln übernimmt. Sie beginnen dann automatisch zu schreiben. Während

Ihre Hand eifrig schreibt, können Sie ein Buch lesen oder sich mit jemandem unterhalten.

Die richtigen Vorbereitungen

Manche automatische Schreiber sind imstande, mit der linken und mit der rechten Hand gleichzeitig automatisch zu schreiben und sich dabei fließend zu unterhalten. Von Natur aus sind jedoch nur etwa 15 bis 20 Prozent der Menschen in der Lage, das automatische Schreiben zu erlernen. In der Hypnose steigt der Anteil jedoch auf etwa 80 Prozent. Wenn Sie die Selbsthypnose beherrschen, versetzen Sie sich in einen hypnotischen Zustand oder Sie lassen sich hypnotisieren. Dabei sollten Sie in einem bequemen Stuhl sitzen und eine feste Unterlage mit einem Blatt Papier auf Ihre Knie legen. Halten Sie einen weichen Bleistift in der Hand und legen diese ganz locker auf das Papier.

Sagen Sie nun Ihrem Unterbewußtsein, daß es die Kontrolle über Ihre Hand übernehmen und über ein beliebiges Thema schreiben soll. Haben Sie sich hypnotisieren lassen, so wird Ihnen der Hypnotiseur die entsprechenden Suggestionen geben. Ziehen Sie zunächst etwa eine Minute lang Kreise auf dem Papier – und zwar immer im gleichen Tempo. Führen Sie danach Ihre Hand zurück an den linken Rand des Papiers und schreiben Sie die Worte: »Ich beginne nun ganz automatisch zu schreiben. Meine Hand schreibt nun ganz von selbst.«

Fremde Schrift von fremder Kraft

Dann achten Sie nicht mehr auf Ihre Hand und schauen ganz woanders hin. In den meisten Fällen wird Ihre Hand tatsächlich weiterschreiben, und zwar in einer Schrift, die Ihnen fremd ist. Sollte dies nicht gleich der Fall sein, so beginnen Sie die Übung noch einmal von vorn, bis Ihre Hand sich selbständig macht. Bitte erschrecken Sie aber nicht; denn es ist schon ein ungewöhnliches Gefühl, wenn Sie zum ersten Mal spüren, wie eine fremde Kraft mit Ihrer Hand schreibt.

Meist wird jede Zeile zusammenhängend sein und wie ein Wort erscheinen. Anfangs kann man das Geschriebene auch oft noch nicht richtig lesen, aber je öfter Sie es versuchen, desto klarer wird die Schrift, und mit fortschreitender Erfahrung wird Ihr automatisch Geschriebenes für Sie verstehbar.

10. Hypnosetests

Die Augenblockierung

Sobald Sie die Hypnose eingeleitet haben, können Sie sich durch verschiedene Hypnosetests überzeugen, wie schnell die Versuchsperson die von Ihnen gegebenen Suggestionen ausführt. Einer der einfachsten Tests, um den Eintritt der Hypnose zu kontrollieren, ist der suggerierte Augenschluß oder die Augenblockierung. Geben Sie hierzu etwa folgende Suggestion:

Suggestion für den Augenschluß

»Ihre Augenlider sind jetzt ganz schwer und werden immer schwerer – immer schwerer und schwerer. Die Augen sind fest geschlossen. Sie können die Augen jetzt nicht mehr öffnen, aber das wollen Sie auch gar nicht. Sie lassen sich immer noch tiefer sinken in dieses angenehme Gefühl der Müdigkeit und Schwere. Sie sind ganz müde, und Ihre Augenlider sind bleiern schwer und kleben fest aneinander. Sie können die Augen jetzt nicht mehr öffnen – auch wenn Sie es wollen, es geht nicht. Sie können die Augen nun nicht mehr öffnen. Versuchen Sie es jetzt, aber es geht nicht. Sie können die Augen nicht mehr öffnen. Die Augen sind fest geschlossen. Versuchen Sie noch einmal, die Augen zu öffnen. Aber so sehr Sie sich auch bemühen, die Augen bleiben geschlossen. Sie können die Augen jetzt nicht mehr öffnen. Sie versuchen nun auch nicht mehr, die Augen zu öffnen, sondern Sie lassen sich immer noch tiefer sinken in dieses wunderbare Gefühl der Müdigkeit und Schwere. Sie werden immer müder.«

Bleiben die Augen nach dieser zweimaligen Aufforderung geschlossen, dann wirkt die von Ihnen eingeleitete Hypnose bereits. Kontrollieren Sie aber an der Bewegung der Augenmuskulatur, ob die Versuchsperson sich auch tatsächlich bemüht, die Augen zu öffnen.

Haben Sie bei der Versuchsperson bereits Wachhypnose konditioniert, dann können Sie diesen Test natürlich ohne Einleitung der Hypnose anwenden. Sie geben hierzu etwa folgende Suggestion:

Anwendung ohne Einleitung

»Ich bitte Sie jetzt, die Augen ganz fest zu schließen. Gleich werde ich bis Drei zählen, dann werden Sie versuchen, die Augen zu öffnen; aber das geht dann nicht mehr. Sobald ich bis Drei gezählt habe, können Sie die Augen nicht mehr öffnen. Eins – zwei – drei. Sie können die Augen jetzt nicht mehr öffnen. Versuchen Sie es, aber es geht nicht. Je mehr Sie sich bemühen, desto weniger gelingt es. Sie können die Augen nicht mehr öffnen. Versuchen Sie es noch einmal; aber Sie sehen, es geht nicht. Sie können die Augen jetzt nicht mehr öffnen.«

Sobald Sie sehen, daß Ihre Suggestion ausgeführt wird und die Versuchsperson trotz Bemühungen die Augen nicht mehr öffnen kann, heben Sie die Suggestion wieder auf. Das geschieht auf folgende Weise:

»Nun zähle ich wieder bis Drei. Bei Drei können Sie die Augen wieder ganz leicht öffnen, genauso leicht wie vor dem Test. Sobald ich bis Drei gezählt habe, können Sie Ihre Augen wieder ganz leicht öffnen. Eins – zwei – drei. Augen auf! Ihre Augenlider sind wieder ganz leicht. Alles ist wieder wie vor dem Test. Sie können die Augen wieder ganz leicht öffnen.« Man sollte also jede Suggestion mehrfach wiederholen und natürlich jede gegebene Suggestion auch mehrfach wieder aufheben.

Die Armblockierung

Bei diesem Test suggerieren Sie der Versuchsperson Schwere und Bewegungslosigkeit in beiden Armen. An den Reaktionen können Sie sehr genau erkennen, inwieweit Ihre Suggestionen bereits angenommen und ausgeführt werden. Geben Sie etwa folgende Suggestion:

Die Suggestion

»Sie geben sich ganz einem angenehmen Gefühl der Müdigkeit und Schwere hin. Ihr ganzer Körper wird immer schwerer und schwerer. Jeder einzelne Finger füllt sich mit dieser bleiernen Schwere. Ihre Arme sind jetzt so schwer, daß Sie sie nicht mehr bewegen können. Und immer mehr Schwere fließt in Ihre Arme. Ihre Arme und Hände füllen sich mit dieser bleiernen Schwere und ziehen ganz stark nach unten. Ihre Arme sind jetzt so schwer, daß Sie sie überhaupt nicht mehr hochheben können. Sie können Ihre Arme nicht mehr bewegen. Ihre Arme sind jetzt so schwer und völlig bewegungslos, so daß Sie sie nicht mehr hochheben können. Jetzt können Sie Ihre Arme nicht mehr hochheben. Versuchen Sie es, aber es geht nicht. Sie können Ihre Arme jetzt nicht mehr hochheben.«

Die Kontrolle

Kontrollieren Sie auch hier, ob die Versuchsperson wirklich versucht, die Arme zu heben. Sie erkennen das daran, daß sich im Oberarm die Muskeln anspannen. Sollte sie die Hände und vielleicht die Unterarme noch etwas anheben können, so sehen Sie daran, daß die Hypnose zwar bereits zu wirken beginnt, aber noch nicht tief genug ist. In diesem Fall können Sie die ganze Suggestion einfach noch einmal wiederholen oder auch mehrfach, bis die Suggestion voll wirksam wird und die Arme tatsächlich, trotz Bemühungen, bewegungslos bleiben.

Haben Sie die Versuchsperson bereits auf Wachhypnose konditioniert, dann genügt für den Test folgende Suggestion:

»Ich werde gleich bis Drei zählen, dann versuchen Sie die Arme zu heben, aber das geht dann nicht. Sie können bei Drei die Arme nicht mehr hochheben. Sobald ich bis Drei gezählt habe, können Sie die Arme überhaupt nicht mehr bewegen. Eins – zwei – drei. Sie können Ihre Arme jetzt nicht mehr hochheben. Sie können Ihre Arme jetzt überhaupt nicht mehr bewegen.«

Zurücknahme der Suggestionen

Auch hier erkennen Sie an der Art und Weise, wie Ihre Suggestion ausgeführt wird, die Wirksamkeit der von Ihnen eingeleiteten Hypnose und können Ihre weiteren Schritte danach einrichten. Sobald Sie sehen, daß Ihre Suggestionen ausgeführt werden, nehmen Sie diese mit folgenden Worten wieder zurück:

»Nun zähle ich wieder bis Drei. Bei Drei können Sie die Arme wieder ganz leicht bewegen. Sobald ich bis Drei gezählt habe, sind Ihre Arme wieder ganz locker, leicht und frei beweglich, und alles ist wieder genau wie vor dem Test. Sie fühlen sich ganz wohl. Eins – zwei – drei. Ihre Arme sind jetzt wieder ganz lokker, leicht und frei beweglich, und Sie fühlen sich ganz wohl!«

Fragen Sie nach Beendigung des Tests, ob die Arme auch wieder ganz frei sind. Wiederholen Sie Ihre Suggestion, wenn dies noch nicht ganz der Fall sein sollte.

Der Falltest

Besonders zur Prüfung der Hypnotisierbarkeit

Dieser Test eignet sich vorwiegend zur Prüfung der Hypnotisierbarkeit und zur Anwendung bei Wachhypnose. Wenn Sie den Grad der Hypnotisierbarkeit bei einer Versuchsperson testen wollen, dann bitten Sie diese, sich mitten in das Zimmer zu stellen, die Augen zu schließen und sich darauf zu konzentrieren, nicht zu fallen. Geben Sie ihr dabei folgende Suggestion:

»Sie stehen jetzt ganz locker, die Augen sind geschlossen, und Sie versuchen, gerade stehen zu bleiben. Sie spüren aber ganz deutlich, wie es Sie jetzt immer stärker nach hinten zieht. Die Kraft, die Sie nach hinten zieht, wird immer stärker – immer stärker. Sie können sich kaum noch halten, und immer stärker zieht es Sie nach hinten.«

Sie können die suggestive Wirkung verstärken, wenn Sie Ihre rechte Hand etwa 5 Zentimeter hinter den Hinterkopf der Versuchsperson und Ihre linke Hand etwa 20 Zentimeter vor ihre Augen halten. Während Sie die Suggestion geben, bewegen Sie unmerklich Ihre Hände bei gleichem Abstand voneinander ebenfalls nach hinten, so daß sich Ihre rechte Hand vom Hinterkopf entfernt, während Ihre linke Hand sich dem Gesicht der Versuchsperson nähert. Dabei setzen Sie Ihre Suggestionen fort:

»Sie spüren, wie Sie nach hinten fallen. Sie können sich nicht mehr halten. Sie fallen. Sie fallen! Doch keine Sorge, ich werde Sie sicher auffangen. Es kann Ihnen nichts passieren. Ich werde Sie sicher auffangen. Sie spüren, wie die Kraft Sie so stark nach hinten zieht, daß Sie nun nicht mehr widerstehen können. Sie beginnen zu fallen – Sie fallen. Sie fallen!«

Sehr suggestible Personen werden schon nach wenigen Worten unsicher stehen und nach kurzer Zeit nach hinten fallen.

Die Anwendung bei Wachhypnose

Ist die Versuchsperson auf Wachhypnose konditioniert, dann genügt für den Falltest schon folgende Suggestion:

»Ich werde gleich bis Drei zählen. Dann spüren Sie, wie es Sie unwiderstehlich nach hinten zieht. Sie können dem nicht widerstehen. Sobald ich bis Drei gezählt habe, fallen Sie nach hinten.

Ich werde Sie aber sicher auffangen. Sie bemühen sich, stehen zu bleiben, aber je mehr Sie sich bemühen, desto weniger gelingt es Ihnen, stehen zu bleiben. Sobald ich bis Drei gezählt habe, fallen Sie nach hinten in meine Arme. Eins – zwei – drei. Sie fallen nach hinten – Sie fallen. Sie fallen!«

Sobald der Test zu Ihrer Zufriedenheit ausgefallen ist, nehmen Sie auch hier wieder die gegebenen Suggestionen mit folgenden Worten zurück: »Gleich werde ich bis Drei zählen. Dann stehen Sie wieder ganz sicher auf Ihren Beinen. Nichts zieht Sie dann mehr nach hinten. Alles ist wieder wie vor dem Test. Sie stehen ganz sicher auf Ihren Beinen. Eins – zwei – drei. Sie stehen jetzt wieder ganz sicher auf Ihren Beinen.«

Der Händefalttest

Besonders zur Prüfung der Suggestibilität

Dieser Test wurde stets gern von Show-Hypnotiseuren angewandt, um aus einer Gruppe von Menschen die besonders suggestiblen herauszufinden. Hierbei fordert der Hypnotiseur alle Anwesenden auf, die Finger der beiden Hände ineinander zu verschränken, diese dann ineinander verschränkt mit den Handflächen nach oben auf den Kopf zu legen und noch weiter ineinander zu drücken. Dann gibt er folgende Suggestion:

»Ihre Hände sind fest ineinander verschränkt. Ich werde gleich bis Drei zählen. Dann versuchen Sie die Hände voneinander zu lösen, aber das geht dann nicht. Sobald ich bis Drei gezählt habe, können Sie die Hände nicht mehr voneinander lösen. Ihre Hände kleben fest aneinander. Sie können Sie nicht mehr voneinander lösen. Je mehr Sie es versuchen, desto weniger gelingt es. Sie können Ihre Hände jetzt nicht mehr voneinander lösen. Eins – zwei – drei!«

Unter einer Gruppe von Menschen sind stets einige, die besonders suggestibel sind und schon nach dieser kurzen Suggestion die Hände nicht mehr (oder kaum noch) voneinander lösen können. Diese werden dann auf die Bühne gebeten, um bei weiteren Experimenten mitzumachen, die dann auch meist gelingen.

Anwendung in Hypnose

Man kann diesen Test jedoch auch in der Hypnose anwenden. Hierzu läßt man schon vor der Einleitung der Hypnose die Versuchsperson die Hände falten (die Finger ineinander verschränkt) und gibt nach beendeter Einleitung der Hypnose folgende Suggestion:

»Ihre Hände sind fest ineinander verschränkt. Sie können die Hände jetzt nicht mehr voneinander lösen. Die Hände bleiben fest ineinander verschränkt. Je mehr Sie sich bemühen, sie voneinander zu lösen, desto fester verschränken sich die Hände ineinander. Es ist, als ob die Hände aneinander klebten. Sie können Ihre Hände jetzt nicht mehr voneinander lösen. Versuchen Sie es jetzt, aber es geht nicht. Sie können die Hände nicht voneinander lösen. Versuchen Sie es noch einmal, aber Sie sehen, es geht nicht. Sie können die Hände nicht voneinander lösen.«

Die gleiche Suggestion können Sie auch anwenden, wenn die Versuchsperson auf Wachhypnose konditioniert ist. In jedem Fall aber ist die Suggestion nach Beendigung des Tests wieder sorgfältig zurückzunehmen. Das kann mit folgenden Worten geschehen:

»Ich werde gleich bis Drei zählen. Dann lösen sich Ihre Hände wieder ganz leicht voneinander. Sobald ich bis Drei gezählt habe, können Sie Ihre Hände wieder ganz leicht voneinander lösen. Eins – zwei – drei. Sie können die Hände jetzt wieder ganz leicht voneinander lösen. Alles ist wie vor dem Test, die Hände sind wieder ganz locker und frei beweglich.«

Kombination mit einem post-hypnotischen Auftrag

In der Wachhypnose können Sie den Händefalttest auch kombiniert mit einem posthypnostischen Auftrag anwenden. In diesem Fall geben Sie folgende Suggestion:

»Gleich werde ich bis Drei zählen. Sobald Sie danach Ihre Hände ineinander verschränken, können Sie diese nicht mehr lösen. Sobald ich bis Drei gezählt habe, werden Sie Ihre Hände ineinander verschränken und können sie danach nicht mehr voneinander lösen. Eins – zwei – drei. Wenn Sie jetzt Ihre Hände ineinander verschränken, können Sie sie nicht mehr voneinander lösen. Sie haben nun Ihre Hände ineinander verschränkt. Versuchen Sie nun, die Hände wieder voneinander zu lösen. Versuchen Sie es! Aber Sie sehen, es geht nicht. Sie können Ihre Hände erst wieder voneinander lösen, wenn ich erneut bis Drei gezählt habe. Wenn ich bis Drei gezählt habe, werden Sie Ihre Hände ganz leicht voneinander lösen können. Ihre Hände sind dann wieder ganz locker und frei beweglich. Eins – zwei – drei. Lösen

Sie Ihre Hände. Sie sehen, es geht ganz leicht. Ihre Hände sind wieder ganz locker und frei beweglich.«

Die Gedächtnissperre

Dieser Test setzt eine zumindest mittlere Hypnosetiefe voraus. Ist er erfolgreich, werden mit an Sicherheit grenzender Wahrscheinlichkeit auch alle anderen Suggestionen angenommen und ausgeführt. Sie versetzen Ihre Versuchsperson in eine möglichst tiefe Hypnose und geben dann die folgende Suggestion:

Die Suggestion

»Alles, was ich Ihnen jetzt sage, dringt tief in Ihr Unterbewußtsein. Sie werden alles ganz strikt befolgen. Sie vergessen jetzt die Zahl 5. Sie können sich an diese Zahl nicht mehr erinnern. Sie können diese Zahl auch nicht mehr aussprechen. Es gibt jetzt nur noch die Zahlen 1 – 2 – 3 – 4 – 6 – 7 – 8 – 9 – 10. An die eine Zahl können Sie sich jetzt nicht mehr erinnern. Sie können diese Zahl auch nicht mehr aussprechen. Sie bleiben in diesem Zustand der Ruhe und Entspannung, aber Sie können sprechen. Wenn ich es Ihnen sage, dann zählen Sie bitte von 1 bis 10, aber an die eine Zahl können Sie sich nicht mehr erinnern. Zählen Sie jetzt bitte von 1 bis 10.«

Wird die Zahl 5 jetzt ausgelassen, dann heben Sie die Suggestion wieder auf. Sonst ist die gesamte Suggestion noch einmal zu wiederholen.

Sobald der Test zu Ihrer Zufriedenheit ausgefallen ist, heben Sie die gegebene Suggestion sorgfältig wieder auf:

»Sie können sich jetzt ganz deutlich wieder an die Zahl 5 erinnern. Alles ist nun genau so wie vor dem Test. Sie erinnern sich ganz deutlich an die Zahl 5. Die Zahlenfolge von 1 bis 10 lautet: 1 – 2 – 3 – 4 – 5 – 6 – 7 – 8 – 9 – 10. Sie können sich an die Zahl 5 jetzt wieder genau erinnern. Zählen sie jetzt noch einmal von 1 bis 10, aber erinnern Sie sich dabei an die Zahl 5.«

Nach dieser Suggestion wird sich die Versuchsperson in jedem Fall wieder an die Zahl 5 erinnern.

Blockieren oder Ersetzen eines Wortes

Lustig ist es, wenn Sie das Wort »fünf« durch ein anderes Wort ersetzen, z. B. »zips« und die Suggestion geben, die Zahlenfolge laute nun: Eins – zwei – drei – vier – zips – sechs – sieben – usw. Lassen Sie dann die Versuchsperson einmal folgende Aufgabe rechnen: »Wieviel ist zips mal zips?« Die Antwort wird lauten »zipsundzwanzig«.

Vorausgesetzt, die erreichte Hypnose ist ausreichend tief, können Sie so jedes beliebige Wort im Gedächtnis der Versuchsperson blockieren oder durch ein anderes ersetzen. Sie können jedoch auch den gesamten Gedächtnisinhalt vorübergehend blockieren. Dies ist allerdings ein so schreckliches Erlebnis, daß jede Versuchsperson fast augenblicklich zu weinen beginnt und Sie die Suggestion sofort aufheben müssen.

Interessant ist es, einer Versuchsperson, die Sie auf Wachhypnose konditioniert haben, die Suggestion zu geben, sich nicht mehr an ihren Namen zu erinnern. Sobald Sie bis Drei gezählt haben, wird sie sich vergeblich bemühen, sich an ihren Namen zu erinnern, und es selbst fast nicht glauben, daß er ihr nicht mehr einfallen will. Oft werden allenfalls Umstehende glauben, die Versuchsperson spiele nur mit, aber sie kann sich in diesem Augenblick wirklich nicht mehr erinnern, so sonderbar es auch erscheinen mag.

Die Sprachblockierung

Bei diesem Test wird der Versuchsperson suggeriert, daß sie ein bestimmtes Wort nicht mehr aussprechen könne, z. B. ihren Namen. Sie wird sich dann stets ganz deutlich an ihren Namen erinnern, aber nicht in der Lage sein, diesen auch auszusprechen. Geben Sie hierbei folgende Suggestion:

Die Suggestion

»Ihre Ruhe ist tief und fest. Alles, was ich Ihnen nun sage, dringt tief in Ihr Unterbewußtsein, und Sie werden es ganz strikt befolgen. Ich werde gleich bis Drei zählen. Dann können Sie Ihren Namen nicht mehr aussprechen. Sie können sich zwar ganz deutlich an Ihren Namen erinnern, aber Sie können ihn dann nicht mehr aussprechen. Sobald ich bis Drei gezählt habe, können Sie Ihren Namen nicht mehr aussprechen. Eins – zwei – drei. Sie können Ihren Namen jetzt nicht mehr aussprechen. Versuchen Sie es, aber es geht nicht. Sie können Ihren Namen jetzt nicht mehr aussprechen. Versuchen Sie es noch einmal, aber je mehr Sie sich bemühen, desto weniger gelingt es. Sie können Ihren Namen jetzt nicht mehr aussprechen.«

Das Unterbewußtsein läßt sich nicht überlisten

Natürlich könnten Sie ihr auch die Suggestion geben, daß Sie überhaupt nicht mehr sprechen kann. Sobald sie es versucht, bekommt sie keinen Ton mehr heraus. Es ist aber viel interessanter zu sehen, daß Ihre Versuchsperson nur das von Ihnen blockierte Wort nicht mehr aussprechen kann, sonst aber fließend redet. Manche versuchen dann, das blockierte Wort im Zusammenhang auszusprechen, z. B. »Ich heiße . . .« oder »Ich kann mich an meinen Namen ganz deutlich erinnern, er lautet . . .« Aber auch diese Versuche sind zum Scheitern verurteilt.

Ganz raffinierte Versuchspersonen sprechen zunächst den Namen ihrer Eltern oder Geschwister aus. Z. B.: »Meine Mutter heißt Hildegard Müller, mein Bruder heißt Alfred Müller, und ich heiße . . .« Doch das Unterbewußtsein läßt sich nicht überlisten. Obwohl es sich um das gleiche Wort handelt, kann die Versuchsperson es nicht aussprechen, wenn damit der eigene blockierte Name gemeint ist.

Die Aufhebung der Suggestion

In jedem Fall aber sollten Sie daran denken, die gegebene Suggestion sorgfältig wieder aufzuheben, auch wenn die Versuchsperson den Namen nach einiger Zeit von selbst wieder aussprechen könnte. Ja selbst dann, wenn die Suggestion scheinbar unwirksam blieb; denn auch eine scheinbar unwirksame Suggestion kann sich mit einiger Verzögerung noch realisieren, wenn sie nicht wieder aufgehoben wird.

Es gibt noch eine Unzahl von Tests. So könnten Sie der Versuchsperson suggerieren, daß sie nicht mehr aufstehen kann oder daß ihr Finger an der Nase kleben bleibt, sobald sie die Nase berührt. Ein guter Hypnotiseur wird aber solche Tests ohnehin nicht benötigen, weil er seine Versuchsperson sicher führt, die erreichte Hypnosetiefe auch ohne Test deutlich spürt, mit der Versuchsperson in einem ganz engen Kontakt steht und jede Veränderung fühlt und darauf entsprechend reagiert.

11. Selbsthypnose

Eine grandiose Selbsthilfemethode

Krank infolge von Problemen

Seelisches Fehlverhalten kann viele Gesundheitsstörungen hervorrufen: unbewältigt verdrängte Probleme bestehen im Unterbewußtsein weiter, führen zu Störungen und schließlich zur Krankheit. Es ist nicht übertrieben, wenn ich sage: Probleme machen krank. Herzattacken, nervöse Magenbeschwerden, Muskelverspannungen, Kopf- und Rückenschmerzen, Schlaflosigkeit trotz Übermüdung und das Gefühl, überdreht zu sein, all das sind Beschwerden, die jeder Arzt täglich von vielen Patienten hört. Als Ergebnis der Untersuchungen und Laborkontrollen muß der Arzt dem Patienten oft sagen: »Organisch fehlt Ihnen nichts. Ihre Beschwerden sind auf funktionelle Störungen zurückzuführen.« Die Ursachen sind bekannt: falsche Lebensweise, die beruflichen Anforderungen, Unrast und Nervosität. Dazu kommen noch meist Bewegungsmangel und unverarbeitete, verdrängte Probleme. Welche Krankheiten aber durch verdrängte Probleme entstehen, hängt von der körperlichen Verfassung des Menschen ab. Betroffen ist immer das schwächste Organ.

Hier ergeben sich dann aber weitere Probleme. Was ist zu tun, wenn der Arzt tatsächlich Berufs- und Anpassungsschwierigkeiten als Ursache der Krankheit erkannt hat? Ist er dann nicht überfordert? Nicht selten wird er sagen: »Ich schreibe Ihnen da mal etwas auf, das wird Ihnen helfen.« Obwohl er genau weiß, daß das Medikament bestenfalls das Symptom beeinflussen kann, nicht aber die Ursache behebt.

Seelische Selbsthilfe

In einem solchen Fall ist oft der einzige wirksame Ausweg: seelische Selbsthilfe durch Selbsthypnose. Die bekannteste Art sind wohl das *Autogene Training*, eine Methode »konzentrativer Selbstentspannung«, von G. H. Schultz und die von L. M. LeCron durch sein Buch *Selbsthypnose – Ihre Technik und Anwendung im täglichen Leben* weltweit bekannt gemachten Methoden der Selbsthypnose.

Wir wissen, daß jeder unserer Gedanken, sobald er gefühlsbetont ist, eine starke Verwirklichungstendenz hat. Es wäre allerdings falsch anzunehmen, daß alles, was wir uns gedanklich vorstellen, unmittelbar in die Wirklichkeit umgesetzt werden kann. Es müssen gewisse Voraussetzungen vorhanden sein, damit der Gedanke die Kraft zur Verwirklichung bekommt. Eine der wichtigsten Voraussetzungen, um unseren Gedanken diese Kraft zu geben, ist der starke Wunsch – eine ausreichende Motivation, gerade dieses Ziel erreichen zu wollen. Dann können unsere Gedanken geradezu unheimliche Kräfte entwickeln. Ein interessantes Beispiel hierfür finden wir in dem Buch von A. J. Efremov *Auf Messers Schneide*, das ich Ihnen hier im Wortlaut wiedergeben möchte.

Die Kraft zur Verwirklichung

»Ein eisiger Wind durchbohrte Dayaram wie ein Messer . . . Plötzlich hielt er inne, starr vor Erstaunen – auf einer steinigen, mit frischem Schnee bedeckten Landzunge standen vier splitternackte Männer. Umsprüht von Wasserspritzern, mit Schnee überschüttet, verharrten sie in völliger Unbeweglichkeit. Wäre nicht ihr dampfender Atem gewesen, den der Wind forttrug, hätte man sie für Statuen aus gelbem Stein halten können. Doch nein, da beugte sich einer nieder, tauchte ein Stück Stoff ins Wasser und bedeckte damit seinen Rücken, der dem eisigen Wind ausgesetzt war . . . Dayaram erinnerte sich, daß er Fotografien von Lamas gesehen hatte, die nackt in den Schneemassen des heiligen Berges Kailaß standen. Nach der Lehre der tibetischen Mystik können solche Menschen aus ihrem eigenen Samen eine ›Tumo‹ genannte Energie freisetzen, die sich über zahllose Kanälchen ihres Körpers verbreitet und ihn erwärmt. Sorgfältig ausgewählte Novizen bereiten sich langsam und stufenweise vor, indem sie die Übungen und die Atemgymnastik bei Frost zunächst in dünner Baumwollkleidung, später jedoch völlig unbekleidet durchführen. Um den Titel eines ›Respa‹ zu erhalten, muß man besondere Proben ablegen. In einer frostkalten windigen Mondnacht setzen sich die Kandidaten an einen Fluß oder See auf die Erde und wickeln um ihren Leib kleine, vorher in Wasser getauchte Laken, die sie mit ihrer Körperwärme trocknen müssen. In früheren Zeiten mußte man mindestens drei Tücher trocknen. Respa können 12 bis 24 Stunden im Frost stehen. ... Der Respa lehnt die Wärme der Kleidung und das Erwärmen durchs Feuer ab. Einige ganz Asketische verbringen den Winter in Höhlen inmitten der Schneeberge und tragen lediglich einen Baumwollstoff. .. Der Respa suggeriert sich durch Selbsthypnose die Empfindung von Feuer oder eines heißen Tales mit sonnendurchglühten Felsen.«

Eine gewaltige Macht

Wie stark die Macht der Selbsthypnose sein kann, zeigt auch das folgende Beispiel deutlich. Auf einer Reise Sven Hedins durch Tibet geriet einer seiner Mitarbeiter in Streit mit einem tibetischen Eremiten, der daraufhin voraussagte, daß Dr. H. an dem gleichen Tag im folgenden Jahr sterben werde. Dr. H., der sich auf der Reise wiederholt von den außergewöhnlichen Fähigkeiten der tibetischen Eremiten überzeugt hatte, glaubte fest an diese Prophezeiung.

Kurz vor dem vorausgesagten Todestag kam er nach Berlin zurück, fühlte sich aber da schon so elend, daß er sich in ärztliche Behandlung begeben mußte. Schließlich wurde er in ein Krankenhaus überwiesen. Aber auch da standen die Ärzte vor einem Rätsel und konnten nur feststellen, daß es mit dem Patienten langsam zu Ende ging. Als der Oberarzt von der Prophezeiung erfuhr, war ihm klar, daß es sich hier um einen besonders ausgeprägten Fall von Selbsthypnose handelte, die wohl zum Tod führen würde, wenn nicht ... Zwei Tage vor seinem »Todestag« glich Dr. H. nur mehr einem Leichnam. Er wurde von dem behandelnden Arzt in hypnotischen Schlaf versetzt und vier Tage lang in diesem Zustand gelassen. Erst als man ihn danach weckte und ihm sagte, daß der verhängnisvolle Tag bereits seit zwei Tagen vorüber sei und er ihn überlebt habe, fiel diese Suggestion von ihm ab und in kurzer Zeit war er wieder vollständig geheilt.

Die in diesem Fall so verhängnisvoll wirkende Kraft der Suggestion durch Selbsthypnose steht auch Ihnen in positivem Sinne zur Verfügung, denn Sie können sie einsetzen, um Ihre Wünsche zu verwirklichen. Ich möchte Sie hier mit zwei verschiedenen

Möglichkeiten vertraut machen, die beide absolut zuverlässig sind.

Selbsthypnose durch Fremdhypnose

Viele Menschen möchten gern die Kraft der Selbsthypnose nutzen, bringen aber nicht die Ausdauer auf, solange zu üben, bis sie zu brauchbaren Ergebnissen gekommen sind. Hier hilft eine Fremdhypnose, bei der der Hypnotiseur einen Rapportwechsel vornimmt, also gewissermaßen dem Hypnotisierten das Kommando über sich selbst überträgt. Der Hypnotisierte erhält dabei in der Hypnose als einzige Suggestion den Befehl, bei einem bestimmten Auslöser sofort tief in einen hypnotischen Zustand zu sinken und alle Befehle, die er sich gedanklich dann selbst gibt, genau so auszuführen, als habe sie der Hypnotiseur gegeben. Hierdurch wird die Übungszeit auf eine einzige Fremdhypnose abgekürzt. Man kann danach sofort mit der Selbsthypnose beginnen.

Selbsthypnose durch selbstbesprochene Tonbandkassette

Diese sehr wirksame Methode, die noch kaum bekannt ist, verdient, in diesem Kapitel ausführlich beschrieben zu werden. In diesem Zusammenhang möchte ich noch einmal betonen: Weder zur Fremdhypnose noch zur Selbsthypnose sind besondere Fähigkeiten erforderlich. Auch die Annahme, daß um so bessere Ergebnisse erzielt werden, je tiefer die Hypnose ist, hat sich als falsch erwiesen. Schon bei einer leichten Hypnose können Sie vorzügliche Ergebnisse erzielen. Mit der Imaginationstechnik können Sie eine leichte Hypnose mehr und mehr vertiefen. Sie »sehen« sich dabei selbst einfach immer tiefer und tiefer in Hypnose sinken. Stellen Sie sich dabei auch vor, wie Sie die einzelnen Hypnosetests durchführen, wie Sie z. B. versuchen, die Augen zu öffnen, es aber nicht schaffen, oder wie Sie sich vergeblich bemühen, die Arme hochzuheben, die aber völlig unbeweglich liegen bleiben. Da Ihr Unterbewußtsein Imagination und Realität nicht unterscheiden kann, wird es die »gesehenen« Verhaltensweisen übernehmen und auch in Zukunft entsprechend reagieren.

Ein Selbsthypnosetest

Bevor wir mit den einzelnen Selbsthypnosebeispielen beginnen, hier noch ein einfacher Selbsthypnosetest. Dieser sogenannte »Anästhesietest« zeigt Ihnen recht deutlich und sofort spürbar den Grad der Wirksamkeit der selbst gegebenen Suggestionen. Geben Sie sich in der Selbsthypnose die Suggestion, z. B. im linken Arm keinen Schmerz mehr zu spüren, und wiederholen Sie diese Suggestion einige Male. Kneifen Sie sich dann kräftig in den linken Arm und »spüren« Sie, ob oder in welchem Grad der Schmerz bereits ausbleibt.

Nichtraucher durch Selbsthypnose

Jeder zweite Rauer würde gern das Rauchen aufgeben. Meist hat er auch schon zwei gescheiterte Versuche hinter sich. Manche haben es sogar monatelang ohne Zigarette ausgehalten, erlagen aber dann eines Tages doch wieder der Versuchung.

Sucht wider Willen

So war es auch Herrn Wagner ergangen. Er hatte es im Leben zu etwas gebracht. Seine Ideen als Landesdirektor einer großen Versicherungsanstalt waren in der Branche richtungsweisend. In der Festrede zu seinem 25jährigen Firmenjubiläum war sein eiserner Wille und seine beispielhafte Selbstdisziplin ganz besonders hervorgehoben worden. Trotzdem war es ihm nicht gelungen, das Rauchen aufzugeben, obwohl sein Gesundheitszustand dies dringend erforderlich machte. Mehrere Versuche waren gescheitert, länger als vier Tage hatte er es ohne Zigarette einfach nicht aushalten können. Dazu kam, daß er bei seinem letzten Versuch seine Absicht im Freundeskreis verkündet hatte. Nun fühlte er sich in seiner Ehre gekränkt, daß er trotzdem nicht durchhalten konnte. Natürlich stichelten seine Freunde bereits, und er war ziemlich verzweifelt, als er in meine Praxis kam. Ich sagte ihm, daß im vergangenen Jahr weit über tausend Patienten meine Praxis als Nichtraucher verlassen hätten und daher wohl auch sein Problem mit Hilfe der Akupunktur zu lösen sei. Aber dieser Weg interessierte ihn nicht. Er suchte einen Weg, der ihn in die Lage versetzte, seine Sucht selbst zu besiegen und dabei gleichzeitig sein angeschlagenes Selbstbewußtsein wieder herzustellen.

Die Tonbandkassette

In dieser Situation konnte nur die Selbsthypnose helfen. Ich bat ihn, sich folgenden Text selbst auf eine Tonbandkassette zu sprechen:

»Ich liege ganz entspannt. Meine Augen sind geschlossen, meine Arme und Beine sind ganz locker. Ich bin völlig gelöst und entspannt. Nichts kann mich stören, ich bin ganz ruhig und gelöst und lasse mich einfach treiben. Ich atme ganz ruhig und gleichmäßig und bin jetzt völlig gelöst und entspannt. Ich fühle mich ganz wohl – ich fühle mich ganz wohl. Ich spüre, wie eine angenehme Ruhe sich in meinem ganzen Körper ausbreitet.«

Hier ist etwa eine Minute Pause zu machen.

»Nun konzentriere ich mich auf meine Beine. Völlig ruhig konzentriere ich mich auf meine Beine, und ich spüre – fühle – empfinde jetzt ganz deutlich, wie meine Beine schwer werden. Immer schwerer werden meine Beine – immer schwerer – immer schwerer. Meine Beine sind jetzt ganz schwer – bleiern schwer – ganz bleischwer.

Nun werden auch meine Arme ganz schwer und ziehen ganz stark nach unten. Immer mehr Schwere fließt in meine Arme und läßt meine Arme immer schwerer werden – immer schwerer – immer schwerer. Auch meine Arme sind nun ganz schwer – bleiern schwer – ganz bleischwer.

Auch meine Augenlider sind ganz schwer und werden immer schwerer und schwerer. Die Augen sind ganz fest geschlossen. Ich kann meine Augen nun nicht mehr öffnen, aber das will ich auch gar nicht. Ich lasse mich immer tiefer sinken in dieses wunderbare Gefühl der Müdigkeit und Schwere. Ich werde immer müder – ich werde immer müder – immer müder.«

Hier ist wieder etwa eine Minute Pause zu machen.

»Nichts kann mich stören. Ich höre jetzt nur noch auf meine Stimme und spüre – fühle – empfinde jetzt ganz deutlich, wie ich allmählich immer tiefer sinke – immer tiefer – immer tiefer, in eine tiefe, tiefe wohltuende Ruhe. Ich fühle mich ganz wohl und lasse mich immer tiefer sinken – immer tiefer – immer tiefer.

Ansprechen des Unterbewußtseins

In diesem wunderbaren Ruhezustand öffnet sich jetzt ganz weit das Tor zu meinem Unterbewußtsein – ganz weit öffnet sich jetzt das Tor zu meinem Unterbewußtsein. Alles, was ich sage, dringt ganz leicht und tief in mein Unterbewußtsein, prägt sich dort unauslöschlich ein, und ich werde ganz strikt danach handeln.

Ich bin ganz ruhig. Ich bin vollkommen ruhig. Ich spüre einen starken Widerwillen gegen das Rauchen, der immer stärker wird. Ich habe kein Verlangen mehr nach einer Zigarette – ich habe überhaupt kein Interesse mehr am Rauchen. Rauchen ist für mich vollkommen uninteressant. Schon der Gedanke an das Rauchen ist mir unangenehm. Ich spüre dann sofort wieder den starken Widerwillen gegen das Rauchen. Jedesmal, wenn ich

Rauch rieche, verstärkt sich mein Widerwille gegen das Rauchen noch mehr.

Ab sofort werde ich nicht mehr rauchen. Ich lasse mich durch nichts von meinem Vorsatz abbringen; denn ich bin froh und glücklich, daß ich endlich etwas für meine Gesundheit tue und nicht mehr rauche. Es geht mir dadurch von Tag zu Tag in jeder Hinsicht immer besser und besser. Ich werde nicht mehr rauchen.

Suggestion der Abneigung

Mein Widerwille gegen das Rauchen wird von Tag zu Tag immer stärker. Rauchen ist für mich völlig uninteressant. Schon der Gedanke an das Rauchen ist mir unangenehm und erzeugt in mir sofort ein starkes Ekelgefühl vor dem Rauchen.

Und jedesmal, wenn ich Rauch rieche, verstärkt sich meine Abneigung gegen das Rauchen noch mehr, und ich bin sehr froh und glücklich, daß ich nicht mehr rauche. Ich lasse mich durch nichts von meinem Vorsatz abbringen und werde nie mehr rauchen. Ich werde nie mehr rauchen. Ich werde nie mehr rauchen!«

Hier ist wieder eine Minute Pause einzuschalten.

»Ich spüre noch einmal diese wunderbare Ruhe in mir. In dieser wunderbaren Ruhe hat sich jedes meiner Worte unauslöschlich tief meinem Unterbewußtsein eingeprägt. Ich werde immer danach handeln und nie mehr rauchen. Ich fühle mich dabei ganz wohl. Es geht mir von Tag zu Tag in jeder Hinsicht immer besser und besser.

Gleich werde ich bis Drei zählen. Dann sind meine Arme und Beine wieder locker, leicht und frei beweglich. Ich öffne dann die Augen und fühle mich ganz frisch und wohl. Eins – zwei – drei. Augen auf! Arme und Beine sind wieder ganz locker und frei beweglich. Ich bin voller Kraft und Energie und fühle mich ganz wohl – ich fühle mich ganz frisch und wohl.«

Herr Wagner versprach mir, diese Kassette täglich wenigstens einmal zu hören. Er verließ meine Praxis voller Hoffnung. Lange hörte ich nichts mehr von ihm. Einige Monate später wurde ganz überraschend in der Praxis eine Kiste Sekt mit seiner Karte abgegeben. Es stand nur ein Wort darauf: »Danke!«

Auch Sie können auf dem gleichen Weg Nichtrauer werden. Es ist tatsächlich ganz einfach, sich selbst in einen hypnotischen Zustand zu versetzen. Es genügt, sich an einem ruhigen und bequemen Ort ganz entspannt hinzulegen (oder zu setzen) und eine Tonbandkassette laufen zu lassen, auf die man zuvor etwa folgende Worte gesprochen hat:

»Ich bin ganz ruhig und völlig gelöst und entspannt. Meine Arme und Beine sind ganz locker. Ich atme ruhig und gleichmäßig und fühle mich ganz wohl. Ich spüre, wie eine wunderbare Ruhe sich in meinem ganzen Körper ausbreitet, und meine Arme und Beine werden immer schwerer – immer schwerer. Ich lasse mich immer tiefer sinken in dieses wunderbare Gefühl der Müdigkeit und Schwere. Ich sinke immer tiefer und werde dabei immer müder. Ich werde immer müder – immer müder.«

Das wiederholen Sie solange, bis dieses wunderbare Ruhegefühl Sie ganz ausfüllt und Sie sich durch keinen anderen Gedanken mehr ablenken lassen.

Natürlich können Sie auf diese Weise nicht nur Nichtraucher werden, sondern ebensogut noch viele andere Probleme lösen.

Schlank durch Selbsthypnose

Sehr viele Menschen haben sich in schwierigen Situationen durch Selbsthypnose helfen können. Besonders wirksam ist diese Methode, wenn Sie schlank werden möchten. In der Bundesrepublik Deutschland haben 78 Prozent der Bevölkerung ein Gewicht, das deutlich über ihrem Idealgewicht liegt.

Fettsucht mit Problemen

Auch Frau Berger hatte Gewichtsprobleme, als sie zu mir in die Praxis kam. Mehrere Diätkuren hatten nur vorübergehende Erfolge gebracht. Sie war ständig auf der Suche nach neuen Wegen, wie sie ihre Eßlust unter Kontrolle bringen konnte. Dabei hatte es ganz harmlos angefangen. Als sie vor acht Jahren heiratete, kannte sie keine Gewichtsprobleme. Sie war zierlich und temperamentvoll. Als zwei Jahre später ihr Töchterchen Sabine geboren wurde, hatte sie wenige Monate nach der Geburt wieder ihr altes Gewicht. Anfangs beschäftigte sie Sabine den ganzen Tag, aber bald wurde die Arbeit mit ihr zur Routine. Sie begann sich mehr und mehr zu langweilen, und so fing sie an zu essen. Früher standen Pralinen und Süßigkeiten oft monatelang unbeachtet umher, doch inzwischen war sie für ihren Feinkosthändler eine gute Kundin geworden. Es verging kaum ein Tag, an dem sie sich nicht Süßigkeiten kaufte.

Nach einigen Monaten bemerkte auch ihr Mann die Veränderung und machte immer häufiger eine Bemerkung über ihr zunehmendes Gewicht. Sie ärgerte sich zwar darüber, denn sie wußte nur zu gut, daß er ja recht hatte, aber ihr Verlangen nach Süßigkeiten war längst zur Sucht geworden, und so nahm das Verhängnis seinen Lauf. In ihrer Ehe begann es – wegen ihrer Naschsucht, aber auch aus anderen Gründen – zu kriseln, und es gab immer häufiger Streit. Ihr Mann liebte sie zwar sehr, hatte aber kein Verständnis für ihre Probleme. Sie hatte 42 Pfund zugenommen, als zum ersten Mal das Wort Scheidung fiel. In dieser Nacht konnte sie kein Auge zutun und nahm sich vor, keine Süßigkeiten mehr zu essen. Doch es dauerte genau zwei Tage, bis sie wieder schwach wurde. Ein Jahr später wurde die Scheidung ausgesprochen.

Das alles lag einige Monate hinter ihr, als sie zum ersten Mal in meine Praxis kam. Auf ihren Wunsch zeigte ich ihr, wie man sich selbst in Hypnose versetzen kann. Als sie dies beherrschte, bat ich sie, sich folgende Worte selbst auf Tonband zu sprechen und dieses Band dann täglich wenigstens einmal ganz entspannt anzuhören.

Die Suggestion gegen Eßlust

»Ich spüre einen starken Widerwillen gegen Süßigkeiten, der von Tag zu Tag immer stärker wird. Ab sofort esse ich keine Süßigkeiten mehr. Jedesmal, wenn ich Süßigkeiten sehe, verstärken sich meine Abneigung und mein Widerwille noch mehr. Ich nehme jede Woche zwei Pfund ab. Ich fühle mich dabei ganz wohl und nehme jede Woche zwei Pfund ab. Ich habe keinen Appetit mehr, esse zu den Mahlzeiten nur noch eine Kleinigkeit und bin dann sofort völlig satt. Zwischen den Mahlzeiten und nach dem Abendbrot esse ich absolut nichts mehr; ich nehme jede Woche zwei Pfund ab. Solange ich dieses Band höre, nehme ich jede Woche zwei Pfund ab. Ich spüre, wie meine Gesundheit sich von Tag zu Tag bessert und auch meine Verdauung perfekt arbeitet. Essen ist mir ganz gleichgültig. Ich fühle mich ganz wohl.

Ich esse nur noch zu den Mahlzeiten eine Kleinigkeit und bin dann sofort völlig satt. Süßigkeiten esse ich ab sofort überhaupt nicht mehr. Mein Widerwille gegen Süßigkeiten wird von Tag zu Tag immer stärker und stärker. Ich nehme jede Woche zwei Pfund ab und fühle mich dabei ganz wohl. Solange ich dieses

Band höre, nehme ich jede Woche zwei Pfund ab. Jedesmal, wenn ich dieses Band höre, bin ich sofort ganz ruhig und entspannt – ganz locker und gelöst. Jedes Wort prägt sich tief meinem Unterbewußtsein ein. Ich werde alles ganz strikt befolgen und nehme jede Woche zwei Pfund ab. Ich fühle mich dabei ganz wohl. Es geht mir von Tag zu Tag in jeder Hinsicht immer besser und besser.«

Ein Jahr später begegnete ich Frau Berger zufällig auf einem Empfang. Fast hätte ich sie nicht wiedererkannt, so schlank war sie geworden. Sie hatte wieder geheiratet und bestand darauf, mir ihren Mann vorzustellen. So erfuhr ich auch das Ende der Geschichte. Ihr geschiedener Mann hatte regelmäßig seine Tochter besucht und so die Veränderung verfolgen können, die sich im Aussehen seiner Frau vollzog. Ein Jahr später hatten sie dann wieder geheiratet – zum zweitenmal.

Frei von Schlafstörungen durch Selbsthypnose

»Gott segne den Erfinder des Schlafes«, schrieb der Dichter Cervantes in seinem *Don Quichote*, aber bei einer Vielzahl von Menschen funktioniert diese segensreiche Erfindung nicht mehr. Tatsächlich leidet in der Bundesrepublik Deutschland jeder Siebte an Schlafstörungen, das sind allein bei uns neun Millionen, die regelmäßig zu Schlafmitteln greifen. In den vergangenen zehn Jahren ist der Schlafmittelkonsum um 500 Prozent gestiegen. Wenn auch Sie zu diesen bedauernswerten Menschen gehören, die Schlafprobleme haben, dann fragen Sie sich zunächst, worauf dies zurückzuführen ist. Ist die Ursache organischer Natur, gehören Sie in die Hand eines guten Arztes. Ist eine organische Ursache aber nicht festzustellen, dann gibt es ein einfaches und ohne unangenehme Nebenwirkungen sicher funktionierendes Mittel, Ihre Schlafschwierigkeiten zu lösen: die Selbsthypnose.

Sprechen Sie sich folgende Worte mit ruhiger, einschläfernder Stimme auf eine Tonbandkassette:

Die Suggestion

»Ich liege ganz ruhig und entspannt. Meine Augen sind geschlossen, meine Arme und Beine ganz locker. Ich bin völlig relöst und entspannt. Nichts kann mich stören. Ich bin ganz ruhig und gelöst und lasse mich einfach treiben. Ich atme ganz ruhig und gleichmäßig – ganz ruhig und gleichmäßig und bin völlig ruhig und entspannt. Ich fühle mich ganz wohl. Ich spüre, wie eine wunderbare Ruhe sich in meinem ganzen Körper ausbreitet.«

Machen Sie hier etwa eine Minute Pause.

»Nun konzentriere ich mich auf meine Beine. Ganz ruhig konzentriere ich mich auf meine Beine und fühle, spüre und empfinde ganz deutlich, wie meine Beine immer schwerer werden. Immer schwerer werden meine Beine – immer schwerer – immer schwerer. Meine Beine sind jetzt ganz schwer – bleiern schwer – ganz bleischwer. Nun werden auch meine Arme ganz schwer und ziehen ganz stark nach unten. Immer mehr Schwere fließt in meine Arme und läßt meine Arme immer schwerer werden – immer schwerer – immer schwerer. Auch meine Arme sind jetzt ganz schwer, bleiern schwer – ganz bleischwer. Nun werden auch meine Augen ganz schwer – immer schwerer und schwerer. Meine Augen sind fest geschlossen. Ich kann meine Augen nun nicht mehr öffnen, aber das will ich auch gar nicht. Ich lasse mich immer tiefer sinken in dieses wunderbare Gefühl der Müdigkeit und Schwere. Ich werde immer müder – immer müder. Ich werde immer müder und müder.«

Hier ist wieder eine Minute Pause einzuschalten.

»Ich zähle nun langsam bis Zehn. Bei jeder Zahl lasse ich mich noch tiefer sinken in dieses wunderbare Gefühl der Ruhe und Geborgenheit. Eins – zwei – drei: ich sinke immer tiefer und tiefer. Vier – fünf – sechs – sieben – acht – neun – zehn. Meine Ruhe ist nun ganz tief und fest. Nichts kann stören. Ich höre jetzt nur noch auf meine Stimme und spüre – fühle – empfinde jetzt ganz deutlich, wie ich ganz allmählich immer noch tiefer sinke – immer tiefer, in eine tiefe, tiefe wohltuende Ruhe. Ich fühle mich ganz wohl und lasse mich immer tiefer sinken – immer tiefer und tiefer.

In diesem wunderbaren Ruhezustand öffnet sich jetzt ganz weit das Tor zu meinem Unterbewußtsein – ganz weit öffnet sich jetzt das Tor zu meinem Unterbewußtsein. Alles, was ich sage, dringt ganz leicht und tief in mein Unterbewußtsein, prägt sich dort unauslöschlich ein. Ich werde alles ganz strikt befolgen.

Meine Ruhe ist ganz tief und fest. Ein wunderbares Gefühl des Friedens und der Harmonie breitet sich in meinem Körper aus. Ich bin aus tiefstem Herzen froh und glücklich. Jeden Abend, wenn ich zu Bett gehe, spüre ich sofort wieder das wunderbare Gefühl des Friedens und der Harmonie. Ich schlafe dann immer sofort ein. Ich habe einen gesunden, natürlichen und erholsamen Schlaf und wache immer erst am Morgen ganz frisch und erholt auf. Ich spüre auch dann sofort wieder dieses wunderbare Gefühl des Friedens und der Harmonie und bin ganz heiter und gelöst und aus tiefstem Herzen froh und glücklich. Es geht mir von Tag zu Tag in jeder Hinsicht immer besser und besser.

Und jeden Abend, wenn ich zu Bett gehe, fallen alle störenden Gedanken von mir ab, und ich schlafe sofort ein. Ich schlafe die ganze Nacht tief und fest durch und wache erst am Morgen ganz frisch und erholt auf. Beim Erwachen spüre ich dann sofort wieder dieses wunderbare Gefühl des Friedens und der Harmonie und bin ganz heiter und gelöst und aus tiefstem Herzen froh und glücklich. Den ganzen Tag über bleibe ich heiter und gelöst. Es geht mir von Tag zu Tag in jeder Hinsicht immer besser und besser. Auch jetzt schlafe ich ganz tief und fest und wache erst morgen früh ganz frisch und erholt auf. Ich schlafe tief und fest – ich schlafe tief und fest – ganz tief und fest!«

Sichere Schlafhilfe

Diese Tonbandkassette hören Sie nun regelmäßig einige Wochen jeden Abend vor dem Schlafengehen an. Sie schlafen von Tag zu Tag immer besser, bis Sie nach einiger Zeit auf diese Hilfe ganz verzichten können, weil sich Ihr Schlafproblem gelöst hat.

Auf diese Art und Weise lassen sich viele Probleme lösen, wenn Sie sich die Mühe machen, die Wünsche an Ihr Unterbewußtsein sorgfältig zu formulieren, diese Formulierung dann langsam und ruhig auf eine Tonbandkassette zu sprechen und diese dann regelmäßig zu hören.

Steigerung der Schulleistungen durch Selbsthypnose

Leistungsabfall infolge Berufszwangs

Jahrelang hatte Manfred mit seinen Schulleistungen leicht über dem Klassendurchschnitt gelegen. Seine Eltern hatten einen Supermarkt, waren den ganzen Tag von morgens bis abends im Geschäft eingespannt und konnten sich nur wenig um ihn kümmern. Das war aber auch gar nicht erforderlich, denn stets hatte er seine Aufgaben sofort nach der Schule gemacht, ohne daß er dazu besonders angehalten worden wäre. So waren die Eltern denn sehr erstaunt, als sie plötzlich die Nachricht erhielten, daß ihr Sohn das Schuljahr noch einmal machen müsse. Er war sitzengeblieben. Der Grund? Als er erfahren hatte, daß sein einziger Wunsch, Förster zu werden, nicht in Erfüllung gehen würde, weil er später den Supermarkt seiner Eltern übernehmen sollte, hatte er das Interesse an der Schule verloren. Natürlich machte sich das bald bemerkbar, und so schrieb er in den Klassenarbeiten eine schlechte Note nach der anderen.

Als Manfreds Eltern zu mir kamen, war das Unglück schon geschehen. Ich versprach, alles zu tun, um Manfred wieder anzuspornen und schlug eine Hypnosebehandlung vor. Die Eltern waren damit einverstanden. Auch Manfred war ganz begeistert von der Möglichkeit, etwas über die für ihn so geheimnisvolle Hypnose zu erfahren.

Ich bat ihn, sich ganz bequem auf die Couch zu legen, sich meine Worte einfach nur anzuhören, sich nicht besonders darauf zu konzentrieren und schon gar nicht »mitarbeiten« zu wollen, sondern alles seinem Unterbewußtsein zu überlassen. Dann schaltete ich das Tonbandgerät ein und begann die Hypnose mit folgenden Worten:

Hypnose-einleitung

»Mach es dir jetzt bitte ganz bequem. Schließe die Augen und entspanne dich völlig. Arme und Beine ganz locker lassen – ruhig und gleichmäßig atmen. Nichts mehr wollen jetzt – völlig passiv sein. Du lauschest einfach nur meiner Stimme und läßt meine Stimme auf dich einwirken.

Du atmest jetzt ganz ruhig und gleichmäßig – ganz ruhig und gleichmäßig – und bist völlig gelöst und entspannt. Deine Augen sind jetzt fest geschlossen. Du wirst immer müder und gibst dich ganz dem Gefühl der Müdigkeit hin. Nichts kann dich mehr stören. Du hörst nur noch auf meine Worte – auf das, was ich dir sage.

Du bist ganz passiv und gelöst und atmest jetzt ganz ruhig und entspannt. Du spürst, wie deine Arme langsam schwerer werden – immer schwerer werden deine Arme.«

Hier schaltete ich eine Minute Pause ein.

»Du spürst diese wunderbare Ruhe und läßt dich immer tiefer sinken in dieses angenehme Gefühl der Müdigkeit und Schwere. Und du lauschst jetzt einfach nur meiner Stimme. Nun fühlst du auch deine Beine schwerer werden, immer schwerer werden deine Beine. Du atmest ganz ruhig und gleichmäßig und fühlst dich ganz wohl. Du fühlst dich sehr wohl. Du läßt dich immer tiefer sinken in das wunderbare Gefühl der Müdigkeit und Schwere. Du wirst immer müder. Du wirst immer müder – immer müder.«

Hier wieder eine Minute Pause.

»In diesem wunderbaren Ruhezustand öffnet sich jetzt ganz weit das Tor zu deinem Unterbewußtsein – ganz weit öffnet sich jetzt das Tor zu deinem Unterbewußtsein. Alles, was ich dir sage, prägt sich ganz tief und fest in dein Unterbewußtsein ein, und du wirst immer danach handeln.

Die eigentliche Suggestion

Ab sofort konzentrierst du dich in der Schule ganz auf das, was der Lehrer sagt. Du läßt dich durch nichts mehr ablenken und meldest dich jedesmal, wenn du etwas weißt. Du bist mit Freude bei der Sache und arbeitest intensiv im Unterricht mit.

Zu Hause machst du deine Schularbeiten konzentriert und sorgfältig. Du läßt dich auch dabei durch nichts ablenken. Du wirst nichts anderes tun, bevor deine Schularbeiten konzentriert und sorgfältig gemacht sind und du dich gründlich auf die Fächer des nächsten Tages vorbereitet hast. Es macht dir Freude, daß du immer bessere Schulnoten mit nach Hause bringst, und du merkst, wie sich deine Leistungen immer mehr steigern. Und so wird es auch bleiben. Du wirst weiterhin konzentriert für die Schule arbeiten. Es macht dir von Tag zu Tag mehr Freude, deine ganze Kraft für das Ziel einzusetzen, deine Leistungen noch mehr zu steigern. Du läßt dich durch nichts von diesem Vorsatz abbringen, deine Leistungen immer mehr zu steigern. Deine Schulleistungen werden von Tag zu Tag immer besser. Deine Leistungen werden von Tag zu Tag immer besser – immer besser.«

Aufhebung der Hypnose

Nach einer Minute Pause hob ich die Hypnose mit folgenden Worten wieder auf:

«Du spürst die wundervolle Ruhe. In dieser wunderbaren Ruhe hat sich jedes meiner Worte tief und unauslöschlich in dein Unterbewußtsein eingeprägt, und du wirst immer danach handeln.

Gleich werde ich bis Drei zählen. Dann sind deine Arme und Beine wieder ganz locker, leicht und frei beweglich. Du öffnest die Augen und fühlst dich ganz frisch und wohl: Eins – zwei – drei.«

Manfred öffnete die Augen. Ich übergab ihm seine Tonbandkassette mit der dringenden Bitte, diese nun täglich wenigstens einmal zu hören, besser natürlich zwei- bis dreimal. Ihm schien die Hypnose Spaß gemacht zu haben, und er versprach mir, das Band regelmäßig zu hören.

Einige Wochen später schrieb er mir, daß er zu einer Nachprüfung zugelassen worden sei, die er mit der Note »befriedigend« bestand. Damit wurde die Versetzung nachträglich genehmigt.

Auch Sie können für Ihre Kinder ein solches Tonband besprechen. Wenn Sie diese erprobten Formulierungen verwenden und ganz ruhig sprechen, werden Sie den gleichen Erfolg haben.

Frei von Angst und Depression durch Selbsthypnose

Ein wichtiges Anwendungsgebiet der Selbsthypnose ist die Beseitigung von Depressionen und Angstzuständen, wie das folgende Beispiel zeigt.

Ein Beispiel

Es war die ganz große Chance. Soeben hatte Dr. Schlosser erfahren, daß ihm die Leitung des Zweigwerkes in Süddeutschland übertragen worden war. Er konnte es überhaupt nicht abwarten, seiner Frau die gute Nachricht zu überbringen. Das bedeutete für ihn nicht nur den Ausbau seiner Position, sondern gleichzeitig die Erfüllung seines Jugendwunsches – ein Haus weitab vom Lärm der Großstadt in einer schönen ländlichen Gegend, wo man noch vom Gezwitscher der Vögel und nicht vom Autolärm geweckt wurde. Seine Frau kannte zwar das Leben auf dem Lande nicht, denn sie war in der Großstadt aufgewachsen, aber sie ließ sich von seiner Begeisterung anstecken. Die beiden Kinder, zwei prächtige Jungen, waren vor Freude ganz außer sich.

Dr. Schlosser fand ein wunderschönes Haus, 30 Kilometer vor der Stadt, in der sich das Zweigwerk befand, dessen Leitung er übernommen hatte. Zwar hatte er dadurch jeden Morgen und Abend etwa 40 Minuten Fahrt, aber das nahm er für die Ruhe und Schönheit der ländlichen Idylle gern auf sich. Die Kinder lebten sich schnell ein und hatten schon nach kurzer Zeit neue Freunde gefunden. Nur seine Frau hatte einige Schwierigkeiten, sich mit der neuen Umgebung vertraut zu machen. Zu ungewohnt war diese Stille und Abgeschiedenheit. Ihr fehlte der gewohnte Bekanntenkreis doch sehr. Ihr Mann tröstete sie liebevoll, aber er war den ganzen Tag fort und kam erst spät am Abend zurück. So war sie auf sich allein angewiesen bei der Lösung ihrer Probleme. Sie fand jedoch keinen Kontakt zu der Landbevölkerung. Ihre einzige Abwechslung war die tägliche Fahrt in den nächsten Ort, um Lebensmittel zu kaufen; denn dort, wo sie wohnten, gab es kein Geschäft.

Ihr Mann hatte ihr den kleinen Wagen gekauft, den sie sich schon lange gewünscht hatte; der war in der jetzigen Situation auch dringend erforderlich. Um ihr das Landleben schmackhaft zu machen, schenkte ihr Mann ihr zum Geburtstag ein Reitpferd. Aber auch das vermochte sie kaum noch aus ihrer immer größer werdenden Vereinsamung zu lösen.

Sie saß stundenlang am Fenster, weinte und wurde nach und nach unfähig, ihren Haushalt zu führen.

Eines Tages rief mich Dr. Schlosser an und bat mich, die Behandlung seiner Frau zu übernehmen. Er kannte mich aus der Zeit vor seinem Umzug, als er sich von mir mit Hilfe der Akupunktur von seiner Rauchsucht hatte befreien lassen.

Da wegen der großen Entfernung eine regelmäßige Hypnosebehandlung unmöglich war, zeigte ich ihr, wie sie sich selbst in Hypnose versetzen könnte. Für ihren speziellen Fall arbeitete ich mit ihr folgende Suggestion aus:

Positive Suggestionen

»Ich bin ganz ruhig. Ich bin vollkommen ruhig und gelöst. Ein wunderbares Gefühl des Friedens und der Harmonie breitet sich in meinem Körper aus, und ich bin aus tiefstem Herzen froh und glücklich. Ich fühle mich ganz wohl in meiner Situation und spüre, es geht mir von Tag zu Tag in jeder Hinsicht immer besser und besser. Jeden Abend, wenn ich zu Bett gehe, spüre ich sofort wieder dieses wunderbare Gefühl des Friedens und der Harmonie und schlafe dann auch sofort ein. Ich schlafe ganz tief und fest und wache jeden Morgen ganz frisch und erholt auf. Ich spüre dann sofort wieder dieses wunderbare Gefühl des Friedens und der Harmonie und bin dann ganz heiter und gelöst und aus tiefstem Herzen froh und glücklich.

Ich fühle mich von Tag zu Tag immer besser und werde immer heiterer und fröhlicher. Ich fühle mich sehr wohl in meiner Situation, und es geht mir von Tag zu Tag in jeder Hinsicht immer besser und besser. Meine Sicherheit und mein Selbstbewußtsein wachsen von Tag zu Tag. Ich werde immer heiterer und fröhlicher und fühle mich ganz wohl – ich fühle mich ganz wohl.«

Da Frau Schlosser sehr wenig Zutrauen zu ihren eigenen Fähigkeiten hatte, ließ ich sie das Band gleich in meiner Praxis besprechen. Sie wunderte sich zunächst, daß ihre Depressionen in der Suggestion gar nicht angesprochen wurden, und so erklärte ich ihr, daß man sich in der Selbsthypnose nur positive Suggestionen geben, also nicht etwa sagen soll: »Ich habe keine Depressionen mehr«, da man so ja zunächst die Depressionen dem Unterbewußtsein bestätigt, vielmehr: »Mein Kopf ist frei und klar, ich fühle mich ganz wohl und bin heiter und gelöst.«

Nicht ungeduldig werden

Voller Hoffnung fuhr sie nach Hause. Aber schon vier Tage später erhielt ich ihren Anruf, es habe noch kaum geholfen und sie sei ganz verzweifelt. Ich erklärte ihr, daß sie ihrem Unterbewußtsein Zeit lassen müsse, das Gewünschte zu bewirken, und bat sie, das Band an mindestens 30 Tagen anzuhören, ohne stündlich die Wirkung kontrollieren zu wollen.

Ich hörte einige Monate nichts mehr von ihr. So rief ich eines Tages bei ihr an, um mich nach ihrem Befinden zu erkundigen. Dr. Schlosser war am Apparat. Seine Frau war in der Stadt in einem Tanzkurs – von Depressionen keine Spur mehr.

Befreit von Alkohol durch Selbsthypnose

Eine echte Krankheit

Jahrhundertelang hat man den Alkoholismus als eine moralische Schwäche angesehen. Heute weiß man, daß Alkoholismus eine Krankheit ist, eine Krankheit, die man zwar zum Stillstand bringen, aber niemals heilen kann. Auch wenn ein Alkoholiker schon jahrelang keinen Tropfen Alkohol mehr getrunken hat, so bleibt er doch Alkoholiker. Sobald er sich einmal verleiten läßt, auch nur einen Schluck zu trinken, bricht die Sucht wieder durch.

Es gibt nur wenige Möglichkeiten, einem Alkoholiker zu helfen. Eine der aussichtsreichsten ist die Selbsthypnose. Voraussetzung hierfür ist jedoch, daß er selbst seine Situation erkannt hat und den starken Wunsch hat, diese zu ändern.

Als Herr Bernhausen zu mir in die Praxis kam, hatte er diesen Wunsch. Obwohl er erst 25 Jahre alt war, hatte er sein Leben bereits gründlich verpfuscht. Seit zwei Jahren bemühte er sich vergeblich um eine Stellung. Er war gelernter Maler und Anstreicher und beherrschte sein Handwerk. Aber in den letzten Jahren hatte er in keiner Stellung länger als zwei Wochen bleiben können, weil er überall schon nach wenigen Tagen betrunken zur Arbeit kam und oft genug überhaupt nicht in der Lage war zu arbeiten. Im vorigen Jahr hatte man ihm auch den Führerschein entzogen, weil er mit 2,4 Promille am Steuer erwischt worden war. Vor einer Woche hatte seine Frau die Konsequenzen gezogen und ihn mit ihren beiden Kindern verlassen. Unter diesen Umständen war es eigentlich kein Wunder, daß er mit dem Gedanken spielte, seinem Leben ein Ende zu machen. Seine betagte Mutter hatte ihn dazu veranlaßt, es doch noch einmal mit einer Behandlung bei mir zu versuchen. Er wollte das zunächst nicht, da er bereits zwei Entziehungskuren hinter sich hatte. Beim ersten Mal hatte er fünf Monate nicht mehr getrunken, beim zweiten Mal war er jedoch schon nach 14 Tagen wieder rückfällig geworden, so daß er sich von einer weiteren Behandlung keinen Erfolg mehr versprach.

Ich erzählte ihm von den Möglichkeiten der Selbsthypnose; ich mußte mich in seinem Fall unbedingt seiner Mitarbeit versichern, wenn wir Aussicht auf Erfolg haben wollten. Er hatte sich noch nie mit diesen Dingen beschäftigt und glaubte auch nicht an Hypnose. Ich erklärte ihm, daß die Wirkung der Hypnose unbestritten sei, auch wenn man nicht daran glaube. Er solle sich nur nicht durch seinen Zweifel selbst blockieren, sondern es einfach einmal für möglich halten – mehr nicht. Er war ein sehr schwieriger Patient, da er stets neue Einwände und Gründe hatte, warum dies in seinem Fall völlig aussichtslos sei. Aber schließlich sprach er doch unter meiner Anleitung folgende Formulierungen auf Tonbandkassette:

Die Suggestion

»Ich bin ganz ruhig. Ich bin vollkommen ruhig und gelöst. Mein Atem geht ruhig und gleichmäßig. Mit jedem Atemzug lasse ich mich tiefer sinken in ein angenehmes Gefühl der Müdigkeit und Schwere. Ich spüre, wie ich mit jedem Atemzug tiefer und tiefer sinke – immer tiefer.

Nichts kann mich stören. Ein wohltuendes Schweregefühl breitet sich in meinem ganzen Körper aus. Meine Arme und Beine füllen sich mit einer bleiernen Schwere. Immer schwerer und schwerer werden meine Arme und Beine – ganz bleiern schwer. Es ist, als ob Gewichte an meinen Armen und Beinen hingen. Ich kann meine Arme und Beine jetzt nicht mehr hochheben, ich kann Arme und Beine jetzt überhaupt nicht mehr bewegen. Meine Arme und Beine sind jetzt völlig bewegungslos, und ich kann sie jetzt nicht mehr hochheben. Aber das möchte ich auch gar nicht mehr. Ich lasse mich nur immer tiefer sinken – mit jedem Atemzug noch tiefer – in dieses wunderbare Gefühl der Müdigkeit und Schwere. Ich werde immer müder – mit jedem Atemzug müder und müder. Ich bin ganz müde und werde immer noch müder – immer müder.«

Hier ist eine Minute Pause eingeschaltet.

»Meine Müdigkeit ist ganz tief und fest, mein Körper bleischwer. Ich atme ganz ruhig und gleichmäßig und fühle mich ganz wohl. Ich spüre, wie alle Probleme von mir abfallen. Ich fühle mich ganz wohl. Ich will und werde meine Probleme lösen. Nichts kann mich mehr von meinem Vorsatz abhalten. Ich habe auch kein Verlangen mehr nach Alkohol. Ich habe kein Interesse mehr zu trinken. Alkohol ist mir völlig gleichgültig – ganz uninteressant. Ich spüre einen starken Widerwillen gegen Alkohol in jeder Form, der immer stärker wird. Schon der Gedanke an Alkohol ist mir unangenehm. Ich spüre dann sofort wieder einen starken Widerwillen gegen Alkohol. Immer wenn ich Alkohol sehe, verstärkt sich dieser Widerwille noch mehr.

Verstärkte Suggestionen

Ab sofort werde ich keinen Alkohol mehr trinken. Ich lasse mich durch nichts von meinem Vorsatz abbringen; denn ich bin sehr froh, daß ich endlich etwas für meine Gesundheit tue. Ich fühle mich auch von Tag zu Tag immer besser, und ich werde nie mehr Alkohol trinken. Ich will und werde nie mehr trinken. Mein Widerwille gegen Alkohol in jeder Form wird von Tag zu Tag immer stärker. Schon der Gedanke an Alkohol ist mir unangenehm und erzeugt in mir sofort ein starkes Ekelgefühl.

Sollte ich jemals wieder auch nur einen einzigen Schluck Alkohol trinken, wird mir sofort so schlecht werden, daß ich mich werde übergeben müssen. Das sitzt tief und unauslöschlich in meinem Unterbewußtsein, und ich werde strikt danach handeln. Sobald ich noch einmal einen Schluck Alkohol trinke, wird mir so schlecht, daß ich mich übergeben muß. Ich werde deshalb diesen Versuch gar nicht erst machen und nie mehr Alkohol trinken. Ich will und werde nie mehr Alkohol trinken.

Jedesmal wenn ich Alkohol sehe, verstärken sich meine Abneigung und mein Widerwille gegen Alkohol noch mehr. Und ich bin froh und glücklich, daß ich keinen Alkohol mehr trinke. Nichts kann mich von meinem Vorsatz abbringen. Ich will und werde nie mehr Alkohol trinken. Ich werde nie mehr Alkohol trinken. *Ich werde nie mehr Alkohol trinken!*

Es geht mir dadurch von Tag zu Tag immer besser, und ich bin ganz froh und glücklich, daß ich es endlich geschafft habe. Ich bin endlich frei!«

Eine Woche später rief mich seine verzweifelte Mutter an, um mich zu informieren, daß er wieder total betrunken sei. Ich bat sie, ihren Sohn zu ermutigen, trotzdem weiterzumachen, und zwar für mindestens drei Monate. Es verging mehr als ein Jahr, da stand er plötzlich in der Tür, um mir seinen neuen Führerschein zu zeigen. Er hatte soeben die Prüfung erfolgreich bestanden und seit einem Jahr nichts mehr getrunken.

Frei von Drogensucht durch Selbsthypnose

Eine Studiengruppe hat durch Umfragen ermittelt, daß in der Stadt etwa 37 Prozent und auf dem Land etwa 17 Prozent in der Altersgruppe bis zu 25 Jahren Drogenerfahrung haben. Ein Drittel davon sind Mädchen.

Das Verhängnis

Doch die Erfahrung mit Drogen beschränkt sich keineswegs nur auf Jugendliche. In der Altersgruppe der 30- bis 40jährigen, vor allem bei denen, die es beruflich geschafft haben, findet man ebenfalls viele, die in Drogen das »andere« Erlebnis suchen. Zu dieser Gruppe gehörte Herr Hansen (der Name ist geändert). Er war Professor an einer Kunsthochschule und eher durch Zufall zur Droge gekommen. Es begann damit, daß einige seiner Studenten mit ihm über das Thema Kunst und Droge diskutierten. Um mitreden zu können, ließ er sich zum gemeinsamen Haschischrauchen überreden. Später folgten Marihuana und LSD. Einige Monate später hatte er den Kontakt zur Wirklichkeit weitgehend verloren. Als er zu mir in die Praxis kam, war er ein gebrochener Mann – voller Verzweiflung, da er keinen Weg aus der verfahrenen Situation erkennen konnte. Er hatte sein Lehramt niederlegen müssen. Seine geringen Rücklagen waren fast aufgebraucht, so daß er auch noch wirtschaftliche Schwierigkeiten vor sich sah.

Als ich mit ihm die verschiedenen Therapiemöglichkeiten durchdiskutierte, sagte er mir ganz klar: »Wenn ich mir in diesem Leben noch einmal frei in die Augen sehen will, dann muß ich mich selbst aus dieser Misere befreien. Helfen Sie mir, mir selbst zu helfen.« Unter diesen Umständen gab es nur einen Weg, der Aussicht auf Erfolg versprach, die Selbsthypnose. Gemeinsam arbeiteten wir folgende Suggestion aus:

Die Suggestion

»Ich schließe jetzt meine Augen und entspanne mich völlig. Nichts ist mehr wichtig. Ich gebe mich ganz dieser wohltuenden Entspannung hin. Ich spüre, wie ich mich mehr und mehr vom Alltag löse. Ich bin frei von Problemen und störenden Gedanken. Nichts ist wichtig. Ich gebe mich ganz diesem herrlichen Gefühl des Gelöstseins hin. Alles um mich herum wird klarer und deutlicher, immer schöner. Farben und Musik bilden eine Einheit, der ich lausche. Ich gebe mich ganz dem Klang- und Farberlebnis hin. Nichts kann mich stören. Außengeräusche sind mir völlig gleichgültig und berühren mich nicht mehr. Ich lausche nur noch in mich hinein und erlebe einen Zustand, so schön, wie ich ihn mit Hilfe einer Droge noch nie erlebt habe. Und ich weiß, ich kann diesen herrlichen Zustand jederzeit wieder erleben – frei von allen Sorgen und Problemen und vor allem frei von unangenehmen Nebenwirkungen. Keine Droge kann mir auch nur annähernd ein solches Erleben vermitteln. Ich brauche keine Droge mehr, die meine Gesundheit zerstört. Ich habe einen besseren Weg gefunden, der frei von allen Nebenwirkungen ist. Ich spüre, wie sich meine Gesundheit von Tag zu Tag wieder stabilisiert. Ich blicke voller Zuversicht in die Zukunft, die ich nach meinen Wünschen gestalte. Nichts kann mich mehr dazu bewegen, noch einmal eine Droge zu nehmen – wozu auch? Drogen sind mir ganz gleichgültig geworden – mehr noch: ich verabscheue Drogen. Keine Macht der Welt kann mich noch einmal veranlassen, zur Droge zu greifen und damit meine Gesundheit zu zerstören. Wann immer ich Sehnsucht habe, die Welt lichter und froher zu sehen, kann ich dies in der meditativen Entspannung der Selbsthypnose jederzeit ganz leicht erreichen und helfe dadurch meinem Organismus, sich noch leichter und schneller selbst zu heilen und sich zu regenerieren. Ich spüre von

Tag zu Tag mehr diese segensreiche Wirkung, die mir neue Kraft und neuen Mut gibt, frohen Herzens in die Zukunft zu sehen, die ich nach meinen Wünschen und Vorstellungen gestalten werde. Ich weiß jetzt, daß ich selbst mein Schicksal bestimme. Ich bin frei von jedem Zwang und fremdem Einfluß und gebe meinem Leben einen neuen Sinn. Ich habe eine Aufgabe, die ich erfüllen werde, die mich ausfüllt und für die ich meine ganze Kraft einsetze. Von Tag zu Tag schreite ich weiter in eine wunderbare Zukunft. Ich bin aus tiefstem Herzen froh und glücklich und völlig frei. Ich bin völlig frei.«

Drei Minuten Pause.

»Nur ungern löse ich mich aus der wunderbaren Meditation, die ich von nun an täglich machen werde, und ich konzentriere mich auf die Aufgabe, die vor mir liegt. Ich bin voller Kraft und Energie und freue mich, daß ich mich ganz meiner Aufgabe widmen kann. Ich werde meine Aufgabe von Tag zu Tag noch besser lösen und meine Leistungen immer noch weiter steigern.

Jetzt zähle ich bis Drei, dann öffne ich meine Augen und bin wieder hellwach und in bester Gesundheit. Mein Körper ist kraftvoll und energiegeladen.

Eins – zwei – drei. Augen auf! Ich bin hellwach, voller Kraft und Energie. Arme und Beine sind wieder ganz locker und leicht beweglich, und ich fühle mich ganz wohl. Ich fühle mich ganz wohl.«

Ein neuer Anfang

Er versprach mir, diese Suggestion zu Hause sofort auf Tonbandkassette zu sprechen und mehrmals täglich zu hören. Wochenlang hörte ich nichts mehr von ihm. Ich schrieb ihn an, aber der Brief kam zurück mit dem Vermerk »Empfänger unbekannt verzogen«. So vergingen einige Monate. Ich dachte schon nicht mehr an ihn, als ich eines Tages einen Brief von ihm in der Post fand. Er hatte in einer anderen Stadt einen neuen Anfang gefunden und war dabei, sein Leben völlig neu zu gestalten. Was mich jedoch am meisten freute, war seine Versicherung, daß er nie mehr zu Drogen gegriffen hatte. Er hatte es geschafft!

Schmerzfreie Entbindung durch Selbsthypnose

Angst führt zu Verkrampfungen und Schmerzen

Viele Frauen haben eine unangenehme Eigenschaft. Sie erzählen jedem, der höflich genug ist zuzuhören, wie schwer die Geburt ihres Kindes war, und zwar in allen Einzelheiten und wahrscheinlich auch noch etwas übertrieben. Das ist für viele Mädchen und junge Frauen oft die einzige Information über den Verlauf einer Geburt. So prägt sich das Bild, daß eine Geburt fast unmenschlich schmerzhaft ist. Das muß jedoch nicht sein. Eine natürliche Geburt – ohne Verkrampfung durch falsche oder übertriebene Informationen – kann fast schmerzfrei sein. Denn gerade durch die Verkrampfung entsteht der Schmerz, mit anderen Worten, die Angst vor dem Schmerz löst erst den Schmerz aus. Wenn eine Frau gelernt hat, ganz locker und gelöst die Geburt auf sich zukommen zu lassen, dann wird sie ganz überrascht die Erfahrung machen, daß die Geburt nicht nur schnell abläuft, sondern auch kaum Schmerzen verursacht.

Es gibt verschiedene Möglichkeiten, um Schmerzen bei der Geburt zu reduzieren bzw. ganz auszuschalten. Eine der bewährtesten ist die Hypnose, insbesondere die Selbsthypnose.

Die Wirkung beruht darauf, daß die Verkrampfung bei der Geburt verringert oder vermieden wird und der eventuelle »Restschmerz« durch Einengung des Bewußtseins kaum noch bzw. nicht mehr wahrgenommen wird.

Keinen Erfolgszwang aufkommen lassen

Die Vorbereitung auf die Geburt durch Fremd- oder Selbsthypnose sollte möglichst schon vor der Schwangerschaft erfolgen, damit nicht der Erfolgszwang bereits zu Verkrampfungen führt und dadurch die erforderliche Entspannung verhindert. Spätestens im sechsten Monat müssen die vorbereitenden Übungen aber begonnen werden. Beginnen Sie mit Atemübungen und sprechen Sie sich hierzu folgenden Text mit ruhiger Stimme auf eine Tonbandkassette:

Die Suggestionen auf Tonband

»Ich liege ganz ruhig und bequem und bin völlig gelöst und entspannt. Alle Muskeln sind locker, meine Nerven vollkommen entspannt. Ich fühle mich ganz wohl. Nichts kann meine Ruhe stören. Ich konzentriere mich jetzt nur noch auf meine Atmung und spüre, wie ›es‹ mich atmet. Mein Atem geht ganz ruhig und gleichmäßig – ganz ruhig und gleichmäßig. Jedesmal, wenn ich ausatme, spüre ich, wie ich noch tiefer sinke in ein wunderbares Gefühl der Ruhe und Geborgenheit. Die Ruhe hüllt mich ein wie ein schützender Mantel. Ich fühle mich ganz wohl und geborgen. Jedesmal, wenn ich ausatme, sinke ich noch tiefer – immer tiefer in dieses wunderbare Gefühl der Ruhe und Geborgenheit.«

Hier wird eine Minute Pause eingeschaltet.

»Ich spüre diese wunderbare Ruhe und öffne mich ganz den folgenden Suggestionen. Ganz weit öffne ich mich, und die folgenden Suggestionen prägen sich ganz tief in mein Unterbewußtsein ein.

Die Hand als Hypnosehilfe

Jedesmal, wenn ich mich hinlege und dabei in meine rechte Hand schaue, sinke ich sofort in einen wohligen Zustand der Ruhe und Geborgenheit. Es genügt, daß ich mich hinlege und einmal in meine Hand schaue. Sofort entspannen sich alle meine Muskeln. Meine Nerven sind dann ganz ruhig, und ich versinke in einen angenehm schläfrigen Zustand der Müdigkeit und Schwere. In diesem angenehmen Zustand spüre ich keine Schmerzen, ich fühle mich ganz wohl. Wenn dann bei der Geburt eine Wehe kommt, versinke ich dadurch noch tiefer in diesen angenehmen Ruhezustand und fühle mich ganz wohl. Ich spüre die Wehe, aber sie löst ein angenehmes Gefühl bei mir aus. Mit jeder Wehe vertieft sich dieser angenehm schläfrige Zustand noch mehr, und ich fühle mich ganz wohl. Nichts ist wichtig. Alles ist ganz weit weg. Ich fühle mich unsagbar wohl in diesem Zustand. Ich weiß, ich bin in guten Händen. Mir fehlt es an nichts.«

Hier wieder eine Minute Pause.

»Ich fühle mich unsagbar wohl und freue mich auf die Geburt. Ich kann es kaum erwarten. Alles ist gut. Es hat sich unauslöschlich in mein Unterbewußtsein eingeprägt. Sobald ich in meine rechte Hand schaue, versinke ich sofort wieder in diesen angenehm schläfrigen Entspannungszustand und bin völlig frei von Schmerz. Es genügt, daß ich einmal in meine rechte Hand schaue, und sofort verschwindet jeder Schmerz, und ich fühle mich ganz wohl. Sobald ich in meine rechte Hand sehe, bin ich ganz heiter und gelöst und fühle mich ganz wohl.«

Wiederum eine Minute Pause.

»Dieser wunderbare Ruhezustand wird von Mal zu Mal tiefer – immer tiefer. Jedes Wort hat sich nun in mein Unterbewußtsein eingeprägt, und ich werde immer danach handeln. Gleich werde ich bis Drei zählen. Dann öffne ich wieder meine Augen und fühle mich voller Kraft und Energie, ganz frisch und wohl.

Eins – zwei – drei. Arme und Beine sind jetzt wieder ganz locker und leicht, und ich fühle mich frisch und wohl. Ich fühle mich ganz frisch und wohl!«

Wenn Sie dieses Band regelmäßig bis zur Geburt einmal täglich hören, dann genügt es bei der Geburt, einmal in die rechte Hand zu schauen. Sie versinken dann sofort wieder in diesen angenehmen Dämmerzustand. Jede Wehe wird diesen angenehmen Zustand nur noch vertiefen.

Keine Angst mehr vor dem Zahnarzt

Der Einsatz der Hypnose oder der Wachsuggestion erschließt dem Zahnarzt neue Möglichkeiten, die Angst seiner Patienten zu beseitigen und den Schmerz weitgehend auszuschalten. Doch auch als Patient können Sie mit Hilfe der Selbsthypnose Ihre Angst besiegen und so auch bei der Zahnbehandlung ganz entspannt bleiben. Damit erreichen Sie, daß sich der Schmerz deutlich verringert.

Die Tonband-Suggestionen

Sollten Sie also Angst vor dem Zahnarzt haben, dann warten Sie nicht, bis Sie ganz dringend zur Behandlung gehen müssen, sondern bereiten Sie sich gleich, am besten noch heute ein Selbsthypnoseband vor, welches Sie etwa mit folgendem Text besprechen:

»Ich bin ganz ruhig – ich bin ganz ruhig. Mein Atem geht ruhig und gleichmäßig, und ich fühle mich ganz wohl. Nichts kann mich stören. Meine Arme und Beine sind ganz locker und entspannt. Ich atme ruhig und gleichmäßig und lasse mich mit jedem Atemzug tiefer und tiefer in ein angenehmes Gefühl der Ruhe und Entspannung sinken. Meine Ruhe wird immer tiefer. Ich werde immer müder und fühle mich dabei ganz wohl und geborgen. Dieses angenehme Gefühl der Müdigkeit und Schwere breitet sich in meinem ganzen Körper aus. Dabei lasse ich mich mit jedem Atemzug tiefer sinken, immer tiefer – immer tiefer, in eine tiefe, wohltuende Ruhe. Diese wohltuende Ruhe umgibt mich wie ein schützender Mantel. Ich fühle mich ganz geborgen und bin vollkommen gelöst und entspannt. Ich fühle mich ganz wohl. Ich atme ruhig und gleichmäßig und bin vollkommen gelöst und entspannt. Ich bin vollkommen gelöst und entspannt und fühle mich ganz wohl. Ich fühle mich ganz wohl und gebe mich ganz diesem wohligen Gefühl der Ruhe und Geborgenheit hin. Ich spüre jetzt nur noch dieses wohlige Gefühl der Ruhe und Geborgenheit. Nichts kann dieses angenehme Gefühl stören. Nichts kann mich jetzt stören. Ich fühle mich ganz wohl.

In diesem wunderbaren Ruhezustand öffnet sich jetzt ganz weit das Tor zu meinem Unterbewußtsein – ganz weit öffnet sich jetzt das Tor zu meinem Unterbewußtsein. Alles, was ich jetzt sage, dringt ganz leicht und tief in mein Unterbewußtsein und prägt sich dort unauslöschlich ein. Ich werde immer danach handeln:

Die Blockierung aller Schmerzleitungen

Immer, wenn ich die Spitze meines Daumens mit dem Fingernagel an die Innenseite meines kleinen Fingers drücke*, blokkiere ich damit alle Schmerzleitungen und fühle nur noch diese wunderbare Ruhe und Geborgenheit. Solange ich mit meinem Daumennagel die Innenseite meines kleinen Fingers drücke, bin ich völlig frei von Schmerzen und fühle mich ganz wohl. Nichts kann mich dann stören, und ich spüre dann nur angenehme Ruhe und ein wunderbares Gefühl der Geborgenheit. Sobald ich also in Zukunft mit dem Daumennagel die Innenseite meines kleinen Fingers drücke, verschwindet jeder Schmerz. Er klingt aus und kommt nicht wieder, solange ich drücke. Es genügt also in Zukunft, mit meinem Daumennagel die Innenseite meines kleinen Fingers zu drücken, und ich bin sofort völlig frei von Schmerzen und fühle mich ganz wohl und geborgen. Dieses wunderbare Gefühl der Ruhe und Geborgenheit durchströmt dann sofort meinen ganzen Körper. Ich spüre dann nichts als Wohlbefinden, Ruhe und Geborgenheit. Das hat sich jetzt ganz fest in mein Unterbewußtsein eingeprägt, und ich werde immer danach handeln. Ich bin ganz gelöst und entspannt und völlig frei von Angst, denn sobald ich es will, bin ich völlig frei von Schmerzen und fühle mich ganz wohl.«

Wenn Sie sich diese Tonbandkassette regelmäßig anhören, haben Sie es »in der Hand«, den Schmerz zu blockieren, wann im-

---

* Der schmerzblockierende Punkt befindet sich genau an der Innenseite des kleinen Fingers, und zwar unmittelbar an der unteren Ecke des Fingernagels. Drükken Sie also zunächst die innere untere Ecke des Fingernagels und rollen Sie mit dem Daumennagel dann ein bis zwei Millimeter zur Innenseite des kleinen Fingers. Sobald Sie dort einen etwas schmerzhaften Punkt gefunden haben, bleiben Sie drauf. Das ist der Punkt, an dem Sie jeden anderen Schmerz blockieren können.

mer Sie es wollen. So können Sie frei von Angst auch der unangenehmsten Behandlung entgegensehen und dabei völlig gelöst und entspannt bleiben.

Frei von Kopfschmerzen mit Hilfe der Selbsthypnose

Persönlichkeitsgestaltung nach eigenen Wünschen

Einen großen Teil unseres Verhaltens haben wir erlernt und zur Gewohnheit werden lassen. Was wir erlernt haben, können wir aber auch wieder verlernen. Was wir uns angewöhnt haben, können wir uns auch wieder abgewöhnen. Hier liegt eine der interessantesten Möglichkeiten der Selbsthypnose. Mit ihrer Hilfe können wir unsere Persönlichkeit nach unseren Wünschen gestalten und so mehr und mehr unserem Ideal-Ich entsprechen.

Auch Frau Benner hatte eine solche Gewohnheit, die fast ihr Leben zerstört hätte. Sie war eine interessante Frau, schön und geistreich, und dadurch fast zwangsläufig Mittelpunkt, wo immer sie hinkam. Sie war nie krank, bis auf gelegentliche Kopfschmerzen, die allerdings mit ungewöhnlicher Heftigkeit auftraten. Zum Glück waren sie sehr selten, so daß sie sich damit abgefunden hatte. Das änderte sich, als sie Professor Benner kennenlernte und kurz darauf heiratete. Ihre Freundinnen beneideten sie um diesen attraktiven Mann, der nicht nur unzählige Tennis-Meisterschaften gewonnen hatte, sondern auch internationalen Ruf als Neurologe genoß. Er sah ungewöhnlich gut aus und war ein geistreicher Plauderer, der gern in Gesellschaft war. Wo immer er hinging, stets nahm er seine attraktive Frau mit. Doch gerade daraus sollten sich bald Spannungen ergeben; denn seine sprühende Persönlichkeit ließen ihn überall zum Mittelpunkt jeder Gesellschaft werden. Kaum begann es in einer Gesellschaft gemütlich zu werden, wobei die Runde interessiert Professor Benners Geschichten lauschte, bekam seine Frau heftige Kopfschmerzen und konnte nicht bleiben. Selbstverständlich brachte sie ihr Mann nach Hause, und dort verschwanden ihre Kopfschmerzen meist sehr rasch.

Automatismus der Eitelkeit

Als sich diese Vorkommnisse nicht nur häuften, sondern zur Regel wurden, verstand der Mann bald die Zusammenhänge. Seine Frau aber kannte nur ein Ziel, im Mittelpunkt zu stehen und bewundert zu werden. Ihre Schönheit und ihre Intelligenz hatten es ihr jahrelang ermöglicht, ihr Ziel fast mühelos zu erreichen. Gelang ihr dies einmal nicht, so bekam sie Kopfschmerzen und hatte damit eine Entschuldigung vor sich selbst gefunden. Sie wäre ja auch hier Mittelpunkt gewesen, aber wegen ihrer Kopfschmerzen konnte sie nicht bleiben, so daß sie sich nicht eingestehen muße, einmal nicht Mittelpunkt gewesen zu sein, was sie als persönliche Niederlage empfunden hätte. Zum Glück kam dies selten vor, so daß sie sich darüber keine Gedanken machte. Erst als sie verheiratet war und ihr berühmter Mann regelmäßig im Mittelpunkt stand, begann dieser Automatismus der Eitelkeit zur Regel zu werden.

Es kam zu heftigen Auseinandersetzungen zwischen dem Ehepaar, weil die Frau diese Zusammenhänge nicht akzeptierte. Sie zog sich beleidigt zurück, und nach einiger Zeit mußte Professor Benner erkennen, daß seine Frau nun auch noch zu trinken begonnen hatte. Jedesmal nach einer solchen Auseinandersetzung griff sie zur Flasche, um die vermeintlich ungerechten Anschuldigungen bei einem Glas zu vergessen. Natürlich blieb es nicht bei dem einen Glas. Von Mal zu Mal trank sie mehr, bis sie mitunter tagelang betrunken war.

Die Behandlung

In dieser Situation rief mich Professor Benner an. Wir waren seit Jahren befreundet und hatten manche freundschaftliche Auseinandersetzung wegen unserer unterschiedlichen Auffassungen gehabt. Er bat mich, seiner Frau zu helfen, da sie sich gegen jeden seiner Vorschläge sperrte. Wir vereinbarten ein Essen im kleinen Kreis, wobei ich versuchen wollte, Frau Benner von der Notwendigkeit einer Behandlung zu überzeugen. Sie war einsichtiger, als ich es erwartet hatte. Insgeheim hatte sie selbst schon nach einem Weg gesucht, ihrer Schwierigkeiten Herr zu werden, wie sie mir bei der ersten Behandlung gestand. Wir vereinbarten, zunächst das Grundproblem, ihre Eitelkeit, durch eine Hypnosebehandlung zu lösen. Sie war einverstanden und arbeitete bereitwillig mit, so daß wir diesen Teil der Behandlung schon nach wenigen Wochen abschließen konnten. Um auch ihre Kopfschmerzen beseitigen zu können und ihr angeschlagenes Selbstbewußtsein wieder durch ein Erfolgserlebnis aufzurichten, schlug ich vor, Selbsthypnose anzuwenden. Gemeinsam arbeiteten wir folgende Suggestion aus, die sie dann noch in meiner Praxis auf Tonbandkassette sprach:

Positive Gefühle wecken

»Ich bin ganz ruhig. Meine Muskeln sind locker, meine Nerven völlig gelöst und entspannt. Ich fühle mich ganz wohl. Nichts kann stören. Ich atme ruhig und gleichmäßig und lasse mich mit jedem Atemzug tiefer und tiefer sinken in ein angenehmes Gefühl der Müdigkeit und Schwere. Ich spüre, wie ich immer müder werde. Ich werde immer müder – immer müder. Diese wunderbare Ruhe und Geborgenheit hüllt mich ein wie ein schützender Mantel. Ich gebe mich ganz diesem wunderbaren Gefühl hin. Nichts ist mehr wichtig. Ich lasse mich einfach treiben. Alle Probleme lösen sich in nichts auf. Ich bin frei, völlig frei und fühle mich unsagbar wohl – ich fühle mich unsagbar wohl. Es ist schön, sich einfach so treiben zu lassen. Ich spüre ganz deutlich, wie ich immer tiefer sinke, immer tiefer in eine tiefe, tiefe, wohltuende Ruhe. Ich bin jetzt völlig gelöst und entspannt und öffne mich ganz den folgenden Worten.

Ich bin ganz ruhig – ich bin vollkommen ruhig. Ein wunderbares Gefühl des Friedens und der Harmonie breitet sich in meinem Körper aus, und ich bin aus tiefstem Herzen froh und glücklich.

Mein Kopf ist in jeder Situation frei und klar. Mein Herz schlägt ruhig und gleichmäßig. Mein Kreislauf ist stabil, und meine Verdauung arbeitet perfekt.

Ich kann mich jederzeit völlig entspannen. Mein Kopf bleibt immer angenehm kühl. Mein Kopf ist leicht. Nacken und Schultern sind angenehm locker und entspannt.

Ich freue mich immer wieder, daß ich so frei und gelöst bin. Ich bin glücklich, einen so interessanten und geistreichen Mann zu haben. Ich empfinde noch einmal diese wunderbare Entspannung, die meinen ganzen Körper erfüllt. Tiefe Freude über mein Wohlbefinden durchströmt mich von Kopf bis Fuß.

Ich empfinde diese angenehme Entspannung von Tag zu Tag mehr.«

Erfolg nach wenigen Wochen

Ich empfahl ihr, die so eingeleitete Selbsthypnose nicht durch entsprechende Suggestionen abzubrechen, sondern in dem angenehmen Ruhezustand noch einige Zeit zu liegen, bis sie von selbst aufwache. Schon nach einigen Wochen konnte mir Frau Benner berichten, daß die Kopfschmerzen nicht mehr aufgetreten seien.

Inzwischen sind einige Jahre vergangen. Frau Benner ist noch immer eine strahlend schöne Frau, und über Kopfschmerzen braucht sie nicht mehr zu klagen. Wie gewohnt treffe ich mich im Abstand von einigen Wochen mit Professor Benner, aber über dieses Problem haben wir nie mehr ein Wort verloren. Es existiert nicht mehr. Nur manchmal muß ich schmunzeln, wenn er in Gesellschaft erwähnt, man solle nur nicht die ungeheuren Möglichkeiten der Hypnose, speziell der Selbsthypnose, unterschätzen.

Verstopfung leicht gelöst

Abführmittel schwächen den Stoffwechsel

Jeder Arzt weiß heute, wie weit das Übel »Verstopfung« bereits verbreitet ist. Nur etwa acht Prozent haben noch zwei bis dreimal Stuhlgang am Tag. Weitere 40 Prozent gehen wenigstens noch täglich einmal zur Toilette. Mehr als 60 Prozent aber nehmen regelmäßig Abführmittel. Dabei haben alle Mittel eines gemeinsam: sie schwächen den Darm und bringen den Stoffwechsel durcheinander, vor allem den Kaliumhaushalt, der für jede einzelne Zelle von außerordentlicher Wichtigkeit ist.

Besser als jedes Medikament ist es, seinen Darm zur Pünktlichkeit zu erziehen. Wer sich gesund ernährt, der wird ohnehin kaum Stuhlprobleme haben. Da es jedoch nicht immer ganz leicht ist, sich gesund zu ernähren, besonders wenn man viel unterwegs essen muß, kann man das Problem auch einfach und sicher mit Hilfe der Selbsthypnose lösen. Lassen Sie sich überraschen, wie durchgreifend und rasch Ihr Problem zu lösen ist, wenn Sie sich eine Tonbandkassette mit den folgenden Suggestionen besprechen und diese einige Wochen regelmäßig einmal täglich hören:

Die Tonband-Suggestionen

»Ich bin ganz ruhig und entspannt. Meine Augen sind geschlossen, meine Arme und Beine ganz locker. Ich atme ruhig und gleichmäßig und spüre, wie ich mit jedem Atemzug tiefer und tiefer in ein wunderbares Gefühl der Müdigkeit und Schwere sinke. Ich werde immer müder und müder – immer müder. Nichts ist mehr wichtig. Ich will mich jetzt nur noch diesem angenehmen Zustand der Ruhe und Geborgenheit hingeben. Ich fühle mich unsagbar wohl und lasse mich mit jedem Atemzug tiefer sinken – immer tiefer – immer tiefer. Ich werde immer müder. Dieses angenehme Gefühl der Müdigkeit und Schwere breitet sich in meinem ganzen Körper aus. Ich sinke immer noch tiefer in eine tiefe, tiefe wohltuende Ruhe. Alles, was ich höre, prägt sich jetzt ganz tief in mein Unterbewußtsein ein, und ich werde immer danach handeln.

Suggestive Entspannung

Ab sofort spüre ich jeden Morgen sofort nach dem Frühstück den Drang, zur Toilette zu gehen. Sobald ich gefrühstückt habe, kann ich nicht anders, ich muß dann sofort zur Toilette gehen. Auch abends vor dem Schlafengehen werde ich ab sofort immer noch zur Toilette gehen. Sobald ich auf der Toilette bin, lösen sich alle Spannungen. Ich bin dann sofort ganz locker und entspannt, ganz gelöst. Auch mein Stuhl löst sich ganz leicht und wie von selbst. Sobald ich morgens nach dem Frühstück und abends vor dem Schlafengehen auf die Toilette gehe, löst sich mein Stuhl ganz leicht und ohne jede Anstrengung. Alle Spannungen sind verschwunden und kommen nicht mehr wieder. Meine Verdauung arbeitet perfekt. Nichts kann sie stören. Meine Verdauung arbeitet in jeder Situation absolut perfekt. Ich fühle mich dabei ganz wohl und bin aus tiefstem Herzen froh und glücklich, daß mir meine Verdauung keine Probleme mehr bereitet. Meine Verdauung arbeitet absolut perfekt. Ich fühle mich ganz wohl.«

Ein solches Band kann man auch auf Reisen ohne Schwierigkeiten täglich einmal abhören. Schon in kurzer Zeit gehören alle Verdauungsprobleme der Vergangenheit an.

Jünger und schöner durch Selbsthypnose

Kaum ein Mensch, der an einem Spiegel vorbeigeht, kann der Versuchung widerstehen, einen Blick hineinzuwerfen. Manche tun dies so verstohlen, als müßten sie sich dessen schämen. Dabei ist es ein legitimes Recht eines jeden Menschen, auf sein Äußeres zu achten, ist dies doch gewissermaßen unsere »Visitenkarte«. Im Leben ist der erste Eindruck oft entscheidend.

In jedem Alter jung sein

Gutes Aussehen und gute Gesundheit sind jedoch keineswegs Privilegien der Jugend. Ich habe schon manche Siebzigjährige gesehen, die jeder um ihr jugendliches Aussehen und ihre Gesundheit beneidete. Nicht umsonst heißt es: Man ist so alt, wie man sich fühlt. Tatsächlich kann man in jedem Alter jung sein.

Entscheidend hierfür ist unsere geistige Haltung. Diese geistige Haltung ist aber nichts anderes als die Summe unserer Gedanken. Es heißt zwar, unsere Gedanken seien frei – »zollfrei« –, aber das ist nicht so. Zwar können wir darüber entscheiden, was wir denken, aber dem Ergebnis unserer Gedanken können wir nicht ausweichen. Mit jedem unserer Gedanken gestalten wir ein Stück unseres Schicksals – auch unser Aussehen und unsere Jugendlichkeit wird so von uns selbst bestimmt.

Ein zuverlässiger und völlig unschädlicher Weg, jünger und schöner zu werden, ist die Selbsthypnose. Hier haben wir den uralten Traum der Menschheit vom Jungbrunnen weitgehend verwirklicht*. Mit Hilfe der Selbsthypnose können wir über die innere Haltung auch unsere äußere Haltung in auffallender Weise verändern. Die Haltung strafft sich, der Gang wird wieder jugendlich und elastisch, der Blick klar und fest. Wir können den Haarwuchs beschleunigen, die Haut verjüngen und sogar den Busen wachsen lassen.

Vergrößerung der Brust

Vor einiger Zeit las ich eine Zeitungsnotiz, wonach Dr. James E. Williams und Dr. M. S. Gregg-Harrison aus Texas, USA, durch zwölf Hypnosen bei 19 Frauen eine durchschnittliche Vergrößerung der Brustweite um 5,4 Zentimeter erreichten. Das erinnert mich an ein Experiment, das ich vor vielen Jahren einer Gruppe von Ärzten demonstrierte. Sie wollten nicht glauben, daß es mit Hilfe der Hypnose möglich sein solle, soweit in den Organismus einzugreifen, daß man die Brustweite beeinflussen oder sogar eine unentwickelte Brust bei einer erwachsenen Frau zum Wachsen bringen könne. Man brachte mir als Versuchsperson eine zweiundzwanzigjährige Studentin, deren Brust völlig unentwickelt war und die sich freiwillig für diesen Versuch zur Verfügung stellte. Um den Erfolg meiner hypnotischen Suggestionen besonders augenfällig zu machen, gab ich ihr (selbstverständlich mit ihrem Einverständnis) die Suggestion, daß die linke Brust sich von Tag zu Tag mehr vergrößere, während die rechte Brust zunächst unbeeinflußt blieb. Das Experiment gelang so gut, daß die linke Brust innerhalb von sieben Wochen die gewünschte Größe erreicht hatte, während die rechte Brust noch

---

* Siehe auch »*Die Jungbrunnentechnik*« in meinem Buch *Geistheilung durch sich selbst*, Ariston Verlag.

immer so gut wie nicht vorhanden war. Die Studentin bekam es mit der Angst zu tun und wollte nicht länger »so einseitig« herumlaufen, so daß ich nun auch die Suggestionen für die rechte Brust gab. Es dauerte nur drei Wochen, bis die rechte Brust gleich groß war und die junge Dame einen vollentwickelten Busen von idealer Größe besaß.

Steuerung durch den Geist

Bedenken Sie, daß in jeder Sekunde unzählige Zellen Ihres Körpers absterben, die nach einem wohldurchdachten Plan durch neue Zellen ersetzt werden. Die Steuerung erfolgt durch Ihren Geist, und in der Selbsthypnose haben Sie die Möglichkeit, hier nach ihren Wünschen einzugreifen.

Wenn Sie Ihr Aussehen allgemein verbessern möchten, um mit Hilfe der Selbsthypnose jünger und schöner zu werden, dann könnten Sie etwa folgene Suggestionen auf Tonbandkassette sprechen und täglich ein- bis zweimal in entspanntem Zustand hören:

Die Suggestionen

»Ich bin ganz ruhig. Ich schließe jetzt meine Augen und entspanne mich völlig. Nichts kann mich stören – nichts ist wichtig. Alle Muskeln sind locker. Meine Nerven sind völlig entspannt. Ich spüre, wie ich mich mehr und mehr vom Alltag löse, und gebe mich ganz dieser wohltuenden Entspannung hin. Ich fühle mich ganz wohl und konzentriere mich jetzt nur noch auf meine Atmung. Mein Atem geht ruhig und gleichmäßig. Ich spüre, wie ›es‹ mich atmet. Jedesmal, wenn ich ausatme, lasse ich mich noch tiefer sinken, mit jedem Atemzug tiefer, in ein wunderbares Gefühl der Ruhe und Geborgenheit. Ich gebe mich ganz diesem herrlichen Gefühl des Gelöstseins hin. Diese wunderbare Ruhe und Geborgenheit hüllt mich ein wie ein schützender Mantel. Ich fühle mich unsagbar wohl. Nichts ist mehr wichtig. Ich lasse mich einfach treiben. Alle Probleme lösen sich in nichts auf. Ich bin frei – ich bin völlig frei und fühle mich unsagbar wohl. Meine Ruhe ist ganz tief und fest, und ich öffne mich ganz den folgenden Suggestionen:

Ich bin vollkommen ruhig – ganz gelöst. Ein wunderbares Gefühl des Friedens und der Harmonie breitet sich in mir aus und erfüllt mich ganz. Nichts anderes ist wichtig. – Ich gebe mich ganz diesem wunderbaren Gefühl des Friedens und der Harmonie hin und bin aus tiefstem Herzen glücklich. Ich bin aus tiefstem Herzen froh und glücklich und fühle mich in meiner Situation ganz wohl. Ich fühle mich in meiner Situation ganz wohl und schaue frohen Herzens in die Zukunft. Ich blicke frohen Herzens in die Zukunft, denn ich weiß, daß mich noch viele schöne Erlebnisse erwarten. Mein Herz schlägt ruhig und gleichmäßig – ganz ruhig und gleichmäßig. Mein Kreislauf ist stabil, und meine Verdauung arbeitet perfekt. Meine Gesundheit festigt sich von Tag zu Tag. Es geht mir von Tag zu Tag in jeder Hinsicht immer besser und besser.

Bejahung der eigenen Situation

Ich bejahe meine Situation und fühle mich ganz wohl. Mein Kopf ist leicht, Nacken und Schultern sind angenehm locker und entspannt. Ich empfinde diese wunderbare Entspannung in meinem ganzen Körper. Tiefe Freude über mein Wohlbefinden durchströmt meinen ganzen Körper. Ich habe einen gesunden, natürlichen und erholsamen Schlaf und schlafe jede Nacht tief und fest durch. Jeden Morgen erwache ich frisch und erholt und freue mich auf den neuen Tag. Ich blicke voll Zuversicht in die Zukunft und freue mich auf jeden neuen Tag. Meine Gesundheit festigt sich von Tag zu Tag, dabei werde ich immer schlanker. Ich werde immer schlanker, und ich bin dankbar und glücklich, daß es mir so gut geht. Es geht mir von Tag zu Tag in jeder Hinsicht immer besser und besser – immer besser. Ich fühle mich ganz wohl. Meine Haut strafft sich, und ich sehe von Tag zu Tag blühender aus. Ich sehe immer blühender aus und fühle mich von Tag zu Tag jünger. Ich spüre, wie ich immer jünger werde – ich werde immer jünger und schlanker. Eine neue, unbekannte Energie durchströmt mich, und ich löse mit Freuden die Probleme, die auf mich zukommen. Nichts kann mich mehr aufhalten, ich habe endlich mein Schicksal selbst in die Hand genommen und gestalte es nach meinen Wünschen. Ich gestalte mein Leben nach meinen Wünschen und bin aus tiefstem Herzen froh und glücklich.«

Hier drei Minuten Pause einschalten.

Entspannung ist immer wichtig

»Ich empfinde noch einmal diese wunderbare Entspannung, die meinen ganzen Körper erfüllt, und ich empfinde diese angenehme Entspannung von Tag zu Tag mehr. In diesem angenehmen Zustand der Ruhe und Entspannung hat sich jede Zelle meines Körpers mit frischer Kraft gefüllt. Ich bin voller Kraft und Energie. Ich fühle mich ganz wohl. Gleich werde ich bis Drei zählen. Dann öffne ich wieder meine Augen und bin frisch und munter.

Eins – zwei – drei. Augen Auf! Meine Arme und Beine sind jetzt wieder ganz locker, leicht und frei beweglich. Ich bin voller Kraft und Energie und fühle mich ganz frisch und wohl. Ich fühle mich ganz frisch und wohl.«

Lassen Sie sich überraschen, was dieses Band für Ihre Gesundheit und Ihr jugendliches Aussehen bewirken kann, wenn Sie es regelmäßig über einige Monate zweimal täglich hören.

Ein glückliches Liebesleben durch Selbsthypnose

Kein Glück ohne Liebeserfüllung

Ein Mensch kann auf vieles verzichten und doch glücklich und zufrieden sein. Niemand kann jedoch wirklich glücklich sein, wenn sein Liebesleben gestört ist. Eine solche Störung kann viele Ursachen haben, oft ist die Ursache jedoch ein negatives Erlebnis. So entsteht ein Teufelskreis, aus dem man sich nur schwer wieder zu befreien vermag. Eine leichte Störung kann zu einem Mißerfolg führen, und dann bekommt man Angst davor, daß sich ein solcher Mißerfolg wiederholen könnte. Diese Angst aber führt dazu, daß genau das eintritt, wovor man sich fürchtet, man verkrampft sich und versagt erneut. Dadurch hat man noch mehr Angst vor dem nächsten Mal usw., bis der Mißerfolg zur Gewohnheit geworden ist.

Hier gilt es vor allem, den Teufelskreis zu durchbrechen und wieder zu einem Erfolgserlebnis zu kommen. Dabei kann die Selbsthypnose eine unschätzbare Hilfe sein; denn durch sie können wir ein Erfolgserlebnis immer wiederholen, bis der Erfolg wieder zur Gewohnheit geworden ist. Dabei spielt es keine Rolle, ob es sich um ein tatsächliches Erlebnis handelt oder ob Sie sich ein besonders schönes Erlebnis ausdenken. Die wiederholte Vorstellung allein genügt, um dem Unterbewußtsein das Gefühl des Erfolges zu vermitteln und damit die Angst, die bisher den tatsächlichen Erfolg verhinderte, zu besiegen.

Angewandte Vorstellungstechnik

Erleben Sie einfach in der Selbsthypnose Ihr schönstes erotisches Erlebnis immer wieder durch, und zwar in allen Einzelheiten. Falls Sie sich an kein solches Erlebnis erinnern können, dann denken Sie sich ein Erlebnis aus, indem Sie so reagieren, wie Sie es sich in Ihren kühnsten Träumen wünschen. Wichtig ist dabei, daß Sie dieses Erlebnis immer wieder in allen Details erleben, damit sich dieses Erlebnis mehr und mehr in Ihr Unterbewußtsein einprägt und die gewünschten Reaktionen Teil Ihrer Persönlichkeit werden.

Auch hier können Sie wieder eine Tonbandkassette besprechen. Leiten Sie zunächst die Selbsthypnose mit den entsprechenden Suggestionen ein, wie es ausführlich in den vorhergehenden Kapiteln beschrieben ist. Schildern Sie dann Ihr Erfolgserlebnis in allen Einzelheiten. Beginnen Sie etwa so: »Ich sehe jetzt ganz genau vor meinem geistigen Auge, wie ich . . .« usw. Hier folgt dann Ihre genaue Schilderung.

Wenn Ihre Schilderung beendet ist, machen Sie wieder eine Pause von zwei bis drei Minuten, um die Eindrücke nachwirken zu lassen. Dann beenden Sie die Selbsthypnose mit den Worten:

Die Suggestionen

»Dieses schöne Erlebnis hat sich nun tief und unauslöschlich in mein Unterbewußtsein eingeprägt, und ich werde in Zukunft stets genau so reagieren. Jetzt zähle ich bis Drei. Dann öffne ich meine Augen und bin hellwach und in bester Gesundheit. Mein Körper ist kraftvoll und energiegeladen.

Eins – zwei – drei. Augen auf! Ich bin hellwach und fühle mich ganz frisch und wohl. Arme und Beine sind wieder ganz locker, leicht und frei beweglich, und ich fühle mich ganz frisch und wohl! Ich fühle mich ganz frisch und wohl!«

Wenn Sie es wünschen, können Sie sich anschließend an Ihre Schilderung noch einige allgemeine Suggestionen geben. Hier einige Beispiele, die Sie jeweils auf Ihre spezielle Situation abstimmen müssen:

»Immer, wenn ich meinen Partner liebevoll in die Arme nehme, spüre ich sofort, wie ein unbändiges Verlangen in mir aufsteigt, und ich bin sofort bereit. Die körperliche Liebe ist etwas ganz Natürliches. Ich bin dabei stets ganz locker und frei. Ich freue mich auf das Zusammensein mit meinem Partner und spüre, wie schon bei dem Gedanken daran freudiges Verlangen meinen ganzen Körper erfüllt. Ich bin sofort bereit zur Liebe.«

Mit solchen und ähnlichen Suggestionen habe ich schon unzähligen Personen helfen können, in der Liebe wieder die volle Erfüllung zu finden.

Frei von Streß durch Selbsthypnose

Unser Körper ist ein Bewegungsapparat und muß regelmäßig bewegt werden. Wenn das nicht in ausreichender Weise geschieht, werden die Funktionen des Organismus immer schwächer und schon eine kleine Belastung führt zu einer Überlastung – zu Streß. Was für den einen eine willkommene Anregung ist, kann für den anderen schon eine unzumutbare Belastung sein.

Trainieren Sie Ihren Organismus

Wir müssen unseren Organismus trainieren, damit er mehr und mehr die Fähigkeit bekommt, mit Belastungen fertig zu werden, und er diese Fähigkeit auch bis ins hohe Alter behält. Nicht der Grad der Belastung entscheidet also darüber, ob etwas als Streß empfunden wird, sondern der Grad der Belastbarkeit unseres Organismus. Dieser Grad der Belastbarkeit läßt sich jedoch durch Training erheblich verbessern. Nur so läßt es sich erklären, daß manche Menschen ständig in einer Situation leben, arbeiten und sich wohl fühlen, die bei anderen innerhalb eines Tages zum Herzinfarkt führen würde.

Wenn sich aber eine kurzzeitige Überlastung nicht vermeiden ließ und wir dem Streß ausgesetzt waren, dann ist es lebenswichtig, daß wir dem strapazierten Organismus Gelegenheit geben, den Streß wieder abzubauen. Streß wird jedoch nur langsam abgebaut. Ist die Erholungspause zu kurz, so addiert sich ein Streß mit dem nächsten, bis dann schließlich der überstrapazierte Organismus kapituliert. Das Ergebnis ist dann oft ein Herzinfarkt.

Ein gutes Streßtraining ist das Durchleben von Streßsituationen aus unserem Alltag in der Selbsthypnose. Stellen Sie sich dabei eine typische Streßsituation aus Ihrem Alltag vor uns sehen Sie, wie Sie die Situation ganz sicher und souverän beherrschen. Spüren Sie dabei richtig, wie Sie innerlich vollkommen ruhig bleiben, und genießen Sie dieses Gefühl der Ruhe und Sicherheit. Lernen Sie so, auch in Wirklichkeit jede Situation ruhig und sachlich anzugehen und sich nicht selbst nervös zu machen. Sie werden schon nach kurzer Zeit bemerken, daß Ihnen das neue Verhalten zur Gewohnheit geworden ist und Sie wirklich kaum noch aus der Ruhe zu bringen sind. Dieses Erfolgserlebnis wird Ihnen neue Kraft geben, so daß Sie die nächste Situation noch sicherer und ruhiger angehen werden, weil Sie aus der so gewonnenen Erfahrung wissen, daß Sie es schaffen.

Anti-Streß-Suggestionen

Das »Anti-Streß-Band«, das ich nachstehend im Wortlaut wiedergebe, hat schon vielen Streßgeplagten geholfen, ihre Situation in Ruhe und Gelassenheit zu ordnen:

»Ich lege mich ganz bequem hin und schließe meine Augen. Meine Arme und Beine sind ganz locker. Alle Muskeln sind entspannt, meine Nerven wohltuend gelöst. Ich fühle mich ganz wohl. Nichts kann mich stören – nichts ist jetzt wichtig. Ich gebe mich nur diesem wohltuenden Gefühl der Ruhe und Sicherheit hin. Mein Atem geht ganz ruhig und gleichmäßig – ganz ruhig und gleichmäßig. Ich bin vollkommen gelöst und entspannt. Ich bin vollkommen gelöst und entspannt und fühle mich ganz wohl. Mit jedem Atemzug gleite ich tiefer und tiefer in ein angenehmes Gefühl der Müdigkeit und Schwere. Ich werde immer müder. Ich werde immer müder – immer müder.«

Hier ist eine Minute Pause einzuschalten.

»Meine Ruhe ist ganz tief und fest. In diesem wunderbaren Ruhezustand öffnet sich jetzt ganz weit das Tor zu meinem Unterbewußtsein. Ganz weit öffnet sich jetzt das Tor zu meinem Unterbewußtsein. Die folgenden Worte dringen ganz leicht und tief in mein Unterbewußtsein, prägen sich dort unauslöschlich ein. Ich werde immer danach handeln.

Ich bin vollkommen ruhig – ganz gelöst und entspannt. Alles, was ich tue, werde ich immer ganz konzentriert und zügig tun, aber dabei innerlich stets ganz ruhig und gelassen bleiben. Alle Aufgaben, die an mich herangetragen werden, erledige ich vollkommen ruhig und gelassen. Nichts kann mich mehr erschüttern – ich bleibe stets ganz ruhig. Ich weiß, daß ich mit jeder Situation fertig werde. Das macht mich stark. Eine wunderbare Kraft durchströmt meinen Körper und gibt mir Sicherheit. Es ist ein wunderbares Gefühl, sagen zu können: ›Das schaffe ich.‹ Ich weiß, alles, was ich mir vornehme, das erreiche ich auch und dies in absoluter Ruhe und Gelassenheit. Meine Ruhe und Sicherheit wachsen von Tag zu Tag. Ich werde immer ruhiger – immer sicherer. Ich fühle mich ganz wohl in meiner Situation. Mein Herz schlägt ruhig und gleichmäßig. Mein Kreislauf ist stabil und jeder Belastung gewachsen. Jede Belastung macht mich nur noch stärker. Ich werde immer stärker. Meine Gesundheit festigt sich von Tag zu Tag – meine Gesundheit festigt sich von Tag zu Tag. Mein Schlaf ist tief und fest. Sobald ich zu Bett gehe, fallen alle Probleme von mir ab, und ich schlafe sofort ein. Ich habe einen gesunden, natürlichen und erholsamen Schlaf und wache jeden Morgen ganz frisch und erholt auf. Ich freue mich auf jeden neuen Tag und liebe meine Arbeit. Ich fühle mich ganz wohl in meiner Situation. Es geht mir von Tag zu Tag in jeder Hinsicht immer besser und besser. Es geht mir immer besser.«

Hier wiederum drei Minuten Pause einschalten.

Wohlbefinden erzeugen

»Tiefe Freude über mein Wohlbefinden durchströmt mich von Kopf bis Fuß. Ich empfinde noch einmal diese wunderbare Entspannung, die meinen ganzen Körper erfüllt. In dieser wunderbaren Ruhe hat sich jede Zelle meines Körpers mit neuer Kraft und Energie gefüllt, und ich fühle mich ganz wohl. Gleich werde ich bis Drei zählen. Dann öffne ich wieder meine Augen, bin voller Kraft und Energie und fühle mich ganz frisch und wohl.

Eins – zwei – drei. Meine Arme und Beine sind jetzt wieder ganz locker, leicht und frei beweglich, und ich fühle mich frisch und wohl. Ich fühle mich ganz frisch und wohl.«

Wenn Sie sich ein solches Band besprechen und es regelmäßig hören, dann sind Sie bald jeder Belastung gewachsen und kennen keinen Streß mehr.

Höhere Leistungen im Sport durch Selbsthypnose

Immer mehr Sportler wenden die Selbsthypnose an, um ihre Leistungen weiter zu steigern. Ein ganzes Buch ist allein darüber geschrieben worden, wie man durch Selbsthypnose sein Golfspiel verbessern kann (*How You can play better Golf Using Self-Hypnosis* von Jack Heise, Wilshire Book Company Publishers). Inwieweit die Selbsthypnose die Leistung eines Menschen zu beeinflussen vermag, sehen Sie aus dem folgenden Beispiel.

Beweis-experimente

Bei einer Reihe von Versuchspersonen wurde die Muskelkraft des Armes gemessen. Sie betrug im Durchschnitt etwa 100 Pfund. Dann wurde diesen Personen die Suggestion der Müdigkeit und Schwäche gegeben und erneut die Leistung gemessen. Sie betrug danach nur noch knapp 30 Pfund. Danach erhielten sie die Suggestion, daß sie sich besonders gut und so stark wie noch nie zuvor fühlen würden. Als die Leistungen erneut gemessen wurden, waren sie durch diese Suggestion auf fast 150 Pfund gestiegen. Das alles geschah innerhalb einer Stunde.

Auch ich habe vor Jahren einmal ein Experiment in dieser Richtung ausgeführt. Ein junger Gewichtheber war zu mir in die Praxis gekommen, mit dem ich mich über die Möglichkeiten und Grenzen der Hypnose unterhielt. Auf seine Frage, ob man durch Hypnose auch die sportliche Leistungsfähigkeit verbessern könne, konnte ich damals noch keine Antwort geben; ich war aber bereit, es einmal zu versuchen. Ich besuchte ihn in seinem Trainingsraum. Er hob immer schwerere Gewichte, bis er die Grenze seiner Leistungsfähigkeit erreicht hatte. Ich gab ihm sofort an Ort und Stelle die Suggestion, daß es sich in einer absoluten Höchstform befinde und eine ungeahnte Kraft ihn durchströme. Wenige Minuten darauf konnte er nicht nur fast mühelos das Gewicht heben, an dem er eben gescheitert war, sondern noch zwei weitere Gewichte anhängen. Insgesamt hatte er seine Leistung innerhalb von zehn Minuten um 11,2 Prozent gesteigert.

Auch Dr. William S. Kroger, ein Bahnbrecher auf dem Gebiet der Hypnose und speziell der Anwendung zur Leistungssteigerung im Sport, berichtete über charakteristische Experimente, die er an der Universität von Illinois, USA, mit Läufern durchführte. Er gab einem Läufer, der einem anderen leistungsmäßig deutlich unterlegen war, ein Placebo* mit dem Hinweis, daß dieses Medikament die Leistung erheblich steigere, so daß er seinen Konkurrenten überholen könne. Tatsächlich gelang es dem Läufer schon nach kurzer Zeit, seine Leistung so anzuheben, daß sein Konkurrent keine Chance mehr hatte und regelmäßig im Wettkampf mit ihm unterlag. Daraufhin gab Dr. Kroger das gleiche Scheinmedikament dem Konkurrenten mit dem Ergebnis, daß innerhalb kurzer Zeit seine frühere Überlegenheit wiederhergestellt war. Beide hatten bei diesem Experiment ihre Leistung gegenüber früher deutlich gesteigert und behielten diese erhöhte Leistung weiterhin bei.

Keine Gefahr der Überanstrengung

Auch Dr. Michiko Ikai, Professor für Physiologie an der Universität Tokio, hat sich mit diesem Spezialgebiet ausgiebig befaßt

*Placebo ist ein Scheinmedikament, das keinerlei Wirkstoff enthält, so daß nur die begleitende Suggestion eine Wirkung ausübt.

und vertritt die Auffassung, daß es für den Sportler in keinem Fall die Gefahr der physischen Überanstrengung gebe, wenn man durch Fremdhypnose oder Selbsthypnose seine Leistung steigere, da stets nur Hemmungen abgebaut werden, die die sportlichen Möglichkeiten einengen. Dr. Kroger und Dr. Ikai sind der Auffassung, daß unwillkürliche Reflexe den Organismus des Sportlers stets vor der Gefahr der Überanstrengung bewahren.

Man muß jedoch berücksichtigen, daß hohe sportliche Leistungen niemals allein durch Kraft zu erzielen sind. Genauso wichtig – wenn nicht wichtiger – sind die innere Verfassung, die Beständigkeit der Verfolgung des Zieles und der unbedingte Glaube an den Sieg. Hier liegen die besonderen Möglichkeiten der Selbsthypnose. Stellen Sie sich eine Reihe von positiven Suggestionen zusammen, die genau die Lösung Ihres speziellen Problems beinhalten. Ich gebe Ihnen nachstehend ein Beispiel für eine allgemeine Suggestion zur Steigerung sportlicher Leistungen. An der mit »individuelle Suggestionen« bezeichneten Stelle setzen Sie dann die von Ihnen ausgearbeiteten Formulierungen für Ihre spezielle Situation ein.

Die Suggestionen

»Ich schließe jetzt meine Augen und entspanne mich völlig. Ich spüre, wie eine wunderbare Ruhe in meinen Körper einströmt und mich ganz erfüllt. Nichts kann mich jetzt stören – nichts ist wichtig. Ich gebe mich ganz diesem wunderbaren Gefühl der Ruhe und Entspannung hin. Ich atme ganz ruhig und gleichmäßig – ganz ruhig und gleichmäßig und bin vollkommen gelöst und entspannt. Ich bin vollkommen gelöst und entspannt und fühle mich ganz wohl. Ich fühle mich ganz wohl und lasse mich mit jedem Atemzug tiefer und tiefer in dieses wohltuende Gefühl der Müdigkeit und Schwere sinken. Ich werde immer müder. Ich werde immer müder – immer müder und müder.«

Hier ist eine Minute Pause einzuschalten.

»Meine Ruhe ist ganz tief und fest. Nichts kann mich stören – nichts ist wichtig. Ich fühle mich ganz leicht. Meine Arme und Beine spüre ich nicht mehr. Ich bin scheinbar körperlos und schwerelos. Alles ist leicht und frei – alles in mir ist offen. Ich gebe mich ganz der Wirkung der folgenden Suggestionen hin. Jedes Wort dringt dabei ganz leicht und tief in mein Unterbewußtsein, prägt sich dort unauslöschlich ein, und ich werde immer danach handeln.

Mein Herz schlägt ruhig und gleichmäßig, ganz ruhig und gleichmäßig. Auch unter Belastung schlägt mein Herz stets ruhig und gleichmäßig. Mein Kreislauf ist stabil. Mein Herz ist stark, und ich fühle mich unter jeder Belastung sehr wohl. Ich bin jeder Belastung gewachsen. Jede Anstrengung läßt mich nur noch stärker werden. Mein Kopf ist in jeder Situation frei und klar. Alle Verkrampfungen sind verschwunden und kommen nicht mehr wieder. Ich bin ganz locker und gelöst – völlig frei und bereit, jederzeit mein Bestes zu geben. Ich empfinde, wie diese wunderbare Entspannung meinen ganzen Körper erfüllt. Ich empfinde diese angenehme Entspannung von Tag zu Tag mehr.«

Hier folgen individuelle Suggestionen.

»Mein Schlaf ist immer tief und fest – ganz tief und fest. Jeden Morgen wache ich ganz frisch und erholt auf. Ich freue mich auf jeden Wettkampf, weil ich weiß, daß meine Leistungen immer besser werden. Meine Leistungen werden von Tag zu Tag immer besser. Tiefe Freude über meine Kraft und mein Wohlbefinden durchströmt meinen Körper. Meine Kraft wächst von Tag zu Tag. Meine Leistungen werden immer besser. Ich fühle mich ganz wohl. – Ich fühle mich ganz wohl.«

Hier sind drei Minuten Pause einzuschalten.

Steigerung der Entspannung

»Ich empfinde noch einmal diese wunderbare Entspannung, die meinen ganzen Körper ausfüllt. Ich empfinde diese angenehme Entspannung von Tag zu Tag mehr. Eine unbändige Kraft durchströmt meinen ganzen Körper. Jede Zelle meines Körpers hat sich jetzt mit frischer Kraft gefüllt. Ich bin voller Kraft und Energie und bereit, jederzeit mein Bestes zu geben. Ich fühle mich so wohl wie nie zuvor. Gleich zähle ich bis Drei. Dann öffne ich meine Augen, bin hellwach und fühle mich frisch und wohl.

Eins – zwei – drei. Augen auf! Ich bin hellwach und fühle mich frisch und wohl. Meine Arme und Beine sind wieder ganz locker und leicht beweglich. Ich bin voller Kraft und Energie und fühle mich ganz wohl. Ich fühle mich ganz frisch und wohl.«

Mit diesem Band befreien Sie sich von Hemmungen und können in jeder Situation aus der Entspannung heraus Ihr Bestes geben.

Steigerung der Intelligenz und Inspiration durch Selbsthypnose.

Erstaunliche Experimente

An der psychoneurologischen Klinik in Moskau sind längere Versuchsreihen abgeschlossen worden, die eindeutig beweisen, daß Hypnose die verschiedensten Fähigkeiten des Menschen positiv beeinflußt und sein Wissen auf ein höheres Niveau bringt. Professor W. Raikow hat an der Klinik in sieben Versuchsreihen 150 Oberschüler und 50 Studenten für drei bis vier Wochen in Tiefhypnose versetzt. Sie entwickelten plötzlich erstaunliche künstlerische Fähigkeiten, z. B. im Malen, Töpfern und Glasblasen. Auch die Merkfähigkeit des Gehirns wird in Hypnose gesteigert. So konnten sich die Versuchspersonen z. B. von 220 unbekannten Fremdwörtern samt deren Übersetzung nach dreimaligem Durchlesen 5,8mal mehr merken als vorher. Die posthypnotische Wirkung dauerte vier bis zwölf Wochen an. Werden siebentägige Zwischenhypnosen eingeschaltet, ist nach einjähriger Behandlungszeit auf Dauer eine 1,5- bis 2,5fache Besserung der Intelligenz erreicht.

Es scheint also so, daß man durch Fremd- oder Selbsthypnose das Tagbewußtsein soweit abschalten kann, daß die im Unterbewußtsein verborgene inspiratorische Schöpferkraft freigesetzt wird und Leistungen erbracht werden, die man selbst vorher nicht für möglich gehalten hätte.

So berichtet Professor Magnin in seinem Buch *Kunst und Hypnose* von seiner Versuchsperson Madeleine, die im Wachzustand launisch und unausgeglichen war, in der Hypnose aber zu einer Künstlerin von vollendeter Harmonie wurde. Ihr Tanz und ihre Mimik waren einmalig, so daß auch strengste Kritiker begeistert waren. Ihre Tänze waren jedoch abhängig von der Inspiration, wie sie nur von einer Musikbegleitung in höchster Vollendung ausgehen kann. War die Musikbegleitung zweitklassig, so tanzte sie nicht und zog nur ein verächtliches Gesicht.

Auch das Talent für fremde Sprachen läßt sich durch Hypnose oder Selbsthypnose enorm steigern. Das Erlernen fremder Sprachen erfordert ja nicht nur ein gutes Gedächtnis, sondern vor allem hohe Konzentration.

Die richtigen Suggestionen und Freude

Es fällt Ihnen sicher auch leichter, sich auf eine Sache zu konzentrieren, die Ihnen Freude macht. Wenn Sie also die Absicht haben, eine Fremdsprache zu erlernen, so geben Sie sich vor allem die Suggestion, daß Ihnen das Erlernen dieser Sprache von Tag zu Tag mehr Freude bereite und Sie sich immer wieder aufs neue auf den Unterricht freuen. Erhöhen Sie Ihre Konzentration durch die Suggestion, daß Sie sich voll und ganz auf den Unterricht konzentrieren werden und durch nichts mehr ablenken lassen. Suggerieren Sie sich, daß sich jedes einzelne Wort unauslöschlich tief in Ihr Unterbewußtsein einpräge und Sie nichts, absolut nichts von dem Erlernten mehr vergessen werden.

Zur Lösung von Aufgaben, die Inspiration und Kreativität erfordern, können Sie sich in der Selbsthypnose die Suggestion geben, daß Sie im Schlaf die gewünschte Inspiration haben werden und das Problem am nächsten Morgen ganz einfach lösen können.

Geben Sie sich im Vertrauen auf Ihre unbewußten Reserven die gewünschten Suggestionen und hemmen Sie sich nicht selbst durch Zweifel, sondern erwarten Sie in positiver Gewißheit das Resultat. Ihr Unterbewußtsein wird Sie nicht im Stich lassen.

Zusammenfassung

Die Gesetze der Hypnose

Wenn Sie die Hypnose erfolgreich anwenden wollen, müssen Sie vor allem die Gesetze der Hypnose kennen. Erst das wirkliche Verstehen und die richtige Anwendung dieser Gesetze bringen den optimalen Erfolg. Wir haben die Gesetze der Hypnose bereits besprochen. Angesichts jedoch ihrer elementaren Wichtigkeit möchte ich sie nochmals wiederholen und an den Anfang dieser generellen Zusammenfassung hier stellen.

Das erste Gesetz

Jede bildhafte Vorstellung, die uns erfüllt, hat das Bestreben, sich zu verwirklichen.

Nichts in dieser Welt kann vermehrt oder zerstört werden, wir können die Dinge nur umformen oder verändern. Es gibt jedoch eine einzige Ausnahme, nämlich unsere Gedanken. Wir sind in der Lage, sozusagen aus dem Nichts heraus einen Gedanken zu schaffen, etwas, das einen Augenblick zuvor noch nicht existent war. Dieser Schöpfungsakt ist etwas so Wunderbares, daß wir darüber nachdenken sollten. Denn nichts kann geschehen, ohne daß es zuvor gedacht wurde. Die geringste Bewegung, die Sie ausführen wollen, müssen Sie zunächst denken. Damit ist der schöpferische Teil des Vorganges vollendet. Der Rest ist nur noch die mechanische Verwirklichung des Gedankens. Nun ist jeder Gedanke bestrebt, sich zu verwirklichen. Voraussetzung dafür ist, daß wir ihn in eine bildhafte Vorstellung umsetzen. Wird diese bildhafte Vorstellung von einem starken Wunsch nach Erfüllung begleitet, dann kann diese Erfüllung kaum noch verhindert werden. Natürlich kann sich diese bildhafte Vorstellung nur verwirklichen, wenn nicht eine andere bildhafte Vorstellung dagegen steht und sich so die beiden Wirkungen aufheben.

Die bildhafte Vorstellung des Schlafens erzeugt den Schlaf, die Vorstellung des Nichtschlafenkönnens die Schlaflosigkeit. Hieraus erkennen wir auch schon die Wirkung des zweiten Gesetzes:

Das zweite Gesetz

Wenn der Wille und der Glaube feindlich gegenüberstehen, unterliegt immer und ausnahmslos der Wille!

Wer will nicht schlafen, wenn er sich abends ins Bett legt? Wenn man aber glaubt, daß man ja doch nicht schlafen könne, dann wird man tatsächlich nicht schlafen können, auch wenn man noch so sehr schlafen will. Erst wenn wir glauben, daß wir gleich schlafen werden, werden wir wirklich gleich einschlafen. Das gilt auch dann, wenn uns dieser Vorgang gar nicht bewußt ist, denn das Gesetz wirkt in jedem Fall. Das gilt ganz besonders auch für die Krankheit. Jeder Kranke will gesund werden, aber glaubt er auch daran? Man kann sagen, wer glaubt, gesund zu werden, der wird auch schnell gesund. Wer vorbehaltlos an seine Gesundheit glaubt, der ist auch gesund.

Aber wer kann das schon glauben, wenn doch die Krankheit scheinbar so real vorhanden ist und sich durch Schmerzen ständig bemerkbar macht? Hier liegt die Ursache für so viele scheinbare Wunderheilungen. Es gibt aber keine Wunder, auch wenn es mitunter so scheint. Doch auch das Gegenteil ist der Fall. Ein Kranker wird immer schwächer, und obwohl alle Untersuchungen der Ärzte ergeben, daß er organisch völlig gesund ist, stirbt er, einfach weil er es erwartet hat. Er hat sich selbst aufgegeben, und so hat sich das Gesetz erfüllt.

Sobald wir die ganze Tragweite dieser Tatsache erkannt haben, sind wir Herr unseres Schicksals geworden. Es gibt kaum etwas, was wir so nicht erreichen können. Schon mancher hat seinen ganzen Willen angestrengt, um ein bestimmtes Ziel zu erreichen und hat es trotzdem nicht erreicht. Ein anderer erreicht die Verwirklichung seiner Ziele scheinbar ohne große Anstrengung, weil er das Geheimnis kennt und dieses zweite Gesetz für sich arbeiten läßt, indem er die entsprechende bildhafte Vorstellung in sich erzeugt und sich mit dieser Vorstellung so erfüllt, daß keine entgegengesetzte Vorstellung in ihm aufkommen kann. Hier erkennen wir die Wirkung des dritten Gesetzes:

Es ist das Gesetz von der das Gegenteil bewirkenden Anstrengung.

Das dritte Gesetz

Jede willensmäßige Anstrengung ohne bildhafte Vorstellung bleibt nicht nur erfolglos, sondern bewirkt sogar das Gegenteil von dem, was wir erreichen wollen. Es ist also keineswegs richtig, wenn wir sagen »Gedanken sind frei«, denn jeder Gedanke hat seine ganz spezielle Wirkung. Es sollte daher eines unserer wichtigsten Ziele sein, unsere Gedanken zu kontrollieren, damit wir sie nach Belieben lenken und einsetzen können, um mit ihrer Hilfe unsere Ziele zu erreichen. Das gilt auch für die Hypnose. Sobald wir diese Gesetze erkannt haben und uns danach richten, sie also für uns arbeiten und wirken lassen, kann es keinen Mißerfolg mehr geben.

So gelingt jede Hypnose

Hier möchte ich Ihnen noch einmal die einzelnen Phasen der Hypnose und die wichtigsten Voraussetzungen für deren Gelingen in der Zusammenfassung vor Augen führen.

Voraussetzungen

Die wichtigste Voraussetzung ist sicher die Persönlichkeit des Hypnotiseurs. Ein guter Hypnotiseur sollte sehr viel Selbstvertrauen haben, denn jemand, der nicht an sich selbst glaubt, kann unmöglich erwarten, daß andere an ihn glauben. Es ist eine unbedingte Voraussetzung für das Gelingen der Hypnose, daß der Hypnotiseur vom Patienten oder der Versuchsperson anerkannt wird. Er sollte also zunächst eine angenehme Atmosphäre der Sympathie und des Vertrauens schaffen.

Aus dieser Atmosphäre heraus führt er dann das einleitende Gespräch. Informieren Sie sich in diesem Gespräch zunächst, ob die Versuchsperson bereits einmal eine Hypnose mitgemacht oder gesehen hat. Wenn ja, lassen Sie sich genau schildern, wie die Hypnose eingeleitet wurde, und wenden Sie später die gleiche Technik an. Ansonsten informieren Sie die Versuchsperson über die Hypnose und bauen Sie eventuelle Ängste und falsche Erwartungen ab. Viele Menschen erwarten, in der Hypnose in Trance zu sinken oder ganz ohne Bewußtsein zu sein, und sind enttäuscht oder glauben gar nicht, in Hypnose gewesen zu sein, wenn dies nicht der Fall ist.

Erklären Sie Ihrer Versuchsperson, daß Hypnose völlig ungefährlich sei und daß jeder Mensch schon unzählige Male in seinem Leben in Hypnose war, z. B. beim Einschlafen oder Aufwachen, und daß also eigentlich gar nichts Besonderes geschehe. Dann fragen Sie Ihre Versuchsperson nach ihren Wünschen. Niemand läßt sich ohne Grund hypnotisieren, sondern knüpft gewisse Erwartungen an die Hypnose, die Sie erfüllen sollten. In dieser Anamnese sollten einige Standardfragen nicht fehlen, so z. B.: »Was ist Ihr größter Wunsch?« oder: »Was ist Ihr größtes Problem?« und auch: »Was würden Sie anders machen, wenn Sie noch einmal von vorn anfangen könnten?« Die Antworten auf diese Fragen sind in der Regel sehr aufschlußreich.

Die Redaktion der Suggestionen

Sobald Sie sich gründlich über die Wünsche Ihrer Versuchsperson informiert haben, beginnen Sie mit der Redaktion. Das heißt: Sie ordnen die Wünsche und formulieren daraus wirksame Suggestionen. Denken Sie daran, daß Suggestionen stets positiv formuliert werden sollen. Sagen Sie daher nie: »Sie haben jetzt keine Kopfschmerzen mehr«, sondern: »Ihr Kopf ist frei und klar.«

Wenn Sie die Redaktion der Suggestionen beendet haben, erzeugen Sie in der Versuchsperson eine positive Erwartungsspannung, indem Sie ihr erklären, daß Sie sich bemühen werden, ihr zu helfen, und daß die Hypnose die geschilderten Probleme zu beseitigen vermöge. Die Versuchsperson sollte nun schon die feste Absicht haben, in einen hypnotischen Zustand zu kommen, und sich klar zur Anwendung der Hypnose bereiterklärt haben. Dadurch ist jeder mögliche Widerstand ausgeschaltet, und die erwartete Wirkung wird sich einstellen.

Unterstützende Hilfsmittel

Lassen Sie die Versuchsperson vor der ersten Hypnose am besten einige Zeit (10 bis 30 Minuten) in einem ruhigen Raum bei gedämpftem Licht ruhen. Die Augen sollten dabei bereits geschlossen sein. Leise Musik kann diese Ruhe noch vertiefen. Auch die vorherrschende Farbe des Raumes ist nicht ohne Einfluß, wobei die Farben Grün oder Blau die günstigste Wirkung haben.

Ein guter Hypnotiseur wird kaum andere Hilfsmittel benötigen als seine Stimme und die Wirkung seiner Persönlichkeit. Sie können die Wirkung Ihrer Persönlichkeit noch verstärken, wenn

Sie bei der Einleitung der Hypnose selbst in Hypnose gehen und so die in sich selbst erzeugte Ruhe noch übertragen.

Ein einfaches und recht zuverlässiges Hilfsmittel ist es, etwas über Augenhöhe der liegenden Person einen etwa Fünfmarkstück großen schwarzen Punkt an der Decke zu befestigen und von der Versuchsperson solange anstarren zu lassen, bis die Augen zufallen.

Einleitung der Hypnose

Berücksichtigen Sie bei der Anwendung der Einleitungstechnik die Informationen, die Sie beim einleitenden Gespräch von der Versuchsperson erhalten haben. Entsprechen Sie also deren Erwartung. Besteht eine solche nicht, wenden Sie die Technik an, die Ihnen am meisten liegt. Sprechen Sie jedoch stets beruhigend langsam und bildhaft plastisch; denn nur wenn es Ihnen gelingt, eine bildhafte Vorstellung in der Versuchsperson zu erzeugen, kann die Hypnose wirksam werden. Bedenken Sie auch stets die Doppelnatur des Wortes, einmal den materiellen Inhalt, den Klang, zum anderen den geistigen Inhalt, den Gedanken, der durch das Wort vermittelt wird. Die beiden Komponenten des Wortes sollten stets eine Harmonie bilden. Wenn Sie z. B. die Suggestion geben: »Sie sind jetzt ganz ruhig und entspannt«, und dabei schnell, laut und abgehackt sprechen, werden Sie sicher eher das Gegenteil erreichen.

Passen Sie sich mit Ihren Formulierungen auch dem Bildungsgrad der Versuchsperson an. Ein guter Hypnotiseur wird stets versuchen, sich möglichst umfassend in seine Versuchsperson einzufühlen, um sich auf die Ebene des anderen einzustellen, bevor er die Hypnose einleitet. Das erfordert natürlich ein hohes Maß an Konzentration, aber ohne diese Assimilation ist eine Übertragung der eigenen Persönlichkeitswirkung auf die Versuchsperson nicht möglich. Und so sollten Sie die Hypnose aufbauen:

Der Aufbau der Hypnose

1. Schritt: Körperliche Entspannung

Sie erreichen dies etwa mit folgenden Worten: »Sie liegen ganz bequem. Die Augen sind geschlossen – Arme und Beine ganz locker und entspannt. Sie atmen ruhig und gleichmäßig und sinken mit jedem Atemzug tiefer und tiefer« – usw.

2. Schritt: Geistige Entspannung:

»... Nichts mehr wollen jetzt – völlig passiv sein. Einfach treiben lassen – geschehen lassen – wirken lassen. Nichts kann stören. Ihr Kopf ist ganz angenehm frei und kühl« – usw.

3. Schritt: Ruhe und Wohlbefinden suggerieren:

»Tiefe Freude über Ihr Wohlbefinden durchströmt Sie von Kopf bis Fuß. Sie empfinden mehr und mehr diese wunderbare Entspannung, die Ihren ganzen Körper erfüllt« – usw.

4. Schritt: Das Tor zum Unterbewußtsein öffnen:

»... In diesem wunderbaren Ruhezustand öffnet sich jetzt ganz weit das Tor zu Ihrem Unterbewußtsein – ganz weit öffnet sich jetzt das Tor zu Ihrem Unterbewußtsein. Alles, was ich Ihnen sage, dringt ganz leicht und tief in Ihr Unterbewußtsein, prägt sich dort unauslöschlich ein, und Sie werden ganz strikt danach handeln« – usw.

5. Schritt: Die individuellen Suggestionen:

Hier geben Sie jetzt die im einleitenden Gespräch ermittelten und von Ihnen formulierten Suggestionen, die alle Wünsche der Versuchsperson an ihr Unterbewußtsein enthalten sollten.

6. Schritt: Wiederum Ruhe und Wohlbefinden suggerieren:

Wiederholen Sie die Suggestionen von Schritt 3.

7. Schritt: Erleichterung der nächsten Hypnose:

»... Wenn ich Sie das nächste Mal in diesen Zustand versetze, werden Sie noch leichter, noch schneller in diesen Zustand versinken. Sie sinken von Mal zu Mal immer tiefer – immer tiefer« – usw.

8. Schritt: Die Desuggestionierung:

Heben Sie nun alle begleitenden Suggestionen, mit Ausnahme der individuellen Suggestion wieder auf, etwa mit folgenden Worten: »Ihre Arme und Beine sind jetzt wieder ganz locker und frei beweglich. Sie fühlen sich ganz leicht und frei. Bei Drei öffnen Sie die Augen und fühlen sich frisch und wohl. Eins – zwei – drei.«

9. Schritt: Abschließende Suggestion des Wohlbefindens:

»Sie sind jetzt wieder hellwach und voller Kraft und Energie. Sie fühlen sich ganz frisch und wohl« – usw.

Beherrschung auftretender Schwierigkeiten

Auch schwierige Versuchspersonen sind hypnotisierbar. Hier muß man nur langsamer und stufenweise vorgehen. Wie man dies macht, habe ich in einem ausführlichen Kapitel bereits geschildert. Bleiben Sie nur geduldig und zeigen Sie keine Enttäuschung, wenn ein Versuch nicht gleich beim ersten Mal gelingt. Klären Sie in einem anschließenden Gespräch, welche Suggestionen verwirklicht wurden und welche keine Wirkung zeigten. Wiederholen Sie beim nächsten Versuch nur die wirksamen Suggestionen und verstärken Sie diese noch mehr. Lassen Sie unwirksame Suggestionen einfach weg.

Wenn Sie ein Biofeedback-Gerät zur Verfügung haben, können Sie die Wirkung jeder einzelnen Suggestion sofort ablesen und sich entsprechend verhalten, so daß jede Hypnose eine individuelle Abstimmung bekommt. Sie erhalten ein solches Gerät für etwa 500 DM.

Sollte eine Versuchsperson auf Ihre Suggestion hin nicht aufwachen, dann bitte nicht nervös werden. Vertiefen Sie die Hypnose zunächst noch mehr. Dann halten Sie den Arm der Versuchsperson hoch und geben dabei folgende Suggestion:

»Wenn ich Ihren Arm jetzt wieder herunterbeuge, werden Sie wieder wach. Sobald ich Ihren Arm in Ihre Seite drücke, sind Sie hellwach und fühlen sich ganz frisch und wohl.« Es wird sehr selten erforderlich sein, diese Suggestion zu wiederholen.

Die Vertiefung der Hypnose

Das wichtigste Mittel zur Vertiefung der Hypnose ist die häufige Wiederholung der Suggestion. Sollte dies allein nicht ausreichen, wenden Sie die fraktionierte Hypnose an und geben hierbei jeweils die Suggestion, daß die Versuchsperson beim nächsten Versuch noch tiefer sinken werde, so tief wie nie zuvor. Auch das Zudecken der Versuchsperson hat sich als Mittel der Vertiefung einer Hypnose bewährt, weil das Zugedecktwerden und Zugedecktsein ein Gefühl der Geborgenheit hervorrufen und Assoziationen zu Bett und Schlaf wecken. Die Wirkung der Hypnoseübertragung wird wesentlich vertieft, wenn Sie während der Einleitung selbst in Hypnose sind. Es empfiehlt sich daher für jeden Hypnotiseur, die Technik der Selbsthypnose zu erlernen. Bei nervösen Versuchspersonen kann man auch durch Massage der Fußreflexzonen eine sehr beruhigende Wirkung erzielen.

Die Suggestion

Suggestion ist die Bildung einer bildhaften Vorstellung im Unterbewußtsein. Formulieren Sie daher jede Suggestion unbedingt positiv und sprechen Sie langsam und bildhaft plastisch, um es der Versuchsperson zu erleichtern, Ihre Worte in eine solche bildhafte Vorstellung umzusetzen.

Teilen Sie Ihre Suggestionen möglichst immer in die folgenden drei Phasen auf:

1. Gleich wird etwas geschehen.
2. Sie spüren, wie es jetzt geschieht.
3. Jetzt ist es geschehen.

Hier ein praktisches Beispiel:

1. Ihr Magen *wird* warm.
2. Sie spüren, wie Ihr Magen *jetzt* warm wird.
3. Ihr Magen *ist* jetzt angenehm warm.

Bei Schmerzen suggerieren Sie dem Patienten ein starkes Wärmegefühl am Schmerzort, denn Wärme löst Schmerzen auf.

Die Pausen

Ein sehr wichtiges Mittel zur Vertiefung von gegebenen Suggestionen sind die Pausen. Nach jedem Abschnitt einer Hypnose sollten Sie eine kleinc Pause von etwa einer Minute machen, bevor Sie zum nächsten Abschnitt übergehen. Da plötzlich keine weiteren Informationen kommen, konzentriert sich gewissermaßen die Aufmerksamkeit des Unterbewußtseins auf die zuletzt erhaltenen Suggestionen, wodurch sich diese tiefer einprägen. Nach Abschluß der wichtigsten Suggestionen sollten Sie eine längere Pause von etwa drei Minuten machen, bevor Sie die Hypnose wieder aufheben.

Die Desuggestionierung

Vor dem Abbruch der Hypnose ist unbedingt darauf zu achten, daß Sie *alle* gegebenen Suggestionen wieder zurücknehmen – mit Ausnahme der Suggestionen, die auf eine von der Versuchsperson erwünschte dauerhafte Wirkung abzielen. Geben Sie nach Aufhebung der anderen Suggestionen abschließend die Suggestion, daß nun alles wieder genau wie vor der Hypnose sei und daß lediglich die gewünschte Suggestion bestehen bleibe. Dadurch verstärken Sie diese noch einmal und stellen gleichzeitig den Zustand wieder her, der vor der Hypnose bestand. Damit werden *alle* anderen Suggestionen noch einmal gemeinsam aufgehoben, was für den Fall wichtig ist, daß Sie eine einzelne vergessen haben sollten. Die letzte Suggestion vor Abbruch der Hypnose sollte immer eine Suggestion des Wohlbefindens sein.

Das abschließende Gespräch

Informieren Sie sich in einem abschließenden Gespräch über die Empfindungen der Versuchsperson während der Hypnose, damit Sie beim nächsten Mal unangenehme Empfindungen vermeiden und angenehme Empfindungen verstärken können. Vergewissern Sie sich, daß Ihre Versuchsperson wieder hellwach ist und sich ganz wohl fühlt, und klären Sie, ob sie bereit ist, die Hypnose zu wiederholen. Erzeugen Sie in diesem Gespräch eine positive Erwartungshaltung, so daß sie sich schon auf die nächste Hypnose freut.

Wenn Sie alle diese Empfehlungen beachten, wird Ihnen kaum ein Versuch fehlschlagen.

Wann darf Hypnose nicht angewandt werden?

Es gibt einige wenige Situationen, in denen Hypnose nicht angewandt werden darf oder soll. Man unterscheidet absolute und relative Kontraindikationen.

Absolute Kontraindikationen

Hier handelt es sich um Situationen, in denen Hypnose nicht angewandt werden darf:

Schizophrenie, Epilepsie, endogene Psychosen, Altersschwachsinn.

Relative Kontraindikationen

Außerdem gibt es einige Situationen, in denen Hypnose nicht angebracht sein kann:

Hypotonie, religiöse Einwände, mangelnde innere Bereitschaft, Neigung zu Kurzschlußhandlungen, hochgradige Intelligenzdefekte.

Schlußwort

Sicherheit durch Erfahrung

Jeder erfolgreiche Praktiker der Hypnose wird Ihnen bestätigen, daß der Erfolg von dem Wissen abhängt: *Das kann ich!* Diese Sicherheit, dieser Glaube an die eigenen Fähigkeiten, entsteht aber nicht dadurch, daß man ein Buch über dieses Thema liest. Wenn man Bücher darüber gelesen hat, hat man zwar viel Wissen erworben; aber die Sicherheit erhält man nur dadurch, daß man dieses Wissen in die Tat umsetzt. Aus dem praktischen Umgang mit der Hypnose wächst die Erfahrung und aus dieser Erfahrung die Sicherheit. Der erlebte Erfolg ist der beste Weg zur Selbstsicherheit und zum Glauben an sich selbst.

Doch auch richtiges Denken ist wichtig. Nur wenige Menschen wissen, wie sehr richtiges Denken das Leben des einzelnen zu beeinflussen vermag. Unser ganzes Leben und unser Schicksal bestimmen wir mit unseren Gedanken. Die Anwendung der Hypnose führt zwangsläufig zu einer Gedankendisziplin, die unser Leben in ungeahnter Weise verändern kann. Unser ganzes Leben ist ja nichts anderes als ein Spiegelbild unserer geistigen Situation. Sobald Sie dies erkannt haben, liegt es in Ihrer Hand, diese Situation zu ändern und damit Ihr Leben nach Ihren Wünschen umzuformen.

Die praktische Anwendung der durch dieses Buch vermittelten theoretischen Kenntnisse, insbesondere der Selbsthypnose, ist der erste Schritt zu dem Ziel, Ihr Schicksal bewußt zu bestimmen. Lassen Sie sich auch von eventuellen Rückschlägen nicht entmutigen.

Leserdienst Nummer 1

Für Ärzte, Heilpraktiker und andere Angehörige eines medizinischen Berufes gebe ich regelmäßig Hypnose-Lehrgänge. Diese Lehrgänge dauern jeweils vier Tage und finden an zwei aufeinanderfolgenden Wochenenden statt. Dabei wird, nach einer kurzen theoretischen Einführung, ausschließlich praktisch am Patienten gearbeitet. Mit diesem Lehrgang *»Hypnose für die Praxis«* möchte ich interessierte Kollegen in die Praxis der Hypnose einführen und ihnen zeigen, wie sie die Hypnose in ihrer eigenen Praxis zum Vorteil ihrer Patienten einsetzen können.

Mit Hilfe der Hypnose kann man jede andere Therapie suggestiv unterstützten und deren Wirkung vervielfachen; wenn man einmal die Hypnose praktisch beherrscht und anwendet, kann man sich bald eine Praxis ohne Hypnose gar nicht mehr vorstellen. Längst ist erwiesen, daß etwa 80 Prozent aller Krankheiten psychosomatisch bedingt sind. Die Hypnose ist eine der wenigen Möglichkeiten und zugleich der wirksamste Weg einer das Übel an der Wurzel behebenden Behandlung. Sie ist eine natürliche und hochwirksame Heilmethode ohne schädliche Nebenwirkungen.

Wenn Sie die Absicht haben, mit Hilfe der modernen Hypnosetechniken Ihren Patienten noch besser zu helfen, so schicke ich Ihnen gern ausführliche Unterlagen.

Leserdienst Nummer 2

Nach meinen Vorträgen über die Möglichkeit der Fremd- und Selbsthypnose wurde ich immer wieder gebeten, praktische Lehrgänge der Selbsthypnose abzuhalten, weil viele Teilnehmer Schwierigkeiten haben, die theoretischen Kenntnisse auch in die Praxis umzusetzen. Dem soll dieses Buch abhelfen. Sollte ein Leser trotzdem noch den Wunsch einer praktischen Einführung haben, so besteht diese Möglichkeit durch meinen regelmäßigen Lehrgang *»Die Praxis der Selbsthypnose«*. Dieser Lehrgang dauert nur einen Tag und findet stets an einem Samstag statt.

Das Erlernen der Selbsthypnose wird den Teilnehmern des Lehrganges besonders dadurch erleichtert, daß jeder in diesem Lehrgang einmal selbst in Hypnose versetzt wird und dann die Suggestion erhält, daß er in Zukunft die Selbsthypnose ohne Schwierigkeiten praktizieren kann. Außerdem erhält jeder Teilnehmer eine Tonbandkassette, mit deren Hilfe er sich selbst in Hypnose versetzen kann. Auf diese Art beherrschen Sie in kürzester Zeit die Selbsthypnose.

Als Leser dieses Buches kennen Sie die vielfältigen Möglichkeiten der Selbsthypnose. Wenn Sie die Absicht haben, sich mit Hilfe der Selbsthypnose von unerwünschten Angewohnheiten zu befreien oder wenn Sie Ihre positiven Eigenschaften verstärken möchten, dann schicke ich Ihnen gern ausführliche Unterlagen über den Lehrgang.

Leserdienst Nummer 3

Wenn Sie einmal ein hartnäckiges Problem haben, das Sie selbst nicht lösen können, dann möchte ich Ihnen hiermit die Möglichkeit bieten, sich mit mir in Verbindung zu setzen. Dabei ist es gleichgültig, ob es sich um ein gesundheitliches Problem oder ein allgemeines Lebensproblem handelt. Ich werde mich in jedem Fall bemühen, gemeinsam mit Ihnen eine Lösung zu finden.

Denken Sie immer daran, daß es keine unlösbaren Probleme gibt. Wir stecken jedoch selbst mitunter so tief drin, daß wir von unserem Standpunkt aus keine Lösung erkennen können. Hier brauchen Sie einen Helfer, der nicht nur ein menschliches Interesse hat, Ihnen helfen zu wollen, sondern der auch die fachliche Qualifikation mitbringt, um Ihre Probleme erkennen zu können. Sobald ein Problem einmal klar erkannt ist, kann man in den meisten Fällen auch schnell eine Lösung finden.

Wenn Sie also allein keine Lösung Ihrer Probleme finden können, wenden Sie sich vertrauensvoll an mich, denn ich bin aus einer tiefen inneren Verpflichtung heraus bemüht, Ihnen zu helfen.

Kurt Tepperwein
Am Mühlenweg 37
D-5060 Bergisch-Gladbach 2
Telefon: 02202/34359 und 39518

Literaturhinweise

Brauchle, Alfred: *Hypnose und Autosuggestion.* G. Thieme Verlag, Stuttgart 1961.

Chertok, Léon: *Hypnose – Theorie, Praxis und Technik.* Ariston Verlag, Genf 1970.

Coué, Emile: *Selbstbemeisterung durch bewußte Autosuggestion.* Schwabe Verlag, Basel 1961.

Dogs, W.: *Konzentrative Entspannungstherapie.* W. Brauns Verlag, Duisburg 1972.

– : *Die ärztliche Hypnose.* Ebenda 1967.

Eberlein, Gisela: *Autogenes Training für Fortgeschrittene.* Econ Verlag, Düsseldorf 1974.

Ellen, Arthur: *Ich hypnotisierte Tausende – Aus dem Tagebuch eines Hypnotiseurs.* Ariston Verlag, Genf 1973.

Hammerschlag, Heinz: *Technik der Hypnose.* Zürich 1958.

Freud, Sigmund: *Abriß der Psychoanalyse.* S. Fischer Verlag, Frankfurt 1956.

Jung, Carl Gustav: *Über die Psychologie des Unbewußten.* Rascher Verlag, Zürich 1943.

– : *Die Beziehungen zwischen dem Ich und dem Bewußten.* Ebenda 1966.

Kretschmer, E.: *Medizinische Psychologie.* G. Thieme Verlag, Stuttgart 1975.

Lambert, Fritz: *Autosuggestive Krankheitsbekämpfung.* Schwabe & Co. Verlag, Basel/Stuttgart.

Langen, D. (Ed.): *Der Weg des Autogenen Trainings.* Wissenschaftliche Buchgemeinschaft, Darmstadt 1968.

Langen, D.: *Die gestufte Aktivhypnose – Eine Anleitung zur Methodik und Klinik.* G. Thieme Verlag, Stuttgart 1966.

Lassner, J.: *Hypnosis and Psychosomatic Medicine.* Springer Verlag, Berlin 1965.

LeCron, Leslie M.: *Fremdhypnose, Selbsthypnose – Praktische Anleitungen für das tägliche Leben.* Ariston Verlag, Genf 1973.

– : *Selbsthypnose – Ihre Technik und Anwendung im täglichen Leben.* Ebenda, 12. Aufl. 1975.

Meinhold, Werner J.: *Spektrum der Hypnose – Das große Handbuch für Theorie und Praxis.* Ariston Verlag, Genf 1980.

Murphy, Joseph: *Die Macht Ihres Unterbewußtseins.* Ariston Verlag, Genf 14. Aufl. 1976.

Ryborz, Heinz: *Die universellen Kräfte Ihrer Psyche.* Ariston Verlag, Genf 1980.

Ryzl, Milan: *Parapsychologie.* Ariston Verlag, Genf 1970.

– : *Hellsehen und andere parapsychische Phänomene in Hypnose.* Ebenda 1971.

– : *ASW-Training – Psi-Methoden zur Weckung und Aktivierung des sechsten Sinnes.* Ebenda 1975.

Scharl, H.: *Moderne Hypnose-Techniken für Mediziner.* Marczell Verlag, Puchheim.

– : *Die Organsprache.* Ebenda.

Schmitz, K.: *Was ist, was kann, was nützt Hypnose?* J. F. Lehmanns Verlag, München.

Schultz, Johannes H.: *Das Autogene Training.* G. Thieme Verlag, Stuttgart 1970.

Stadler, Karl F.: *Hypnosetherapie – Ihre Wirkungsweise und Heilmöglichkeiten an Körper und Seele.* Ariston Verlag, Genf 1980.

Stokvis, B./Langen, D.: *Lehrbuch der Hypnose.* S. Karger Verlag, Basel.

Ulrich, A.: *Das Geheimnis der Hypnose.* Ulrich Verlag, Regen/Bayern.

Völgyesi, F. A.: *Hypnosetherapie und psychosomatische Probleme.* Rudolphsche Verlagsbuchhandlung, Lindau.

– : *Menschen- und Tierhypnose.* Orell Füssli Verlag, Zürich 1963.

Weitzenhoffer, A. M.: *Hypnotism.* Science Editions, New York 1963.

Wolberg, L. R.: *Hypnoseanalysis.* Grune & Stratton, New York 1945.